KB022188

독자의 1초를
아껴주는 정성을
만나보세요!

세상이 아무리 바쁘게 돌아가더라도 책까지 아무렇게나 빨리 만들 수는 없습니다.
인스턴트 식품 같은 책보다 오래 익힌 술이나 장맛이 밴 책을 만들고 싶습니다.
땀 흘리며 일하는 당신을 위해 한 권 한 권 마음을 다해 만들겠습니다.
마지막 페이지에서 만날 새로운 당신을 위해 더 나은 길을 준비하겠습니다.

<<ILLUST DE MANABU NINCHI KAGAKU>>

© Yoshinori Kitahara, 2020
All rights reserved.
Original Japanese edition published by KODANSHA LTD.
Korean translation rights arranged with KODANSHA LTD.
through Shinwon Agency Co..

이 책의 한국어판 저작권은 신원에이전시를 통해 저작권사와의 독점 계약으로 (주)도서출판 길벗에 있습니다.
저작권법에 의해 한국 내에서 보호를 받는 저작물이므로 무단전재와 무단복제를 금합니다.

그림으로 이해하는 인지과학
COGNITIVE SCIENCE

초판 발행 · 2022년 3월 25일
초판 2쇄 발행 · 2024년 1월 22일

지은이 · 기타하라 요시노리
옮긴이 · 조태호
발행인 · 이종원
발행처 · (주)도서출판 길벗
출판사 등록일 · 1990년 12월 24일
주소 · 서울시 마포구 월드컵로 10길 56(서교동)
대표전화 · 02)332-0931 | **팩스** · 02)323-0586
홈페이지 · www.gilbut.co.kr | **이메일** · gilbut@gilbut.co.kr

기획 및 책임편집 · 이원휘(wh@gilbut.co.kr) | **디자인** · 장기춘 | **제작** · 이준호, 손일순, 이진혁, 김우식
마케팅 · 임태호, 전선하, 차명환, 박민영, 지운집, 박성용 | **영업관리** · 김명자 | **독자지원** · 윤정아

교정교열 · 이미연 | **전산편집** · 박진희 | **출력 · 인쇄** · 북토리 | **제본** · 신정문화사

· 잘못 만든 책은 구입한 서점에서 바꿔 드립니다.
· 이 책은 저작권법에 따라 보호받는 저작물이므로 무단전재와 무단복제를 금합니다.
  이 책의 전부 또는 일부를 이용하려면 반드시 사전에 저작권자와 ㈜도서출판 길벗의 서면 동의를 받아야 합니다.

ISBN 979-11-6521-915-4 93000
(길벗 도서번호 080294)

정가 18,000원

독자의 1초를 아껴주는 정성 길벗출판사

(주)도서출판 길벗 | IT교육서, IT단행본, 경제경영서, 어학&실용서, 인문교양서, 자녀교육서 www.gilbut.co.kr
길벗스쿨 | 국어학습, 수학학습, 어린이교양, 주니어 어학학습, 학습단행본 www.gilbutschool.co.kr

페이스북 · www.facebook.com/gbitbook

그림으로 이해하는
인지 과학

기타하라 요시노리 지음 · **조태호** 옮김

길벗

필자는 학창시절을 종합과학부라는 곳에서 보냈다. 이 학부는 기존의 문학부나 이학부, 공학부와 같은 수직 체계의 교육 및 연구 조직이 아니라 수평 체계를 확장하는 이른바 학제 연구를 진행하는 형태의 조직이었다. 소속 학생은 지역 문화나 환경 과학과 같이 여러 학문에 걸쳐 수업을 받거나 연구하도록 교육 과정이 준비되어 있었다. 이제는 이런 종류의 학부가 종종 보이지만, 그때만 해도 선구적이었다.

이런 환경 속에서 필자가 전공한 것은 정보행동과학이었는데, 그 당시에는 독특했던 인지심리학, 수리심리학, 집단역학, 행동과학실험, 이상행동론, 신경생리학, 수리언어학, 컴퓨터과학 등의 과목을 이수한 후, 인간 행동을 마르코프 과정을 통해 모델화하거나 인지 과정을 컴퓨터로 모의해 보는 등의 연구를 했다. 즉, 이 책에서 소개하는 행동주의와 반행동주의라는 두 가지 접근법을 모두 배운 셈이다.

이러한 배경으로 전자 제품 제조업체에 입사했고, 그 후 음성 인식, 음성 합성, 언어 처리, 사용자 인터페이스 등을 연구하며, 지금까지 인간 연구와 그 공학적 응용 연구를 담당해 오고 있다.

일하면서 따로 열심히 해온 것 중에 마술도 있는데, 인간의 인지 특성을 이용한 것이 꽤 많아서 인지과학이라는 분야에 더욱 흥미가 생기기도 했다.

더 거슬러 올라가 보면, 1970년 오사카 만국박람회가 떠오른다. 내게는 충격적인 박람회였다. 특히, IBM 관에서 전자 계산기를 처음 접하고 큰 흥미를 느꼈는데, 당시 필자가 호기심을 품은 것은 '무기물이 어떻게 사고라는 것을 할 수 있는가'였다. 무기물로서의 전자 계산기는 사실 스위치 덩어리에 불과하다. 즉, 가로 세로로 둘러진 전선의 각 격자점에 페라이트 코어가 있고 이 안의 전류 방향이 바뀌는 것일 뿐이다. 이 원리를 알고 나서 필자는 살짝 실망함과 동시에,

우리 인간의 판단이나 기억도 결국은 그런 것일지 모른다는 생각을 어렴풋이 하기 시작했다. 마침, 비슷한 시기에 TV 가요 프로그램에서 전자 계산기와 라이트 펜을 이용해 연애 운을 예측하는 방송을 하고 있었는데, 질문에 Yes 또는 No라고 대답하기만 하면 적절한 연인이 선택되어 나오는 것처럼 보였다. 하지만 이러한 판단과 처리가 겉으로는 '사고'로 보여도 진정한 의미의 '사고'는 당연히 아니다.

그렇다면 사고란 무엇인가? 사고에는 자기의 '감정'이 포함되는 것일까? 그러면 '자기'란 무엇인가? '감정'이란 또 무엇인가? 그런 의문이 꼬리에 꼬리를 물고 생겨나면서 고민했지만, 이러한 인간의 의식 활동에 대해 실제로 알게 된 것은 대학이나 직장, 또는 연구나 교육 과정 모두를 통틀어도 아주 조금에 지나지 않을 것 같다. 그래도 인간의 특성이나 정보를 처리하는 과정에 관한 지식을 체계적으로 정리할 수 있었다. 또 연구의 접근법이 몸에 배기도 했다. 인지과학이 등장한 시기와 필자가 태어난 시기가 같다는 인연도 있어서, 지금까지 걸어온 학문의 길을 통해 얻은 지식 및 연구, 교육을 집대성해 보고자 펜을 들게 되었다.

이 책은 인지과학에 관하여 체계적으로 정리하고, 일러스트를 사용해 알기 쉽게 설명한 입문서다. 교재로 사용할 만한 용이한 설명, 정확함, 상세함, 그리고 즐거움을 모두 갖추었다고 생각한다. 이 책의 특징을 정리해 보면 다음과 같다.

(1) 인지과학 전체를 폭넓고 체계적으로 파악할 수 있도록 했다. 또한, 각 항목의 내용을 최대한 상세하게 설명해서 '넓고도 깊은' 책이 되도록 했다.

(2) 인지과학의 컴퓨터과학적 측면, 실험심리학적 측면, 신경과학적 측면, 언어학적 측면에 덧붙여 철학적 측면도 다루었다.

(3) 수리공학 모델도 포함하여 인지 과정 모델을 가능한 한 많이 소개했다.

(4) 강의에 사용할 것을 감안하여 15장으로 구성했다.

이 책은 인지과학의 범위를 감각, 지각·인지, 기억, 주의, 지식, 문제 해결, 의사 결정, 창조, 언어 이해, 정동, 사회적 인지, 커뮤니케이션으로 설정했다. 여기에 추가 주제로 착각과 뇌에 대해서도 다루었다. 읽다 보면 알겠지만, 이들 각 장의 항목은 서로 연관되어 있기 때문에 완전히 분리할 수는 없다. 독자 여러분이 인지과학의 전체를 파악하는 데 이 책이 기여할 수 있기를 바란다. 또한, 인간의 내적 메커니즘과 프로세스의 신비함을 맛보고 인간의 뛰어남을 재인식해 준다면 더 없이 기쁠 것이다.

마지막으로 이 책을 발행할 기회를 주신 (주)고단샤 사이언티픽의 요코야마 신고 씨, 독자의 시점에서 세심하게 편집해 주신 (주)고단샤 사이언티픽의 아키모토 쇼고 씨, 논의해 주신 리츠메이칸대학의 기타오카 아키요시 교수님, (주)히타치 제작소의 마키 아츠시 씨, 국립제작소의 구마이 히로유키 씨, (주)라인의 도가미 마사토 씨에게 깊이 감사드린다.

2020년 10월

기타하라 요시노리

알파고는 바둑을 잘 둘 뿐, 개와 고양이를 구분하지는 못합니다. 바둑을 잘 두는 인공지능이 내 말도 알아듣고, 사진도 구별하고, 단백질 구조도 예측하려면 범용 인공지능(Artificial General Intelligence)을 개발해야 합니다. 아직 초기 단계에 머물고 있는 범용 인공지능 개발은 인지과학에 대한 더 깊은 통찰에서 실마리를 찾을지도 모르겠습니다. 생각이란 무엇인지, 어떻게 작동되는지, 더 생산적이고 의미 있는 방식으로 생각을 전할 수 있는 방법이 있는지를 연구하는 학문이 바로 인지과학이기 때문입니다. 뇌의 기능을 과학적으로 적용하고 그 기능을 모사하려는 인지과학의 노력은, 더 잘 예측하고 더 잘 판단하는 모델을 지향하는 인공지능의 목표와도 맞닿아 있습니다.

이 책은 인지과학이 다루는 꽤 넓은 범위의 개념들을 쉬운 언어로 설명하며, 저자의 오랜 경험으로 어떤 부분을 어떻게 공부해야 하는지를 짜임새 있게 짚어줍니다. 일러스트를 동원해 이해의 첫걸음을 쉽게 떼게 해 준다는 것도 이 책이 가진 장점입니다. 처음 이 분야를 접하더라도 부담없이 인지과학을 만날 수 있게 해 주고, 마음과 생각의 본질을 과학적으로 이해시켜 주는 가이드가 될 책이라 여깁니다.

일본의 지명이나 일본식 독특한 표현들을 최대한 한국 상황에 맞게끔 의역했고, 인지과학에 대해 궁금하셨던 분들께 기본 지식을 쉽고 정확하게 전하는 책을 만들기 위해 번역자로서 최선을 다했습니다. 번역을 맡겨 주신 길벗 출판사와 모든 과정을 긴밀히 도와주신 이원휘 차장님께 감사드리며, 이 책을 선택하시는 모든 분께 인지과학에 대한 지식의 저변을 넓히는 책으로 남게 되기를 바랍니다.

2022년 3월

조태호

이 책은 감각, 기억, 사고, 창의력, 언어, 정서 등 사람의 인식 메커니즘인 인지과학을 다룬 책입니다. 책의 수준은 결코 얕지 않습니다. 다소 어렵지만, 가볍게 스쳐 지나가는 교양 도서 수준을 뛰어넘어 깊이 있는 밑바탕 원리를 담고 있습니다. 그래서 어려운 내용을 최대한 일상 수준의 언어로 전달하려는 저자의 노력이 인상적입니다.

컴퓨터 RGB와 시각의 관계, 감각의 안정성을 보장하는 페히너의 법칙, 통증이 완화되는 게이트 제어 이론 등 지적 호기심을 채울 수 있다는 점만으로도 충분히 가치가 있습니다. 또한, 인간을 모방한 AI, 딥러닝의 저변을 넓히는 데 큰 도움이 되었기에 더욱 만족스럽습니다. 이해하기 어려운 파트는 스스로 그림을 그려가며 관계 및 흐름을 파악한 후 책에 제시된 그림과 비교해 나간다면 내용을 이해하는 데 도움이 될 것입니다.

– 허민_한국외국어대학교 정보지원처

두 번의 인공지능 침체기를 거쳐 바야흐로 인공지능 기술이 학문의 경계를 허물고 실생활 전반에 영향을 미치는 중요한 요소로 자리잡아 가는 시점에 살고 있습니다. 소위 약한 인공지능 분야에서는 인간의 능력에 근접하거나 일부 인간의 능력을 뛰어넘는 성능을 보여주고 있습니다. 당분간 이러한 추세는 계속되겠지만 무릇 인공지능이라 함은 컴퓨터가 인간과 같이 복합 추론이나 의사 결정을 할 수 있는 모델에 대한 기술, 즉 인지컴퓨팅과 같은 강한 인공지능 분야로의 발전을 지향하게 될 것입니다.

인지컴퓨팅, 더 포괄적인 의미로서 인지과학의 영역은 단순히 인공지능을 중심으로 하는 컴퓨터 공학적 측면에서의 접근뿐만 아니라 철학, 수학, 언어학, 신경생리학 등 여러 학문이 융합하여 발전하는 분야여서 접근이 쉽지 않습니다. 이 책은 이러한 인지과학의 특성을 감안하여 인지과학의 정의와 역사에서 출발해, 감각기관과 이를 통한 지각과 인지 과정으로 정보를 해석하고 추론하고 소통하는 과정, 그리고 이를 현재의 인공지능 핵심 기술과 자연스럽게 연결하여 소개하고 있습니다.

효과적인 설명을 위해 그림을 풍부하게 활용한 것은 다양한 학문의 경계를 넘어서는 인지과학에 대한 입문서로 충분히 효과적이었습니다. 인공지능의 미래와 발전 과정에 대한 인지과학적 접근을 원하는 분께 좋은 길잡이가 될 것입니다.

– 김용회_(주)씨에스피아이

인지과학을 통해 인공지능의 원리를 알아가는 흐름이 신선하고 좋았습니다. AI 개발을 하면서 근원적인 의문이 생길 때가 종종 있었는데, 이에 실마리를 얻고 이해도를 높일 수 있는 내용들이었습니다. 국내에 이런 내용의 책이 많지 않기 때문에 이 책이 더 반가웠습니다.

AI를 공부하는 이들에게 꼭 추천하고 싶은 책입니다. 이 책에는 인지과학의 원리를 이해하면서 비정형 데이터에서 피처를 추출하는 원리 등 AI를 공부하는 이들에게 도움이 되는 내용이 굉장히 많습니다. 피처 추출만이 아닌, 인지과학과 연관한 컴퓨터과학이나 AI와 관련한 내용도 많습니다. 소프트웨어 개발자나 AI 개발자 모두에게 도움이 되지만, 특히나 AI를 공부하는 이들에게 더 많은 도움이 될 듯합니다.

AI 기초 모델(CNN, RNN, LSTM)에 대한 콘셉트를 이해하고 코드로 실습해 보았다면 이 책을 보는 데 큰 무리는 없을 것입니다. 오히려 내부 원리를 이해하는 데 이 책이 큰 도움이 될 것입니다.

― 장대혁_휴넷, 인공지능교육연구소

데이터 분석을 하다 보면 가장 많이 생각하는 것은 "어떻게 하면 핵심을 강하게, 왜곡 없이 전달할 수 있을까?"입니다. 데이터 업무는 분석을 마치는 것으로 끝나는 것이 아니라 결정권자의 의사 결정에 영향을 미쳐 실질적인 액션으로 구현되어야 하기 때문입니다. 그러다 보니 전달력에 관심을 기울이게 되고, 데이터 시각화를 더 잘 하기 위한 시각 인지, 듣고 싶은 말로 정리하기 위한 언어적, 비언어적 스토리텔링, 기억에 오래 남기기 위한 방법 등을 꾸준히 공부하게 됩니다. 이런 자료를 찾으면 출처가 불분명한 인터넷 글들의 파편이나 펼치기에 부담스러운 전공 서적이라 간헐적으로 습득한 지식을 정리하기가 어렵습니다. 그러한 차에 이 책을 통해 인지과학 전반을 쉽고 빠르게 훑을 수 있어 큰 도움이 되었습니다. 저와 같은 갈증이 있는 분들께 이 책을 권하고 싶습니다.

― 이제현_한국에너지기술연구원

인지과학은 인공지능 기술의 기초가 됩니다. 이 책은 감각이나 기억, 문제 해결, 의사 결정, 언어 이해 등 다소 어려울 수 있는 내용을 그림과 함께 쉽게 설명하고 있습니다. 인공지능을 공부하고 있다면, 인공지능의 기술이 어떠한 원리를 통해 만들어졌는지 이 책을 통해 쉽게 이해할 수 있을 것입니다. 만약 인공지능을 잘 알고 있다면 인지과학을 이해하는 것으로 사고의 폭이 넓어짐을 느낄 수 있을 것입니다.

- 전은영_안랩

메타버스, 인공지능, 가상/증강현실(VR/AR), 대체불가토큰(NFT) 등은 우리 시대에 가까운 미래를 이끄는 신기술이라고 이야기합니다. 단순하게 유튜브나 TV를 비롯한 영상 미디어, 그림과 문자로 의사소통해 주는 SNS 등도 모두 인간의 인지를 기반으로 콘텐츠가 기획되고 소비자에 의해 평가되고 때로는 오랜 기간 기억됩니다.

제가 근무하는 회사에서도 불과 몇 년 전까지, 개발한 제품이나 서비스가 돋보이도록 제품에 쓰인 독창적인 기술이나 원료를 홍보하려고 밤새 골머리를 짜내곤 했습니다. 지금은 상황이 많이 변했습니다. 우선 가상의 소비자를 상정하고, 제품과 서비스에 대한 메시지가 어떤 유통채널로 유입되고 침투되어 소비자의 인지에 접근해 구매까지 이르게 하는지, 그 방법을 찾기 위해 힘쓰고 있습니다. 그만큼 우리 사회에는 인지가 중요하게 되었습니다. 그러나 시중에는 마케팅 기법 및 사람들의 눈에 드는 디자인 등을 다룬 책들은 좀 있지만 대학에서 다루는 전공 서적을 제외하고는 인지에 대한 정확한 이론과 그것을 쉽게 이해하는 책들이 거의 없습니다.

이 책은 인지, 인지과학에 대해 이론적으로 쉽게 접근하여 여타 교양서에서 읽어 봤던 친근한 내용과 사례로 인간의 인지를 이해할 수 있는 책입니다. 저자는 학문적 접근보다 일상생활에서 겪었던 의문을 해결하는 과정에서 일반인이 교양 수준으로 알아야 할 내용을 잘 정리해 놓았습니다.

책 제목처럼 인지과학을 이해하기 위해 여러 그림이 나옵니다. 전공서적만큼 자세한 내용이 나오지 않지만, 먼저 내용을 읽고 그림과 도식을 확인하면 더 체계적으로 이해가 되었습니다. 중간에 원숭이가 나와서 한마디로 내용을 정리해 주는데 꼭 제 수준으로 이해하고 정리해 주는 것 같아서 재미있었습니다.

책 초반부에는 인지과학의 기본 개념들이 나옵니다. 인지, 감각, 뉴런, 청각, 지각, 게슈탈트 등 내용이 어려울 수 있지만, 중고등학교 교과서나 대학 교양 수업 정도 수준이라 차근차근 읽어 보면 거부감 없이 내용이 잘 들어옵니다. 참고로 저는 잘 모르거나 더 알고 싶은 부분은 인터넷에서 검색해 내용을 보충했습니다. 더 관심이 있어서 그런 것이지 책의 내용으로 개념을 이해하는 데는 부족함이 없었습니다.

책의 중후반부에서는 실용 상식이 많이 나와서 좋았습니다. 여타 마케팅이나 홍보 책들에서 나오는 합리적 의사 결정 모델, 게임 이론, 죄수의 딜레마, 착시 현상, 얼굴 인지, 삼단 논법, 연역/귀납 등을 다시 한번 기억하고 인지과학을 접근할 수 있게 해 주어 재미있게 읽을 수 있었습니다. 베이즈 추론이나 딥러닝, 뇌과학을 다루는 부분은 가까운 미래에 적용되는 기술에 대한 기본 개념을 이해할 수 있는 좋은 기회였습니다.

제가 사회생활을 처음 시작할 때는 마케팅과 광고를 위해 심리학, 언어학을 반드시 공부하라고 들었는데, 지금은 인지과학을 통하지 않으면 미래 산업과 기술에 대한 이해를 할 수 없을 것 같습니다. 이를 위해 이 책을 권합니다.

- 고성민_회사원

1장   인지과학 개론 ····· 019

1.1 인지과학 020

1.2 인지과학이 걸어온 길 023

1.3 인지과학의 연구 방법 026

1.4 모델 029

1.5 인간의 정보 처리 모델과 인지과학의 범위 032

2장   감각 ····· 037

2.1 감각의 종류와 특성 038

2.2 감각 신호의 전달 042

2.3 시각 045

2.4 청각 049

2.5 체성 감각 052

2.6 감각의 상호작용 056

2.7 컴퓨터에 의한 이미지 · 음성의 특징 추출 059

3장   지각 · 인지 ····· 063

3.1 하향 처리 064

3.2 게슈탈트 특성 068

3.3 형상 지각 · 인지 071

3.4 음성 지각·인지   074

3.5 공간 지각   078

3.6 인지 지도   082

3.7 시간 지각   086

3.8 컴퓨터에 의한 음성 인식   089

4장   기억 ····· 093

4.1 기억의 구조   094

4.2 단기 기억에서 작업 기억으로   097

4.3 장기 기억   100

4.4 서술적 기억과 절차적 기억   103

4.5 망각   106

4.6 컴퓨터의 기억 장치   109

5장   주의 ····· 113

5.1 선택적 주의   114

5.2 집중적 주의와 분할적 주의   117

5.3 시각적 주의   120

5.4 청각적 주의   123

5.5 컴퓨터에 의한 음원 방향 추정   126

6장 지식 ····· 131

6.1 지식의 표현과 구조 **132**

6.2 의미 **135**

6.3 개념 및 카테고리화 **138**

6.4 프로덕션 룰을 이용한 지식 처리 **141**

7장 문제 해결 ····· 145

7.1 문제 공간과 전략 **146**

7.2 명료한 문제를 해결하는 과정 **149**

7.3 추론 **152**

7.4 웨이슨의 선택 과제 **156**

7.5 컴퓨터에 의한 게임 전략 **159**

8장 의사 결정 ····· 163

8.1 효용과 문맥 **164**

8.2 전망 이론 **167**

8.3 선호 모델 **171**

8.4 갈등 상태에서의 의사 결정 **174**

9장 창조 ····· 177

9.1 재생적 사고와 생산적 사고 **178**

9.2 통찰 **181**

9.3 유추를 이용한 발상 **184**

9.4 발상 지원 방법 **187**

10장 언어 이해 ····· 191

10.1 자연 언어와 인공 언어 **192**

10.2 언어의 다층 구조와 심적 어휘 **195**

10.3 단어 인지 **198**

10.4 통사론적 언어 산출 및 이해 모델 **202**

10.5 의미론적 언어 산출 및 이해 모델 **205**

10.6 튜링 머신과 오토마톤 **209**

10.7 형식 문법 **212**

10.8 컴퓨터를 통한 자연어 처리 **215**

11장 정동 ····· 219

11.1 정동과 인지 **220**

11.2 정동에 의한 신체적 변화와 측정 지표 **223**

11.3 정동 모델 **227**

11.4 표정 인지 **230**

12장 사회적 인지 ····· 235

12.1 대인 인지 **236**

12.2 얼굴의 기억과 인지 **240**

12.3 사회적 추론 **243**

12.4 태도의 변화 **246**

12.5 집단의 영향 **249**

13장 커뮤니케이션 ····· 253

13.1 커뮤니케이션의 비언어적 채널 **254**

13.2 설득적 커뮤니케이션 **257**

13.3 커뮤니케이션의 변용 **260**

13.4 인터넷 커뮤니케이션 **263**

14장 착각 ····· 267

14.1 모양의 착시 **268**

14.2 밝기 · 색상의 착시 **272**

14.3 운동 착시 **275**

14.4 착청 **279**

14.5 체성 감각의 착각 **282**

15장 뇌 ····· 285

15.1 뇌의 구조 286

15.2 감각과 뇌 289

15.3 기억과 뇌 292

15.4 사고와 뇌 295

15.5 정동과 뇌 298

15.6 뇌의 신호 전달 301

15.7 뇌신경 활동 측정 304

15.8 딥러닝 308

찾아보기 311

memo

1장

인지과학 개론

인지과학은 인간의 마음을 드러내는 학문이라고 한다. 마음이라는 표현은 다소 문학적으로 보일 수 있으므로 인간의 정신 활동 과정이라고 부르는 것이 좋겠다. 인지과학이라는 학문은 구체적으로 어떤 것을 연구하는 분야일까? 심리학일까? 아니면 뇌 과학일까?

이 장에서는 인지과학이란 어떤 학문 분야인지, 어떻게 태어나서 어떤 길을 거쳐 여기까지 왔는지, 어떤 방법이 있는지 등에 대해 이 분야의 선구자들과 그들의 생각을 소개하면서 설명한다.

1.1 인지과학

인지과학이란 어떤 학문일까? 눈앞에 날아가는 물체를 나비로 인지하거나 태어난 지 얼마 안 된 아이를 자신의 아이로 인지하는 등, **인지**란 보통 대상물이 어떤 것인지 해석하여 인식한다는 뜻으로 쓰인다. 그런데 인지과학 연구에서의 인지는 반드시 이러한 일반적인 의미에만 국한되지 않는다.

미국의 인지과학자이자 교육학자인 가드너는 인지과학에 대해 자신의 저서에서 '인식론상의 문제에 답하면서, 경험에 기초를 둔 시도'라고 정의하며, 인지는 지식의 본질이자 구성 요소 및 원천이고 지식의 발전과 이용에 관련한 것이라고 했다.

그는 인지과학의 특징으로 ① **심적(정신적) 표상**을 취급하고 ② 컴퓨터의 모델로서 중요한 역할을 하며 ③ 감정 · 정서나 역사 · 문화적 요인 또는 전후 맥락에 의해 결정되는 것들은 범위에서 제외하고 ④ 여러 학문 분야에 걸쳐져 있다가 결국은 통합되며 ⑤ 서양철학에서는 이미 다루어져 온 문제라는 점을 들었다. 이에 대해서는 다른 이론을 포함해 다양한 의견이 있지만, 이후 인지과학 발전에 기초가 되고 있는 것만은 틀림없다.

여기서 심적 표상이란, 인간의 뇌를 정보 처리 시스템으로 간주했을 때 거기에서 교환되는 정보의 표현 형식을 말한다. 예를 들어 학교라는 사물은 어떤 사람의 심적 활동 과정에서 /학교/라는 문자로 표현되거나 그 사람이 다니는 학교 건물의 이미지로 표현될 수도 있다. 아니면 수업 풍경이나 어쩌면 그 사람이 전혀 이해하지 못하는 문자일 수도 있다.

그 후 미국의 인지과학자 스틸링스는 인지과학에 대해 '인간의 마음을 복잡한 시스템이라 가정하고 행하는 연구'라고 정의하고, 캐나다의 철학자 사가드는 '인간이 어떻게 다양한 사고를 이루고 있는지를 명확히 하는 것'이라고 정의

했다. 그러나 일본의 인지과학자 스즈키 히로아키, 하시다, 안자이 등을 비롯한 많은 연구자는 '정해진 정의가 없다'라며, 굳이 정의할 필요가 없다고 합의했다. 그저 마음을 다룬다는 점, 심적 활동 과정을 정보 처리 시스템으로 파악하는 점, **모델화**(1.4절 참조)를 축으로 하는 점, 여러 학문 분야에 걸쳐 있다는 점 정도가 공통으로 인식되는 내용이라 할 수 있겠다(그림 1-1).

▼ 그림 1-1 인지과학에 대한 공통 인식

물론 모델화를 컴퓨터로만 할 수 있는 것은 아니다. 인지과학에는 실험심리학, 신경생리학, 컴퓨터과학, 언어학, 수학, 철학을 비롯한 다양한 분야의 많은 연구자가 참여하고 있다(그림 1-2). 한 연구에 대해 이처럼 다각도로 접근하는 것은 학문 발전에 있어서 매우 중요한 자세다.

▼ 그림 1-2 여러 분야에 걸쳐 있는 학제 과학으로서의 인지과학

인지과학은 궁극적으로 '인간의 인지 기능은 계산 가능한가'라는 질문에 대한 연구가 핵심이라고 할 수 있다. 필자는 인지과학을 '심적 활동의 과정이나 메커니즘을 정보 처리 관점에서 학제적으로 접근하여 밝혀내는 학문'으로 파악하고

있다. 과정이나 메커니즘을 모델화하는 예도 많다. 물론 앞서 기술한 바와 같이 연구자에 따라 서술하는 방법이 다양하고 이 책에서 정의하고 있는 바도 그렇다. 여기서 말하는 심적 활동이란 앞에서 말한 바 있는 인지 외에도, 어떤 문제에 대한 답을 구하거나, 다른 사람의 마음을 헤아리거나, 몇 가지 선택 사항을 놓고 결정하거나, 추상적 개념을 생각하거나, 새로운 아이디어를 내거나, 기뻐하거나 슬퍼하는 등, 마음속에서 행해지는 수많은 활동을 포함한다(그림 1-3).

❤ 그림 1-3 심적 활동 과정을 밝히는 인지과학

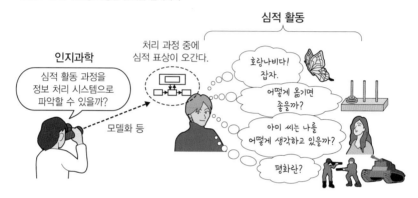

심적 활동 과정 중에 주고받는 정보의 표현 방식을 심적 표상이라고 하는구나!

인지과학이란 심적 활동의 과정이나 메커니즘을 정보 처리라는 관점에서 학제적 접근 방식으로 해명하려는 학문이네.

1.2 인지과학이 걸어온 길

마음은 무엇이며, 어디에 있는가? 지혜는 무엇이고, 언어란 무엇인가? 이런 문제들은 기원전 서양 철학에서 이미 다뤄져 왔다. 고대 그리스 철학자 소크라테스는 앎이란 무엇인가에 대해 플라톤과 문답을 반복했다. 피타고라스학파 철학자 심미아스(Simmias)는 소크라테스와의 문답에서 사고는 계산이라고 주장했다. 의학자 히포크라테스는 마음이 뇌에 있다고 생각했다. 플라톤은 "죽음은 육체로부터 마음이 분리되는 것이다."라며, "지식은 실재하는 것이 아니라 인간의 정신 속에 이념적으로 존재하는 것이다. 따라서 지식은 감각을 통해서가 아니라 추론에 의해서 도달하는 것"이라고 말했다. 아리스토텔레스는 삼단 논법(7.3절 참조)을 이용하여 사물을 분류했다. 인지과학은 이 무렵 이미 싹을 틔웠다고 할 수 있다.

서기 1600년경이 되자, 프랑스의 철학자 데카르트는 정신과 육체가 전혀 별개의 것이라는 **심신 이원론**을 주장했다(앞서 이야기한, 마음이 뇌에 있다거나 정신이 육체에 있다는 등의 사고방식을 **심신 일원론**이라고 한다). 데카르트는 "내가 생각하고 있는지는 자신만이 알 수 있다."라고 해석하며, 사람의 마음은 외부에서는 알 수 없고, 오직 **내관법**에 의해서만 알 수 있다고 했다. 내관법이란 인간이 머릿속에서 어떤 생각을 어떻게 처리하는지 객관적으로 관찰하는 분석 방법이며, 생각하는 내용을 보고하거나 글로 기술하는 방법을 사용한다.

독일의 생리심리학자 분트는 실험을 중요시하며, 사람을 대상으로 연구를 수행했다. 그는 물질이 원자나 분자로 이루어지듯이, 인간의 심적 활동 과정도 몇 가지 요소로 구성된다는 **구성주의**를 구축해 나갔다. 따라서 심적 활동 과정을 밝히기 위해서는 내관법보다 이러한 구성 요소들을 분석하는 것이 중요하다고 보았다. 비슷한 시기에 스위스의 언어철학자 소쉬르는 "언어는 대상과 이를 가리키는 기호 표현으로 이루어졌다."라고 했는데, 이 개념은 이후 현대 언어학의 토대가 되었다.

제1차 세계대전 이전 미국에서는 심리학자 왓슨이 분트의 구성주의에 반대하는 입장에서, 생각하는 내용을 기술하는 내관법이 아니라 심적 활동 과정이 반영된 행동을 객관적으로 관찰하고 분석해야 한다는 **행동주의**를 제창했다. **자극**과 **반응**의 결합을 중요시하는 행동주의는 그 후 개의 조건 반사로 알려진 러시아의 생리학자 파블로프의 연구에 커다란 영향을 주는 등, 빠르게 확산되기 시작했다.

하지만 1950년이 지났을 무렵부터는 행동주의에 대한 비판도 커지기 시작했다. 인간을 블랙박스로 여기며 자극과 행동의 관계를 살펴보는 것만으로는 심적 활동 과정을 완전히 알 수 없다는 비판과 내면 분석의 메커니즘이 모델화될 필요가 있다는 주장이 대두된 것이다. 이렇게 행동주의를 비판하는 연구자가 여러 분야에서 속속 등장하기 시작했는데(이를 **반행동주의**라고 한다), 인간의 언어 활동 과정을 보편적으로 모델화하려던 미국의 언어학자 촘스키, 컴퓨터에 의한 **정리의 자동증명**을 실현한 인공지능학자 뉴웰과 사이먼, **단기 기억**의 용량을 측정한 인지심리학자 밀러 등이 있다. 이들에 의해 인지 과정의 정보 처리 모델화가 시도되었고, 결국 행동주의는 쇠퇴하게 된다. 이를 계기로 인지심리학자 나이서가 인지심리학을, 이어서 가드너가 인지혁명의 개념을 제시하면서 인지심리학과 인지과학의 시대가 열리게 된다(그림 1-4).

▼ 그림 1-4 인지과학의 태생과 흐름

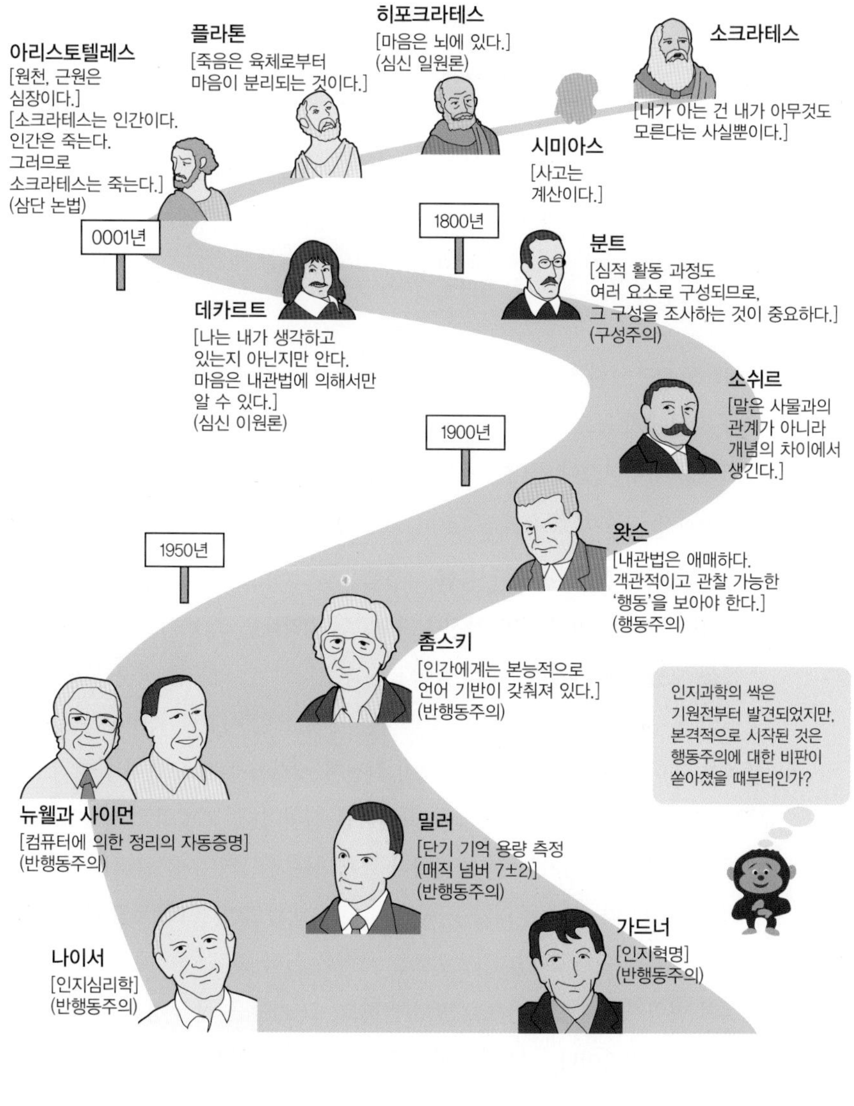

아리스토텔레스
[원천, 근원은
심장이다.]
[소크라테스는 인간이다.
인간은 죽는다.
그러므로
소크라테스는 죽는다.]
(삼단 논법)

플라톤
[죽음은 육체로부터
마음이 분리되는 것이다.]

히포크라테스
[마음은 뇌에 있다.]
(심신 일원론)

소크라테스
[내가 아는 건 내가 아무것도
모른다는 사실뿐이다.]

시미아스
[사고는
계산이다.]

0001년

1800년

데카르트
[나는 내가 생각하고
있는지 아닌지만 안다.
마음은 내관법에 의해서만
알 수 있다.]
(심신 이원론)

분트
[심적 활동 과정도
여러 요소로 구성되므로,
그 구성을 조사하는 것이 중요하다.]
(구성주의)

소쉬르
[말은 사물과의
관계가 아니라
개념의 차이에서
생긴다.]

1900년

왓슨
[내관법은 애매하다.
객관적이고 관찰 가능한
'행동'을 보아야 한다.]
(행동주의)

1950년

촘스키
[인간에게는 본능적으로
언어 기반이 갖춰져 있다.]
(반행동주의)

인지과학의 싹은
기원전부터 발견되었지만,
본격적으로 시작된 것은
행동주의에 대한 비판이
쏟아졌을 때부터인가?

뉴웰과 사이먼
[컴퓨터에 의한 정리의 자동증명]
(반행동주의)

밀러
[단기 기억 용량 측정
(매직 넘버 7±2)]
(반행동주의)

가드너
[인지혁명]
(반행동주의)

나이서
[인지심리학]
(반행동주의)

1.3 인지과학의 연구 방법

지금까지 설명한 바와 같이 여러 학문에 걸친 학제적 접근은 인지과학의 큰 특징이다. 심적 활동을 설명하기 위한 주요 연구 방법을 대략적으로 정리해 보면, 다음과 같다(그림 1-5).

(1) **철학적 접근**: "마음이란 무엇인가?", "마음은 어디에 있는가?" 등 대화하거나 자신에게 물으며 논리적으로 고찰하고 주장을 굳혀간다. 예컨대 소크라테스는 시미아스나 플라톤 등과의 문답을 통해 지식이란 무엇인가, 사고란 무엇인가 등을 살폈다.

(2) **실험심리학적 접근**: 적절한 실험 시스템을 구축하고, 여러 조건을 달리하여 다양한 자극을 입력하고, 감정을 출력(즉, **감각량**을 측정)함으로써 심적 활동을 모델화해 나간다. 예를 들어 3.6절에 나오는, 각도를 바꾼 도형이 원래의 도형과 동일한지 여부를 판단하는 데 필요한 시간을 측정하는 실험이 좋은 예다. 이는 머릿속에서 도형이 회전하는 것이 실제 도형이 물리적으로 회전하는 것과 유사한 작업임을 확인하는 실험이다. 모델의 안정성을 높이기 위해 실험 참가자 수를 늘리거나 입력되는 자극의 수를 늘리는 등의 노력이 더해졌다. 행동주의가 쇠퇴한 후에는 내관법이나 **프로토콜 해석**을 도입하는 사례도 늘고 있다. 프로토콜 해석은 실험 중에 머리에 떠오른 것을 실험 협력자에게 실시간으로 말하게 하고, 그 기록을 실험 경과에 대응시켜 해석하는 방법이다. 교육심리학자 모리 가즈오는 인지에 관한 최근의 실험심리학이 가설을 검증하기보다 특정 현상에 대한 메커니즘을 탐구해 모델을 구축하는 것에 치우쳐 있다고 지적하기도 했다.

(3) **신경생리학적 접근**: 자극을 주어 발생하는 생리적 변화를 측정함으로써 신경계 활동을 중심으로 모델화해 나간다. 근전도, 발생전위 등의 전기 전달 신호를 측정하는 방법과 자기 뇌파 검사법, 뇌파 기록법, 자기장에 의한 혈류 계측법, 빛에 의한 혈류 계측법 등의 뇌신경 활동을 측정하는 방법이 있다. 동물 실험의 경우 뇌 손상 및 뇌 자극 실험을 통한 접근과 더불어 해부학적 접근도 있다.

(4) **수리공학적 접근**: 심적 특성이나 심적 활동 과정을 흐름도(플로우 차트)나 프로그램 언어로 기술하여 컴퓨터에서 재현한다. 뉴럴 네트워크 등 뇌의 신경 회로를 모방한 인식 프로그램이 전형적인 형태다. 컴퓨터에 의한 형태소 해석 처리(10.8절 참조)나 앞 절에서 언급한 컴퓨터에 의한 정리의 자동증명도 이 접근법의 좋은 예다. 또한, 입력 자극에 대한 반응은 함수의 수식으로 모델화할 수도 있다. 예를 들어 신경 세포의 발화 패턴을 수식으로 나타내거나, 이익이나 손실의 크기와 그에 대한 가치 패턴을 수식으로 나타내기도 한다. 변수의 값이나 무게의 값을 변화시킴으로써 행동을 예측할 수 있게 된다.

(5) **언어학적 접근**: 자극으로서의 언어, 반응으로서의 언어에 대해 연구한다. 의미가 포함되어 있는 기억의 심적 표상, 그것들이 어떻게 생성되고 이해되는지 그 처리 과정을 모델화한다.

지금까지의 설명은 각각의 대표적인 면을 단순화한 것으로, 여기에 나온 의미와 다르게 해석될 여지가 있으므로 엄밀한 정의라고는 볼 수 없다. 하지만 각 접근법에 대한 개요는 파악할 수 있을 것이다. 인지과학은 여러 학문에 걸쳐 연구되는 분야이며, 각 분야를 조합한 방법이 많기 때문에 각 접근법이 엄격하게 구별되는 것은 아니다.

❤ 그림 1-5 인지과학 연구의 접근법들

(1) 철학적 접근

심적 활동

다른 사람과 문답하거나,
자신에게 묻거나,
논리적으로 생각함으로써
지식이나 사고, 인식에 대해 고찰

(2) 실험심리학적 접근

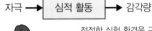
자극 → 심적 활동 → 감각량

적절한 실험 환경을 구축하고,
조건을 바꾼 자극에 대한
감각량을 측정하거나,
내관법 및 프로토콜 해석
등을 통해 모델화

(3) 신경생리학적 접근

자극 → 심적 활동 → 생리적 변화

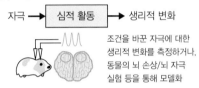

조건을 바꾼 자극에 대한
생리적 변화를 측정하거나,
동물의 뇌 손상/뇌 자극
실험 등을 통해 모델화

(4) 수리공학적 접근법

자극 → 심적 활동 → 반응

입력 → 출력

심적 활동 과정을 흐름도나
프로그램 언어로 기술하여
컴퓨터에서 재현하거나,
자극(입력)에 대한 반응이
출력되는 수식으로 모델화

(5) 언어학적 접근법

언어 자극 → 심적 활동 → 언어 반응

언어 지식의 심적 표상,
언어 생성, 언어 이해 등의
처리 과정을 모델화

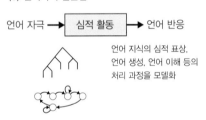

1.4 모델

인지과학에서는 **모델**(모형)이나 모델화(모형화)라는 말이 많이 등장한다. 이는 심적 활동 과정이나 메커니즘을 알기 쉽게 설명할 필요가 있기 때문이다. 일반적으로 모델은 주로 다음과 같은 종류와 역할이 있다(그림 1-6).

(1) **현상 쉽게 설명하기**: 현상의 구조나 행동을 알기 쉽게 설명하기 위해서 단순화하거나 비유를 사용하거나 모식도, 처리 블록 다이어그램, 흐름도를 이용하여 나타낸다. 인간의 정보 처리 모델을 포함하여 이 책에 소개하는 대부분의 모델은 이 유형이다.

(2) **현상 분류하기**: 현상을 특정 기준으로 분류하여 여러 형태로 나타낸다. 예를 들어 비즈니스 모델에서는 소매 모델, 소모품 모델, 광고 모델 등 비즈니스 구조 패턴을 여러 유형으로 모델화한다.

(3) **견본, 전형적인 예로 나타내기**: 활동과 대처, 전략 사례의 견본으로 나타낸다. 예를 들어 한 자동차 제조회사가 계획한 미래 도시 모델이나, 비핵화 전략의 소위 리비아 모델 등이 이 유형이다.

(4) **현상을 시뮬레이션할 수 있도록 만들기**: 어떤 현상이 있을 때 그 구조나 행위를 수식이나 함수로 나타내고 시뮬레이션이 가능한 형태로 만든다. 특히 정량성이 요구되는 경우에 많이 이용된다. 이 책에서는 다루지 않지만 어떤 특정 시점의 신제품 보급률을 예측할 때, 해당 시점에 구입하는 사람들의 비율과 신제품이 나오면 적극적으로 찾아와 구입하는 사람의 비율을 기반으로 모델을 만드는 것이 좋은 예다.

(5) **사고방식이나 기능을 눈에 보이는 형태로 만들기**: '모델'은 말 그대로 '모형'으로, 생각이나 기능을 눈에 보이는 형태로 소프트웨어 또는 하드웨어에서 실현하여, 사람들에게 보이거나 시뮬레이션하는 것을 뜻한다. 컴퓨터나 기계에서 AI 기능을 실현하는 것이 이런 유형이라고 할 수 있다.

인지과학에서는 (1)과 (4)에 의한 모델화를 많이 볼 수 있다. 모리 가즈오는 모델화하는 표준 방법은 확립되어 있지 않다고 하면서, 미국의 심리학자 라크만 등이 제창한 인지활동 포괄 모델의 필수 구성 요소로 다음을 소개하고 있다.

(a) 외부의 물리적 정보를 심적 표상으로 변환하는 입력 인터페이스가 있다.

(b) 지식으로 기억될 수 있는 심적 표상 구조가 있다.

(c) 지식을 변환하나 기억을 검색하는 등의 제어 시스템이 있다.

(d) 심적 표상을 외부의 물리적 정보로 변환하는 출력 인터페이스가 있다.

모리 가즈오는 (a)~(d)가 컴퓨터에서의 입력, 기억, 연산, 출력에 대응한다고 보았다. 다시 말해 컴퓨터 자체가 인지 시스템의 모델이 된다는 뜻이다.

✔ 그림 1-6 모델화의 종류와 역할

(1) 현상 쉽게 설명하기
단순화하거나 비유, 처리 블록 다이어그램 등을 이용하기

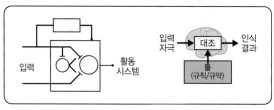

(2) 현상 분류하기
여러 유형으로 모델화하기

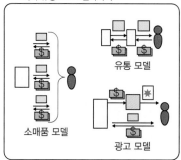

유통 모델

소매품 모델

광고 모델

(3) 견본, 전형적인 예로 나타내기
참고를 위한 구체적인 사례로 표시하기

미래 도시 모델

쓰레기 문제 해결 모델

(4) 현상을 시뮬레이션할 수 있도록 만들기
수식이나 함수로 나타내고 시뮬레이션 가능한 형태로 만들기

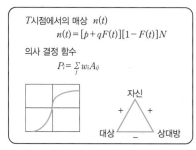

T시점에서의 매상 $n(t)$

$$n(t) = [p + qF(t)][1 - F(t)]N$$

의사 결정 함수

$$P_i = \sum_j w_i A_{ij}$$

자신

대상 — 상대방

(5) 사고방식이나 기능을 눈에 보이는 형태로 만들기
소프트웨어 또는 하드웨어에서
눈에 보이는 형태로 실현하기

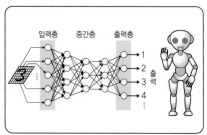

입력층　중간층　출력층

출력

1.5 인간의 정보 처리 모델과 인지과학의 범위

종합적인 인지 과정의 모델로는 1970년대 미국 인지심리학자 앤더슨이 제안한 **ACT* 모델**이 있다(그림 1-7). 이는 지식이라는 관점에서 인지 과정을 모델화해 보면, 언어로 되어 있는 서술적 지식(4.4절 참조) 부분과 비언어적인 절차적 지식 부분이 각각 다른 처리에 의해 학습된다는 것이다.

▼ 그림 1-7 ACT* 모델

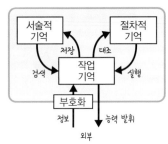

(앤더슨의 모델을 참조하여 작성)

ACT* 모델은 이후 여러 기능의 모듈이 합쳐진 집합체로 개선된다. 이 모델을 **ACT-R 모델**이라 불렀는데, 생성 규칙을 통해 모듈끼리 서로 접근할 수 있게 하는 등 컴퓨터 처리를 의식하도록 개선한 모델이었다. 이 모델은 컴퓨터와 뇌 기능 사이의 관계를 검토하는 데도 이용되었다(그림 1-8).

❤ 그림 1-8 ACT-R 모델

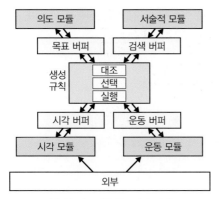

(앤더슨의 모델을 참조하여 작성)

그 후 발표된 인간의 정보 처리 모델로는 미국의 휴먼 팩터 연구자 카드가 인간의 인지나 기억 처리를 컴퓨터 처리에 비유하며 제안한 **모델 휴먼 프로세서**(그림 1-9)가 있다.

❤ 그림 1-9 모델 휴먼 프로세서

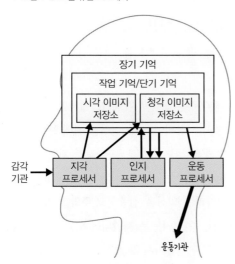

(카드의 모델을 참조하여 작성)

또 미국의 인지심리학자 노먼이 제안한 **행위의 7단계 모델**(그림 1–10)이 있는데, 목표를 실행하고 평가하는 사이클을 이용해 인지를 파악하는 모델이다.

❤ 그림 1–10 행위의 7단계 모델

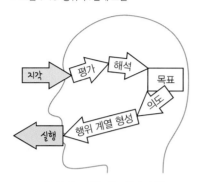

(노먼의 모델을 참조하여 작성)

이 책은 뇌에서의 인지 과정을 이해하기 쉽게 정리하여 널리 알려진, 미국 심리학자 위켄스의 정보 처리 모델을 전제로 설명한다. 이 모델은 모델 휴먼 프로세서처럼 인간의 정보 처리를 컴퓨터 처리로 간주해, 작업 기억[1]을 단기 기억과 정보를 처리하는 시스템으로 설명한다(그림 1–11).

이 모델의 구성 요소는 지각 담당 모듈, 반응 선택 모듈, 반응 실행 모듈, 장기 기억, 작업 기억 및 주의 자원[2]이다.

외부로부터의 자극은 시각 수용체, 청각 수용체 등의 감각기관에서 받아들여진 후 감각 처리/단기 감각 저장소에 잠시 저장되어 지각 처리를 위해 보내진다. 윤곽이나 색상, 재질, 소리의 주파수 등의 정보가 추출되면, 장기 기억에 보존된 과거의 지식을 이용해 지금 입력된 것이 무엇인지를 파악하고 그 의미와 개념을 인식한다. 이러한 일들을 수행하려면 의식을 집중하고 **주의**를 기울여야 한다. 그러나 5.1절에서 설명하겠지만, 주의 자원은 제한되어 있기 때문에 중요하지 않은 자극과 지각에는 거의 주의를 기울이지 않는다.

---

1   **역주** working memory, 워킹 메모리, 다른 감각기관으로부터 들어온 정보를 머릿속에 잠시 잡아 두고 기억하는 것
2   **역주** attentional resource, 무언가에 주의를 기울일 때 필요한 에너지

다음 단계는 반응 선택 단계다. 어떻게 반응할 것인가를 판단하는 단계로, 지각된 정보를 이용해 장기 기억 정보를 돌아보고 작업 기억과의 상호작용을 거쳐 합리적인 결정을 내리게 된다. 이와 같은 상호작용을 통해 인지, 정동, 문제 해결, 추론, 의사 결정, 창조, 언어 이해 등의 활동이 이루어진다. 충분한 주의를 기울이지 않으면 활동이 약해지지만, 충분한 주의를 기울인다면 행동(반응 실행)이라는 출력으로 반응하게 된다.

❤ 그림 1-11 이 책에서 전제하는 인간의 정보 처리 모델 및 범위

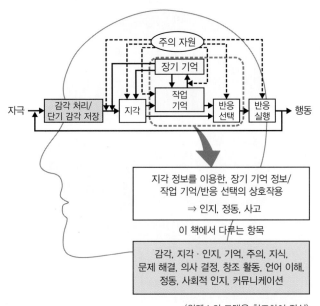

(위켄스의 모델을 참조하여 작성)

이 책에서는 위켄스 모델에서 설명하는 범위를 중심으로 감각, 지각ㆍ인지, 기억, 주의, 지식, 문제 해결, 의사 결정, 창조, 언어 이해, 정동, 사회적 인지, 커뮤니케이션을 다룬다. 다만 이 항목들이 서로 연관되어 있어 완전히 분리될 수 없다는 점을 덧붙인다. 정동의 경우 1.1절에서 설명한 것처럼 가드너가 이를 범위에서 제외했지만, 이 역시 의식 활동의 하나이며 그 메커니즘을 밝히는 것도 인지과학 연구에서 중요하다고 생각하여 이 책에서는 범위에 넣기로 한다.

memo

2^장

감각

눈, 귀, 피부 등의 감각기관은 두말할 나위 없이 정보를 받아들이는 창구다. 하지만 대상의 모양이나 소리, 촉감의 특징과 성질을 파악하는 것은 감각기관이 아니라 뇌다. 즉, 눈, 귀 등의 감각기관은 대상의 모양이나 소리를 인식하는 것이 아니라 뇌가 인식할 수 있도록 재료를 추출하는 역할을 한다.

이 장에서는 감각기관이 수집한 정보에서 어떤 메커니즘으로 재료를 추출하고, 추출한 재료를 어떻게 뇌로 보내는지 살펴본다. 또 어떻게 이미지나 음성의 특징을 공학적으로 추출하는지도 소개한다.

2.1 감각의 종류와 특성

외부 정보를 **감각기관**으로 받아들여, 대상물의 존재와 상태를 파악하는 과정을 **감각**이라고 부른다. 예를 들어 감각기관인 눈을 통해 시각 수용체인 망막으로 들어온 정보는 감각의 과정에 따라 이런 모양, 크기, 색깔의 사물이 근처에 존재한다는 신호로 변환되어 뇌에 전달된다. 또한, 귀를 통해 청각 수용체인 **달팽이관**에 들어오는 정보는 감각의 과정을 통해 어떤 톤의 소리인지, 어느 정도 크기의 소리인지를 나타내는 신호로 변환되어 뇌에 전달된다.

감각은 크게 **특수 감각, 체성 감각, 내장 감각**으로 나뉜다(표 2-1). **시각, 청각, 후각, 미각, 평형 감각**은 감각기관 내에 시각 세포나 후각 세포 등과 같이 특정 기능을 가진 특수 세포가 있다. 특수한 형태로 특정한 장소에 존재하므로, 특수 감각이라고 불린다. 시각은 빛의 자극, 청각은 소리의 자극, 후각과 미각은 화학적 자극, 평형 감각은 물리적 자극에 반응한다. 모두 자극을 전기 신호로 변환해서 감각 신경을 통해 중추 신경으로 보낸다. 체성 감각은 **피부 감각** 등 신체 표층부에 있는 수용체에 의한 감각(2.5절 참조)이다. 내장 감각은 통증이나 공복감, 심장 박동 등 장기 상태를 알리는 감각이다.

❤ 표 2-1 감각의 분류

종류		수용체
특수 감각	시각	망막(시각 세포)
	청각	달팽이관(유모 세포)
	후각	후각점막(후각 세포)
	미각	미뢰(미각 세포)
	평형 감각	반고리관(유모 세포)
체성 감각	피부 감각 촉감	피부의 기계적 감각 수용체
	온냉감	피부의 온도 감각 수용체
	통감	피부의 통각 수용체
	피부 밑 감각 (심부 감각) 운동 감각	근육 · 힘줄 · 관절의 고유 수용체
	위치 감각	
	피부 밑 압각	
	피부 밑 통각	
내장 감각	장기 감각	내장 조직 내의 기계적 감각 수용체, 온도 감각 수용체 등
	내장 통각	

감각 자극은 자극이 어느 정도 이상의 강도를 넘지 않으면 느껴지지 않는다. 검출 가능한 강도의 최소치를 **자극역**이라고 한다. 또한, 두 가지 감각 자극을 변별할 수 있는 강도의 최소치를 **변별역**이라고 한다.

자극역이나 변별역 측정에는 실험 대상자가 스스로 자극 강도를 변화시키는 **조정법**, 실험자가 자극 강도를 변화시키는 **극한법**, 미리 설정한 몇 단계의 자극 강도를 무작위로 제시하는 **항상법** 등이 있다. 세 가지 모두 자극 강도에 따른 변별역의 비율이 어느 정도까지는 비슷한데 이를 **베버의 법칙**이라고 부른다(그림 2-1).

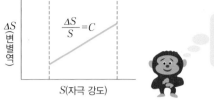

❤ 그림 2-1 베버의 법칙

제한적인 범위이긴 해도 자극의 강도와 변별역은 거의 비례 관계인 것 같네.

$$\frac{\Delta S}{S} = C$$

S는 자극의 강도, ΔS는 변별역, C는 상수이며, 감각의 종류에 따라 식은 다르게 표현된다. 즉, 강도가 원래 강도에 대해 일정 비율 증가하지 않으면, 강도가 증가했다고 느껴지지 않는다는 것을 이 식을 통해 알 수 있다. 이 식이 표현하고자 하는 자극 강도에 대한 변별역의 비율이 바로 지각의 증가다.

그림 2-2와 같이 상수 C를 $k_1 \Delta R$로 두고, 양변을 적분하면 다음 등식을 얻을 수 있다.

$$R = k \log S$$

R은 감각량, K는 상수다. 즉, 감각량(느낌)은 자극 강도의 로그에 비례한다는 것이다(그림 2-3). 조명 밝기로 말하면 밝기가 증가해도 어느 정도 이상 증가하지 않으면 더 밝아졌다고 느끼지 않는다는 뜻이다. 이를 **페히너의 법칙**이라고 부른다. 인간의 이러한 감각적 특성은 외부 자극의 변동에 일일이 민감하게 반응하지 않고 안정을 유지하는 데 기여한다.

❤ 그림 2-2 베버의 법칙에서 페히너의 법칙으로

$$\frac{\Delta S}{S} = C$$

여기서 상수 C가 $k_1 \Delta R$이면,

$$\frac{\Delta S}{S} = k_1 \Delta R$$

양변을 적분하면,

$$\int \frac{1}{S} \Delta S = \int k_1 \Delta R$$

$$\int \frac{1}{S} dS = \int k_1 dR$$

$$\therefore \ k_1 R = \log S + \alpha$$

$$\therefore \ R = \frac{1}{k_1} \log S + \frac{\alpha}{k_1}$$

여기에서 $\frac{1}{k_1}$을 k로 놓고, $\frac{\alpha}{k_1}$만 원점 이동하면,

$$R = k \log S$$

❤ 그림 2-3 페히너의 법칙

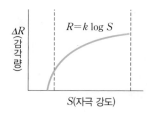

자극 강도가 커진다고 해서
감각량도 똑같이 늘어나는 건
아니구나!

2.2 감각 신호의 전달

감각기관에서 보낸 전기 신호는 상호 연결된 **감각 뉴런** 사이의 활동 전위로 전도되며 빠르게 전달되기 시작한다. 감각 뉴런은 감각기관마다 모양이 조금씩 다르다. 이 중에서 운동 뉴런을 예로 들어 신호 전달의 개념을 설명한다.

❤ 그림 2-4 뉴런의 구조

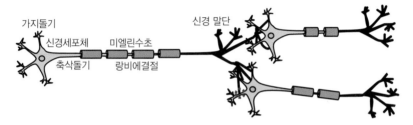

뉴런은 그림 2-4와 같이 신경세포체, **가지돌기, 축삭돌기**로 구성된다. 가지돌기는 신경세포체에서 가지 모양으로 뻗은 여러 개의 돌기물이며, 그중에서 길게 뻗은 것이 축삭돌기다. 축삭돌기를 통해 신경세포체와 가지돌기가 받은 신호가 **활동전위**가 되어 다른 뉴런으로 전달된다.

뉴런은 종류에 따라 유수 신경과 무수 신경으로 나뉜다. 유수 신경의 축삭돌기 주위는 **미엘린수초**로 덮여 있다. 이것이 절연체 역할을 하여 주변 신경과의 신호 간섭을 방지한다. 미엘린수초는 군데군데 움푹 패여 있는데 이를 **랑비에결절**이라고 부른다. 신호는 랑비에결절 사이를 점프하며 빠른 속도로 전달된다. 무수 신경에는 미엘린수초가 없다.

활동전위가 뉴런의 말단인 **시냅스**에 도착하면, 시냅스 전막에서 **신경전달물질**을 방출한다. 이것을 다음 뉴런과의 접점인 시냅스 후막이 받으면, 거기서 전기 신호가 발생하고(**기동전위**), 다음 전달을 위한 활동전위가 된다. 이 과정을 거쳐 그림 2-5와 같이 차례차례 뉴런 사이로 신호가 전해진다. 더 상세한 내용은 15.6절에서 기술한다.

❤ 그림 2-5 감각 정보가 전기 신호로 전달되는 과정

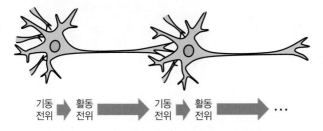

기동전위와 활동전위가 발생되는 메커니즘은 다음과 같다. 신호 전달이 없을 때는 세포의 바깥쪽과 안쪽이 세포막을 사이에 두고 약간의 전위차를 가진 채 유지된다. 세포 바깥쪽이 0mV라면 안쪽은 약 −60mV가 되는데, 이를 **휴지전위**라고 한다.

세포 안쪽의 전위가 낮으므로 안쪽 K^+는 세포막을 통해 세포 밖으로 흘러 나가지 못한다(그림 2-6①). 또 바깥쪽 K^+는 Na/K 펌프를 통해 안쪽으로 들어오는데, 그 과정을 살펴보자. 먼저 자극을 받으면 K채널은 닫히고 Na채널은 열리면서 Na^+가 세포막을 통해 유입된다(그림 2-6②). 이로 인해 안쪽 전위가 급상승하는데(**탈분극**) 이것이 어떤 역치를 넘으면 Na채널이 닫히고 K채널이 열리면서 K^+가 세포막으로 내보내진다(그림 2-6③). 그러면 안쪽 전위가 다시 낮아지는데, K채널이 열려 있으므로 약 −60mV를 넘어도 전위가 계속 내려간다(**과분극**)(그림 2-6④). K채널이 닫히면 전위는 다시 약간 상승하여 휴지전위 상태로 회복된다(그림 2-6⑤).

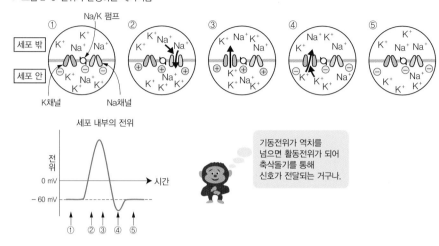

기동전위가 역치를
넘으면 활동전위가 되어
축삭돌기를 통해
신호가 전달되는 거구나.

기동전위가 역치를 넘으면 활동전위가 되어 뉴런의 축삭돌기를 따라 순차적으로 전달된다. 즉, 자극이 역치를 넘으면 활동전위를 생성하고, 역치를 넘지 않으면 활동전위가 생기지 않는데 이러한 법칙을 **실무율**(悉無律, all-or-none low)이라고 한다. 축삭돌기에 미엘린수초가 있는 경우에는 앞에서 설명한 것처럼 랑비에결절을 뛰어넘으며 고속으로 전파된다(그림 2-7).

◆ 그림 2-7 축삭돌기에 의한 신호의 전달

(1) 미엘린수초가 없는 축삭돌기

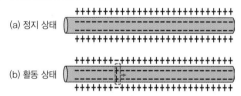

(a) 정지 상태

(b) 활동 상태

(2) 미엘린수초가 있는 축삭돌기

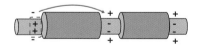

2.3 시각

그림 2-8은 시각 기관인 눈이 시각 자극을 대뇌로 보내는 경로이고, 그림 2-9
는 시각 기관의 구조다.

❤ 그림 2-8 시각 처리의 흐름

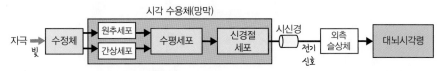

❤ 그림 2-9 시각 기관과 시각 수용체

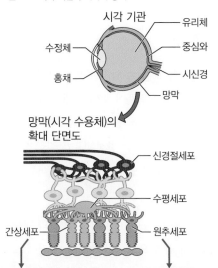

• 망막의 주변부에 많이 존재한다.
• 전체를 감지한다.
• 색을 감지하지 못한다.
• 어두운 곳에서 작용한다.

• 망막의 중앙에 많이 존재한다.
• 정밀하게 사물을 본다.
• 색을 감지한다.
• 밝은 곳에서 작용한다.

시각 기관은 **수정체**라는 렌즈로 들어오는 빛을 **망막**에 상으로 투영하고, 그 정보를 시신경을 이용해 뇌로 보낸다. 망막은 0.2㎜ 두께로, 내부에는 **원추세포**, **간상세포**라는 세포가 있다. 망막의 중심 부분은 **중심와**라고 부르며, 이 부분을 사용해 사물을 보는 것을 **중심시**라고 한다. 중심와는 직경 약 0.3㎜로, 여기에 원추세포가 집중되어 있다. 원추세포는 정밀하게 사물을 보거나 색을 느낀다 (그림 2-10).

❤ 그림 2-10 중심와 주변, 간상세포와 원추세포의 세포 수

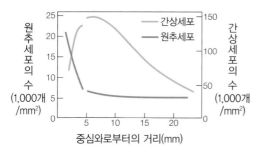

(크루저 문헌[1990]의 그림을 참조하여 작성)

간상세포는 중심와 주변에 많으며, 명암을 느낄 수 있지만 색을 감지하지는 못한다. 따라서 망막의 중심에서 벗어난 상은 어렴풋이 보이긴 해도 색을 감지하기는 어렵다. 이 주변 부위를 통해 사물을 보는 것을 **주변시**라고 한다. 밝은 곳에서는 원추세포가 주로 작용하고, 어두운 곳에서는 간상세포가 주로 작용하는 역할 분담이 이뤄진다. 이 두 시각 세포 덕분에 인간은 밝은 곳과 어두운 곳에서 모두 사물을 볼 수 있다.

우리 눈에 보이는 빛의 파장 범위는 약 380~780nm이며, 이 범위의 빛을 **가시광선**이라고 부른다. 파장이 짧은 쪽에서 긴 쪽으로, 보라색에서 빨간색으로 연속적으로 변화한다. 원추세포에는 **S원추세포**(파장이 짧은 파란색 부근에 대한 감도가 높음), **M원추세포**(중간 정도 파장인 초록색 부근에 대한 감도가 높음), **L원추세포**(파장이 긴 빨간색 부근에 대한 감도가 높음), 세 종류가 있는데, 이

들 신호의 차이에 의해 색의 감각이 생긴다. 이러한 모델을 나타낸 것이 그림 2-11이다.

▼ 그림 2-11 색상 모델

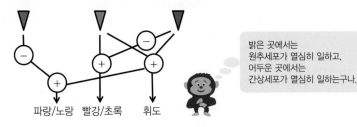

M원추세포 신호에서 L원추세포 신호를 빼면 빨간색/초록색의 정도를 알 수 있다. M원추세포와 L원추세포의 신호는 밝은 정도를 나타내는 휘도에 대한 정보로 변환되며, M원추세포와 L원추세포의 신호를 더한 것이 곧 휘도다. M원추세포와 L원추세포의 신호를 더한 뒤 S원추세포 신호를 빼면 파란색/노란색의 정도를 알 수 있다. 또한, 망막의 뉴런에는 **측면 억제**(14.2절 참조)라는 특성이 있어서 빛의 자극에 대한 정보를 후두엽의 시각 피질로 보낸다.

그림 2-12와 같이 시각 정보는 시신경을 통해 **외측슬상체**를 거쳐 대뇌시각령의 **1차 시각 피질**로 전송된다. 외측슬상체나 1차 시각 피질에서는 직선이나 기울기, 윤곽선 등의 특징을 추출하는 초기 처리가 행해진다. 그 후 **2차 시각 피질**로 전송되어 다시 곡선 검출 등 후속 처리가 이루어진다. 미국의 생리학자 허블과 위젤은 고양이와 원숭이를 이용하여 1차 시각 피질의 세포에는 **단순 세포, 복합 세포, 초복합 세포**, 세 가지가 있으며 각각 다른 특징을 검출한다는 사실을 발견했다.

❤ 그림 2-12 시각 경로의 개략도(원숭이)

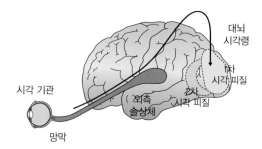

대뇌
시각령

1차
시각 피질

시각 기관

2차
시각 피질

외측
슬상체

망막

2.4 청각

귓바퀴에 모인 공기 진동은 외이도를 통해 **고막**을 진동시킨다. 고막의 진동은 **추골, 침골, 등골**이라는 작은 뼈 세 개로 차례차례 전달되어 달팽이관에 도달한다(그림 2-13).

▼ 그림 2-13 청각 처리의 흐름

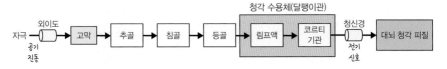

이 세 뼈는 관절로 연결되어 진동의 전달 효율을 높이거나 억제하는 역할을 한다(그림 2-14). 진동은 이후 달팽이관에서 주파수를 분석하여 대뇌에 전기 신호로 전달된다.

▼ 그림 2-14 청각 기관과 청각 수용체

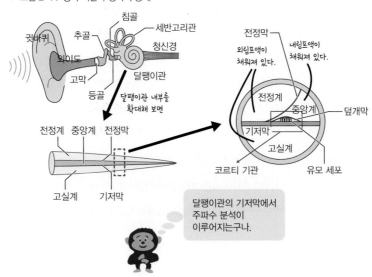

달팽이관의 지름은 인간의 경우 대략 9㎜다. 달팽이관 속은 림프액으로 채워져 있고, 안에 **기저막**이 있다. 이 기저막에 의해 **전정계, 고실계**의 두 부분으로 나누어지며, 둘이 **중앙계**를 형성한다. 기저막 위에는 각기 다른 주파수 성분을 추출하는 **코르티 기관**들이 나란히 존재한다. 전해진 진동은 림프액을 진동시켜 코르티 기관의 유모 세포를 자극하게 된다. 여기서 활동전위를 만들고 청신경으로 신호를 전달하여 뇌의 **청각 피질**에 다다르면 소리를 지각하게 된다.

헝가리의 생리학자 베케시는 전달된 림프액의 진동이 기저막을 파동처럼 상하로 움직이게 하는데, 소리가 높으면 입구 부근에서 파동이 정점에 도달하고, 소리가 낮으면 깊은 곳에서 파동이 정점을 이룬다는 **진행파 이론**을 주창했다. 그래서 음이 높은 주파수 성분은 달팽이관 입구 부근에서 감지되고, 낮은 주파수 성분은 달팽이관 안쪽 끝에서 감지된다. 소리의 높이는, 3.4절에서 설명할 텐데, 진동 패턴이 단위 시간 내에 몇 번 반복되는지에 따라 결정된다.

1초당 반복 수는 **기본 주파수**로 불리며, 단위는 Hz다. 인간의 **가청범위**는 약 20Hz~20kHz다. 들리는 소리의 크기(**라우드니스**)는 기저막의 진동 크기에만 의지하는 것이 아니라, 진동 지속 시간의 적분값과도 관련이 있는 것으로 알려져 있다. 이처럼 청각의 초기 처리는 음운 인식을 위한 주파수 성분 등과 같이, 소리의 특징을 검출하는 단계로 이루어진다.

어떤 소리가 다른 소리와 겹치며 잘 들리지 않는 현상을 **마스킹**(masking)이라고 한다. 마스킹은 두 음의 높이가 비슷할 때 발생하기 쉽다. 둘 중 낮은 소리가 높은 소리를 가리고, 큰 소리가 작은 소리를 가리게 된다. 즉, 두 음의 높이가 비슷하면 달팽이관 안쪽에서 발생하는 낮은 파동에 의해 달팽이관 입구에서 만들어지는 높은 음에 의한 파동이 차단되는 마스킹이 발생한다(그림 2-15).

두 음이 동시에 들릴 경우는 **동시 마스킹**이라고 한다. 또 동시에 들리지 않더라도 마스킹이 생길 수 있는데 이는 **시간 마스킹**이라고 한다. 예를 들어 큰 소리 직후에 작은 소리를 들려주면 작은 소리는 잘 들리지 않게 된다.

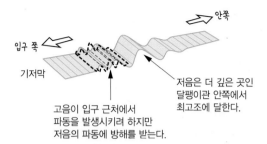

▼ 그림 2-15 기저막과 마스킹

안쪽

입구 쪽

기저막

고음이 입구 근처에서
파동을 발생시키려 하지만
저음의 파동에 방해를 받는다.

저음은 더 깊은 곳인
달팽이관 안쪽에서
최고조에 달한다.

기본 주파수는 소리의 크기를 나타내는 라우드니스 레벨에 영향을 미친다. 이 관계를 나타낸 것이 그림 2-16이며, **등감곡선**이라고 불린다. 예를 들어 같은 10dB의 소리라도 1kHz인 경우와 4kHz인 경우에는 전자 쪽이 더 크게 들린다.

▼ 그림 2-16 등감곡선

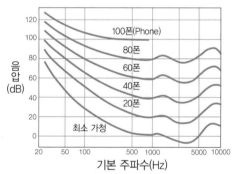

(국제규격 ISO226:2003의 그림을 참조하여 작성)

2.5 체성 감각

피부 감각과 피부 밑 감각(**심부 감각**)을 총칭하여 체성 감각이라고 한다(그림 2–17). 피부 감각은 피부 표면에 관한 감각으로 **촉(압)각**, 온도 감각(**온각, 냉각**), **통각**으로 이루어진다. 촉(압)각의 감각점은 손가락 부근의 경우 1cm^{2}에 100개 이상 존재하지만, 대퇴부에는 11~13개 정도 있다. 온도 감각의 감각점에는 온점과 냉점이 있으며, 1cm^{2}당 온점은 1~4개, 냉점은 3~15개 정도다. 통점은 1cm^{2}당 50~350개로 감각점 중 가장 많다.

▼ 그림 2–17 체성 감각

딱딱하다, 차갑다 ➡ 피부 감각

무겁다, 높다 ➡ 피부 밑 감각

촉(압)각은 기계적 자극을 피부 표면에서 수용하는 기계적 수용체에 의해 생긴다. 기계적 수용체는 털이 있는 부위와 없는 부위로 나뉘는데, 그림 2–18과 같이 털이 없는 부위는 **마이스너 소체, 메르켈 소체, 파치니 소체, 루피니 소체** 등으로 구성된다.

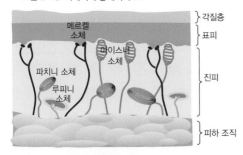

(1) 털이 없는 부위

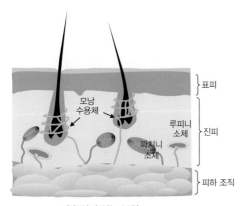

(2) 털이 있는 부위

마이스너 소체는 진피 중에서 표피에 가까운 곳에 위치하며 자극의 세부 정보를 감지한다. 손가락의 피부 안쪽은 마이스너 소체가 가장 높은 밀도로 분포하는 조직이다. 메르켈 소체도 진피 중 표피에 가까운 곳에 위치하며 약한 자극 압력을 검출한다. 이 수용체들이 감지하는 신호의 차이에 따라 요철이 감지된다. 루피니 소체는 진피의 심층부에 위치하며, 피부를 옆 방향으로 당기거나 어긋나는 감각을 감지한다. 파치니 소체도 진피의 심층부에 위치하며 진동에 반응한다. 털이 있는 부분에는 파치니 소체, 루피니 소체, 모낭 수용체 등이 존재한다. **모낭 수용체**는 털의 굴곡을 검출한다. 이 촉(압)각은 시각 정보가 부족한 경우에도 물체의 모양과 경도를 어느 정도 파악할 수 있게 해 준다.

따뜻함과 차가움을 느끼는 온냉감은 온도 감각 수용체에 의해 생기고, 통감은 침해 수용체가 담당한다. 무언가에 정강이를 부딪쳤을 때 무심코 그곳을 문질러 통증을 완화하는 행동을 흔히 볼 수 있는데, 캐나다의 심리학자 멜작은 이 메커니즘을 그림 2-19에 나와 있는 **게이트 제어 이론**(관문조절설)으로 설명했다. 이 모델에서는 **SG**(substantia gelatinosa, 교양질) 세포가 통증 수렴을 제어하며 전달 세포에 도달하는 자극을 조절한다. 전달 세포는 통증 신호를 중추에 전달하는 세포다. 정강이를 부딪쳤을 때 가는 신경섬유(그림 2-19의 S)가 문제를 알리면 SG 세포를 억제해서 전달 세포의 게이트를 열게 되는데, 이로 인해 통증이 느껴지는 것이다. 이때 굵은 신경섬유(그림 2-19의 L)가 자극을 받으면 SG 세포가 활성화되고, 이로 인해 전달 세포가 억제되어 게이트가 닫힌다. 따라서 통증 신호를 느끼지 않게 된다.

▼ 그림 2-19 게이트 제어 모델

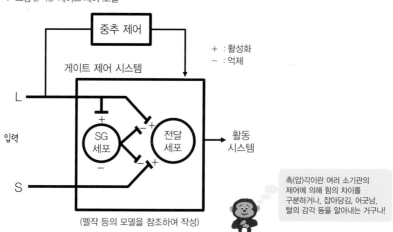

(멜작 등의 모델을 참조하여 작성)

촉(압)각이란 여러 소기관의 제어에 의해 힘의 차이를 구분하거나, 잡아당김, 어긋남, 털의 감각 등을 알아내는 거구나!

피부 밑 감각은 피부 표면이 아닌, 피부 내부의 감각으로 무게를 지각하거나 신체 각 부분의 위치, 움직임 등을 알아내는 기능을 한다(그림 2-17). 피부 밑 감각에는 근각, 관절각 등이 있다. 피부 밑 조직에 있는 수용체에는 **근육 방추, 골지 건기관, 골지 소체**, 루피니 소체, 파치니 소체 등 기계적 수용체, 자유신경종말 등이 있다. 근육 방추, 골지 건기관은 근육이나 힘줄이 당겨지면 신호를 보낸다. 근육 방추는 힘줄이 늘어나는 정도를 전달하고 근육 장력의 조절에 관여하여 관절의 위치 감각이나 움직임 감각에 기여한다. 또한, 근육 방추는 진동 자극에 잘 반응한다. 근육 혈관 주위나 관절낭에는 무수한 자유신경종말이 있다. 이 섬유들의 절반 정도는 교감 신경이고, 나머지는 통증과 관계가 있다.

2.6 감각의 상호작용

이제 서로 다른 감각 간 관계에 대해 살펴보자. 원래는 눈으로 파악하는 '맑다', '날카롭다' 등 시각 정보에 사용하는 형용사를 '맑은 목소리', '날카로운 목소리'와 같이 청각 정보를 표현하기 위해 사용하기도 한다. 이처럼 서로 다른 감각을 함께 사용하는 심리적 성질을 **양식 양립성**이라고 한다. '부드러운 목소리', '매끄러운 목소리', '따뜻한 목소리' 등은 피부 감각 형용사를, '달콤한 목소리', '구수한 목소리' 등은 미각 형용사를 사용하고 있다.

금속끼리 스치는 소리나 스티로폼 등으로 유리를 문지르는 소리를 들으면 소름이 끼치거나, 눈꺼풀 위에 압력을 가하면 오렌지색 빛이 느껴지는 것, 또는 음악을 들으며 색을 느끼는 것처럼 어떤 자극에 대해 다른 감각이 반응하는 현상을 **공감각**이라고 한다(그림 2-20).

▼ 그림 2-20 공감각

스티로폼으로 유리를 문지르는 소리를 들으면 소름이 끼친다.

눈을 감고 눈꺼풀 위를 손가락으로 지그시 누르면 오렌지색 빛이 보인다.

영상과 음악도 이와 유사한 형용사로 표현할 수 있다. 양식 양립성을 가지고 이 표현들을 동시에 사용할 경우, **공명 현상**으로 불리는 쌍방의 시너지 효과가 분위기를 고조시켜 준다.

한편, 서로 다른 감각 사이에는 간섭 현상도 있다. 예를 들어 영상과 음성 사이에 생기는 **매거진 효과**(잡지 효과)를 들 수 있다. 그림 2-21과 같이 /ma/라고 하는 얼굴 영상을 보며 /ka/라는 발성을 동시에 들으면, /ka/가 아닌 /pa/라는 음성으로 들릴 수 있다. '위아래 입술이 맞닿는' 양순음 /ma/의 시각 정보와 '입술이 맞닿지 않는' 연구개파열음 /ka/의 청각 정보 사이에 생기는 모순을, 파열 양순음 /pa/로 인지함으로써 해소하는 것이다.

▼ 그림 2-21 매거진 효과

또한, 그림 2-22와 같이 실험 참가자에게 음성이 없는 립싱크 얼굴 영상을 모니터로 보여주고, 근처 보이지 않는 위치의 스피커에서 음성을 내보내면 실험 참가자는 마치 모니터에서 음성이 흘러나오는 것처럼 느낀다. 이 특성을 **시각의 우위성**이라고 한다. 즉, 시각과 청각 중 시각의 공간 분해 능력이 더 높기 때문에 시각 쪽을 우선시하는 것이다.

▼ 그림 2-22 시각 우위성

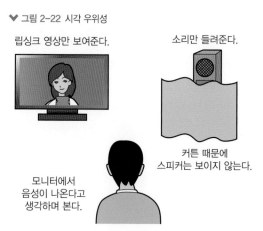

한편, 그림 2-23과 같이 모니터로 음성이 없는 얼굴의 영상을 실험 참가자에게 보여주고 스피커로는 영상의 입 움직임보다 약간 늦게 나오는 음성을 들려주면, 실험 참가자는 스피커에서 흘러나오는 음성을 실시간으로 여기고 영상이 여기에 살짝 어긋난 것으로 생각한다. 이것을 **청각의 우위성**이라고 한다. 시간의 축 위에서는 시각보다 청각 쪽이 시간 분해 능력이 높기 때문에 청각 쪽을 앞세우게 되는 것이다.

▼ 그림 2-23 청각 우위성

실시간 영상을 음성 없이 보여준다.

영상보다 0.2초
늦은 음성을 들려준다.

음성 쪽이
실시간이라고 느낀다.

공간적 관계에서는 시각이,
시간적 관계에서는 청각이
우위가 되는구나!

일본의 음향공학자인 이와미야는 하나의 공통 자극에 여러 감각이 반응하면서 감각이 상호 보완되어 정보 입수가 어려운 상황에도 대응할 수 있다고 말한다.

2.7 컴퓨터에 의한 이미지·음성의 특징 추출

영상 신호에서 윤곽선을 검출하거나 노이즈를 제거하는 각종 **공간 필터**를 이용하면 컴퓨터에서도 시각 기관의 물체 윤곽선 검출, 굴곡 감지, 주변시 기능을 구현할 수 있다.

영상 신호는 영상을 구성하는 화소별 농도가 만든다. **윤곽선 검출**에는 그림 2-24와 같이 화소의 농도가 크게 변화하는 부분을 찾아내는 **미분 필터**가 사용되고, **노이즈 제거**에는 그림 2-25와 같이 평균값이나 중앙값에서 **평활화**(equalization)하는 필터 등이 사용된다. 필터 처리는 이미지 데이터의 좌측 상단부터 우측 하단까지 순차적으로 필터를 적용해 매트릭스 각 요소와의 적합도를 산출하여 중앙의 값으로 만들어 가는 식으로 실행한다.

❤ 그림 2-24 이미지 윤곽선 검출 필터

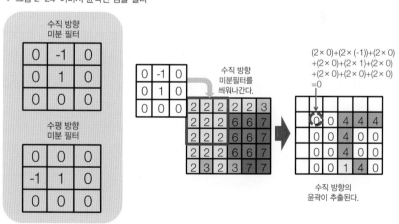

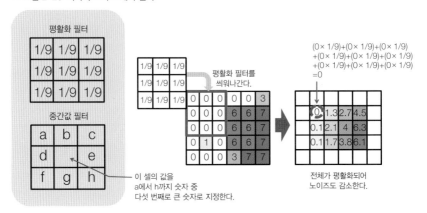

▼ 그림 2-25 이미지 노이즈 제거 필터

컴퓨터에 의한 이미지 특징 추출은 2.3절에서 설명한 1차 시각 피질에서의 특징 추출 과정과 같다. 윤곽선이나 선분의 기울기 등 원시적 정보 추출로 시작해 점차 모양이나 형태 등의 고차적 특징 추출 처리로 넘어간다.

청각 기관이 음성신호의 주파수를 분석하는 것과 동일한 기능을 컴퓨터에서는 **스펙트럼 추출**을 사용해 구현한다. 스펙트럼의 전제는 음성 파형처럼 주기성이 있는 복잡한 파형이 여러 개의 단순 파형으로 분해될 수 있다는 것이다.

단순 파형이란 sin 곡선이나 cos 곡선을 말하는데, 단순 파형을 성분으로 히스토그램을 만들면 음성 스펙트럼은 결국 어떤 종류의 단순 파형이 어느 정도 양으로 모여 있는지를 나타내는 히스토그램이라고 할 수 있다. sin 곡선이나 cos 곡선 성분의 양(강도)은 **푸리에 변환**으로 얻을 수 있다(그림 2-26). 즉, sin, cos의 계수는 강도를 나타낸다.

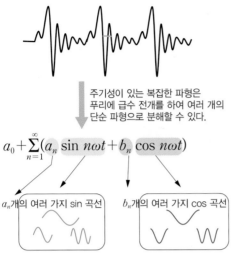

주기성이 있는 복잡한 파형은
푸리에 급수 전개를 하여 여러 개의
단순 파형으로 분해할 수 있다.

$$a_0 + \sum_{n=1}^{\infty} (a_n \sin n\omega t + b_n \cos n\omega t)$$

a_n개의 여러 가지 sin 곡선

b_n개의 여러 가지 cos 곡선

가로축에 주파수 성분, 세로축에 강도를 취한 분포가 스펙트럼이며, 그림 2-27과 같이 큰 변화 곡선(커브), 즉 **스펙트럼 엔빌로프**(spectral envelope) 곡선과 기본 주파수(소리 높이)에 기초한 **미세 구조**로 구성된다.

스펙트럼 엔빌로프 곡선을 살펴보면 모음의 경우 몇몇 주파수 성분이 집중하는 국소적 피크 현상이 나타나는데, 이는 발성 기관인 **성도**(声道)를 통과하는 날숨의 공명에 의해 발생한다. 스펙트럼 엔빌로프 곡선을 구하려면, 먼저 음성 파형을 푸리에 변환한다. 그리고 로그를 취해 스펙트럼 미세 구조를 가진 로그 파워 스펙트럼을 얻는다. 이 로그 파워 스펙트럼을 파형 모양으로 본떠 다시 푸리에 변환하면, 로그 파워 스펙트럼의 저주파 성분, 즉 엔빌로프 곡선이 만드는 큰 아웃 라인과 미세 구조의 성분이 각각 나타나게 된다. 이 중 음운 정보를 반영하고 있는 저역대의 성분을 푸리에 역변환함으로써 스펙트럼 엔빌로프 곡선을 얻을 수 있다.

❤ 그림 2-27 음성의 스펙트럼

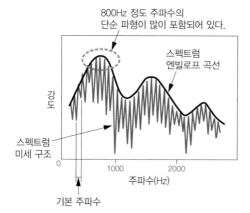

800Hz 정도 주파수의
단순 파형이 많이 포함되어 있다.

스펙트럼
엔빌로프 곡선

강
도

스펙트럼
미세 구조

0   1000   2000
                주파수(Hz)

기본 주파수

3장

지각 · 인지

뇌는 어떻게 눈이나 귀에서 추출된 특징을 형태나 소리로 인식할 수 있을까? 또 공간이나 시간은 무엇을 단서로 어떻게 인식하는 것일까? 흥미로운 사실은, 뇌는 인식할 때 감각기관에서 수집되는 정보를 이용할 뿐 아니라 뇌 안에 이미 누적되어 있는 지식의 도움도 받는다는 것이다.

이 장에서는 말단에서 뇌로 향하는 상향 처리, 반대 경우인 하향 처리, 두 가지를 모두 활용하는 양방향 처리를 통해 사물의 형태와 소리를 인식하는 과정을 살펴보겠다. 또한, 음성을 공학적으로 인식하는 방법에 대해서도 이야기해 보겠다.

3.1 하향 처리

지금까지 감각기관으로 입력된 정보에서 다양한 특징을 추출하고, 이 특징들이 여러 처리 과정을 통해 통합되어 가는 과정을 살펴보았다. 이것만 보면 감각기관에서 뇌로 전달되는 소위 **상향 처리**가 주요한 요소인 것 같다. 그런데 그림 3-1을 보자.

❤ 그림 3-1 읽을 수 있나요?

터미널, 버스, 장거리,
대중고통, 고버속스,
관광, 표, 예매, 발권

그림 3-1에 적힌 말 중, 두 번째 줄의 단어들이 제대로 적혀 있지 않다는 것을 눈치채지 못한 사람이 많을 것이다. 이는 위아래 줄에 있는 단어들이나 배경에 있는 버스 그림 때문에 이를 인지할 때 교통이라는 **문맥**이 작용했기 때문이다. 우리의 뇌는 어떤 현상을 이미 저장되어 있는 지식에 근거해 처리할 준비가 되어 있다. 이런 절차를 **하향 처리** 또는 **개념 주도적 처리**라고 부른다. 이에 대응되는 개념의 상향 처리는 **데이터 주도적 처리**라고도 불린다.

그림 3-2는 철망 위에 동그란 떡들이 꼬치에 꽂힌 채 놓여 있는 듯 보인다. 하지만 사실은 엉성한 철망만 그려져 있을 뿐이다. 어디에도 없지만 마치 눈에 보이는 것 같은 이러한 윤곽선을 **주관적 윤곽**이라고 부른다. 이 역시 '떡꼬치가 철망에서 구워지고 있다'라는 사전 지식을 하향 처리로 인지하는 현상이다.

▼ 그림 3-2 주관적 윤곽

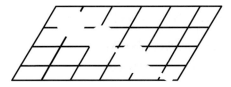

그림 3-3(1)에 포함된 알파벳 'S'는 (2)에서 숫자 '5'로 인지된다. 이를 **언어적 맥락 효과**라고 한다.

▼ 그림 3-3 언어적 맥락

(1) LOVE STORY

(2) 3.141592

그림 3-4에서는 같은 도형인 두 개의 타원을 위에 있으면 구름으로, 밑에 있으면 연못으로 인지한다. 이는 **공간적 맥락 효과**에 의한 것이다.

▼ 그림 3-4 공간적 맥락

그림 3-5에서 (3)과 (6)은 같은 도형이다. 하지만 (1)과 (4)에서 시작해 화살표를 따라 살펴보면 (3)은 일그러진 남성의 얼굴로 (6)은 머리가 긴 여성이 슬퍼하는 모습으로 보인다. 이는 피셔의 애매한 도형이라 불리는 그림을 수정한 것으로, **시간적 맥락**에 따라 도형에 대한 해석이 바뀌는 예다.

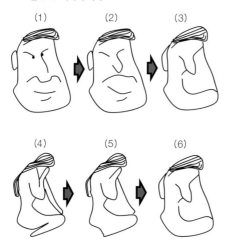

청각 계통에서도 하향 처리가 확인된다. "밥이 새카맣게 탔다."라고 말하려다 '탔다'를 '캈다'라고 잘못 발음해도 듣는 사람은 밥을 태웠다고 인식한다. '탔다' 와 '캈다'는 어두의 /t/와 /k/가 다를 뿐, 나머지는 같은 음운이고 /t/와 /k/ 모두 무성 파열음이라 음운적으로도 가깝기 때문이다. 또 뇌의 언어 지식은 '새카 맣게'에 뒤따르는 단어가 '탔다'일 것이라는 맥락을 갖추고 있으므로 하향 처리 를 통해 '탔다'로 인식하는 것이다.

❤ 그림 3-6 청각의 하향 처리

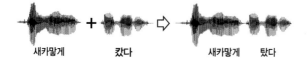

새카맣게   캈다   새카맣게   탔다

'새카맣게 탔다'라고 들린다.

이와 같이 우리의 인지 및 지각은 뇌에서 아마 이러한 모양이나 문자일 것이라 는 지식을 가진 채 말단 감각기관으로부터 정보 처리를 받아들인다. 즉, 하향 처리와 상향 처리가 보완적으로 이루어져 형태나 문자, 음성을 인식하는 것이 다(그림 3-7).

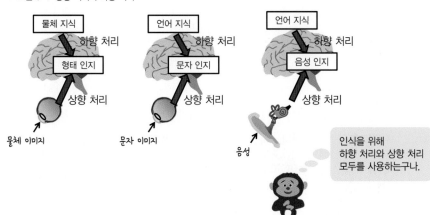

물체 지식
하향 처리
형태 인지
상향 처리
물체 이미지

언어 지식
하향 처리
문자 인지
상향 처리
문자 이미지

언어 지식
하향 처리
음성 인지
상향 처리
음성

인식을 위해
하향 처리와 상향 처리
모두를 사용하는구나.

3.2 게슈탈트 특성

우리는 대상을 부분이 아니라 전체로 파악하려는 지각적 특성이 있는데, 이를 **게슈탈트 특성**이라고 한다. '게슈탈트'는 형태, 전체의 구조를 의미하는 독일어다.

그림 3-8(1)을 보면 고양이가 일정 간격으로 늘어서 있다. 고양이를 그림 3-8(2)와 같이 6마리씩 가깝게 배치하면 네 그룹으로 보인다. 이렇게 가까운 거리로 인해 하나의 그룹으로 인지하게 만드는 요인을 **근접 요인**이라고 한다. 그림 3-8(3)에서는 고양이 사이의 간격이 모두 같지만 검은 고양이, 갈색 고양이, 삼색 고양이라는 세 그룹이 보인다. 색상의 형태, 크기, 모양 등 겉에서 보이는 속성이 서로 비슷하면 그룹으로 지각되는 특성 때문인데, 이를 **유사 요인**이라 한다. 그림 3-8(4)는 **폐쇄 요인**을 보여준다. 괄호나 닫힌 영역으로 구분했을 때, 서로 같은 영역에 속한 것을 하나의 덩어리로 파악하고 나머지를 멀리하도록 지각하는 특성이다.

▼ 그림 3-8 근접, 유사, 폐쇄 요인

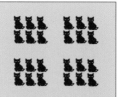

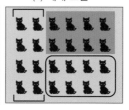

요소를 개별이 아니라 전체로 파악하는구나.

좋은 형태의 요인이라는 게슈탈트 특성도 있는데, 더 보기 좋은 형태로 인식하는 것을 말한다. 좋은 형태란 단순성, 긴밀성, 균등성, 대칭성 등을 갖는 형태를 의미한다. 예를 들어 그림 3-9(1)의 세 그림을 보자. (1)-1을 보면서 (1)-2처럼 생긴 복잡한 도형으로 인식하지 않고, (1)-3과 같이 정사각형과 삼각형이 서로 겹쳐 있는 형태로 인식하게 된다.

좋은 연속의 요인이라는 특성도 있다. 연속이란 직선이나 불연속점이 없는 부드러운 곡선을 의미한다. 그림 3-9에서 (2)-1의 도형을 (2)-2와 같은 여러 도형의 집합으로 보지 않고, (2)-3과 같이 곡선과 직선으로 구성되었다고 지각하는 편이 자연스럽다. 이처럼 연속적인 도형으로 지각하려는 특성이 좋은 연속의 요인이다.

▼ 그림 3-9 좋은 형태, 좋은 연속의 요인

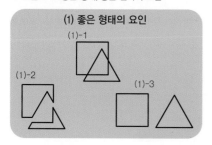 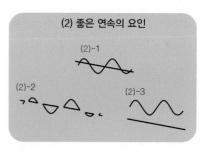

철도 건널목에 있는 경고등이 좌우 교대로 켜지면 빛이 좌우로 움직이는 듯 보인다. 이처럼 서로 다른 위치에서 시간차를 두고 나타나고 사라지는 것을 반복할 때, 마치 움직이는 것처럼 느껴지는 심리적 현상을 **가현 운동**이라고 한다. 조금씩 달라지는 그림으로 만드는 플립북처럼, 조금씩 다른 도형을 연달아 보여주면 도형이 변하는 것처럼 보이는데, 바로 가현 운동 때문이다. 독일의 심리학자 베르트하이머는 이 현상이 게슈탈트 특성에 근거한 것이라고 주장했다. 도형을 따로따로 인지하는 것이 아니라, 시간적 흐름에 따라 전체를 하나로 지각하기 때문에 도형이 변하는 것으로 보이는 것이다(그림 3-10).

▼ 그림 3-10 가현 운동

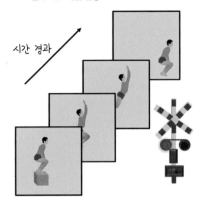

그림 3-11의 t = 1 도형은 근접 요인에 따라 두 그룹으로 나뉘어 보인다. 그런데 t = 2, t = 3처럼 빨간색 화살표로 표시된 일부 도형이 화살표 방향으로 동시에 이동하면 함께 움직이는 도형들이 한 덩어리로 보인다. 이는 **공동 운명의 요인**이라고 불리는 게슈탈트 특성으로, 시간의 흐름까지 포함해서 전체로 보려는 특성이다.

▼ 그림 3-11 공동 운명의 요인

형상 지각 · 인지

시각 기관에서 추출된 특징은 뇌의 시각 피질에서 패턴을 인지하는 데 사용된다. 여기서는 여러 패턴 인지 중에서 형상에 대한 인지 과정을 다루어 보겠다. 패턴을 인식하려면 먼저 대상물(**그림**)을 바탕(**배경**)으로부터 분리해야 한다. 이를 **그림과 배경의 분화**라고 부른다. 일반적으로 우리는 면적이 크고 주위에 펼쳐져 있는 쪽을 배경, 일정한 모양이 있고 면적이 작은 쪽을 그림으로 인식하기 쉽다. 또 윤곽선이 닫혀 있거나, 특히 의미를 가진 도형이라면 그림으로 인식할 가능성이 높다. 반면, 윤곽선이 닫혀 있지 않고, 특별한 의미도 없다고 보이면 배경으로 인식되는 경향이 있다.

예를 들어 그림 3-12(1)에서는 검은 부분과 흰 부분의 면적이 거의 같고 윤곽선이 닫혀 있으며, 검은 부분만 보면 여성의 옆 얼굴이고, 흰 부분만 보면 꽃병으로 보이므로 어느 쪽이 그림이고 어느 쪽이 배경인지 결정하기 어렵다. 그림 3-12(2)에서는 흰 부분에 가로로 곡선이 들어 있기 때문에 흰 부분이 꽃병으로 우선 인식되고 검은 부분은 배경으로 인식되기 쉽다. 그림 3-12(3)에서는 검은 부분에 그려진 곡선이 머리카락을 연상시키기 때문에 여성이라는 의미를 가진 그림으로 인식되기 쉽다.

❤ 그림 3-12 그림과 배경의 인지 차이

(1)　　　　　(2)　　　　　(3)

그림 3-13은 무엇이 배경인지 분간하기 어렵기 때문에 도형의 의미를 파악하기가 어렵다.

▼ 그림 3-13 그림으로 파악하기 어려운 예

배경에서 그림을 분리한 다음에는 형태에 대한 패턴을 인식하는 과정으로 넘어간다. 패턴 인식을 설명하는 모델로는 **주형 대조 모델**과 **특징 분석 모델**이 잘 알려져 있다. 주형 대조 모델은 오랜 기억 속의 사전처럼 다양한 패턴의 주형(틀)이 있으며, 입력된 자극을 이들과 대조하여 가장 일치도가 높은 주형 패턴을 인식 결과로 삼는 것이다(그림 3-14).

▼ 그림 3-14 주형 대조 모델

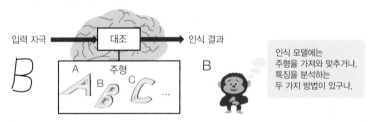

우리의 지각에는 자동차가 눈앞에 있든지 멀리 있든지 같은 크기의 차로 인식하는 **크기 항상성**(그림 3-15(1))이나, 원형 접시를 어느 각도에서 보나 원 모양의 접시로 인식하는 **형태 항상성**(그림 3-15(2))이라는 특성이 있다. 주형 대조 모델에서 이러한 항상성을 다루려면 엄청난 수의 패턴이 있어야 한다. 이에 입력 자극을 확대, 축소하거나 회전하는 등의 전처리 과정을 가진 모델도 등장하고 있다.

❤ 그림 3-15 크기 항상성과 형태 항상성

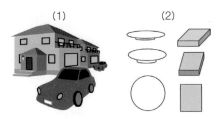

한편, 특징 분석 모델은 다양한 패턴이 직선, 곡선, 사선, 예각, 둔각, 교차, 종결점 등의 특징을 대조하여 구성하는 리스트를 장기 기억에 갖고 있고, 입력 자극이 어떤 특징을 갖는지를 분석하여 각 리스트와 대조한 후, 일치도가 높은 리스트의 패턴을 결과로 인식하는 것이다.

미국의 AI 연구자 올리버 셀프리지는 문자를 인식하기 위한 특징 분석 모델로서의 **판데모니움**(pandemonium) 모델을 제안했다(그림 3-16). 이 모델은 우선 이미지 모델이 자극적인 패턴을 짧게 기억하고, 특징 모델에게 패턴을 건네준다. 패턴은 선분과 곡선 등 특징 성분들로 분해되어 각각의 특징 모델이 담당하는 특징들에 매칭된다. 인지 모델은 인지 대상 패턴의 리스트로, 특징 모델을 감시하면서 리스트 내 각 패턴의 특징과 얼마나 많이 매칭하는지 체크한다. 마지막 결정 모델은 가장 일치도가 높은 인지 모델의 패턴을 인식의 결과로 삼는다.

❤ 그림 3-16 특징 분석 모델로서의 판데모니움 모델

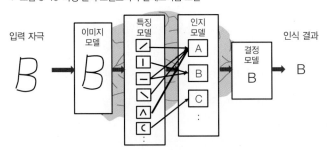

(올리버 셀프리지의 모델을 참조하여 작성)

3.4 음성 지각 · 인지

3.1절에서 설명한 바와 같이 음성의 인지 과정에는 청각 수용체나 청신경에서 받은 특징을 이용하는 상향 처리와 대뇌에서 언어와 관련한 지식을 이용하는 하향 처리가 상호 보완적으로 작용한다(그림 3-17).

▼ 그림 3-17 음성 인지 과정의 모델

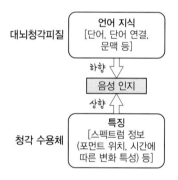

음성에는 그림 3-18과 같이 **음운**과 **운율**이라는 두 가지 요소가 내재되어 있다. 음운은 '아', '카'와 같이 언어를 구성하는 요소로서의 음이다. 이 음운에 의해 듣는 사람은 '안녕하세요'와 같은 상대방의 말을 이해할 수 있다. 운율은 목소리의 높이, 크기, 길이, 소리 간격 등이 나열된 음운을 수식하는 것으로, 이를 통해 언어 기능을 높이면서 악센트, 억양, 강세, 리듬 등을 형성하게 된다. 즉, 운율에 따라 같은 음운의 나열이라도 뉘앙스가 바뀌거나 다양한 태도, 감정을 표현하고 전달할 수 있다.

음운은 2.7절에서 설명한 스펙트럼 정보가 담당한다. 스펙트럼 엔빌로프 곡선에서 보이는 국소적 피크를 **포먼트**(formant)라고 하며, 주파수가 낮은 쪽부터 1포먼트, 2포먼트, 3포먼트…라고 한다(그림 3-19). 포먼트의 위치(스펙트럼이 집중되는 주파수)는 음운의 종류에 따라 고유하게 나타나며, 특히 모음은 1포먼트와 2포먼트의 위치에 따라 대략적으로 구별할 수 있다.

▼ 그림 3-19 스펙트럼 엔빌로프 곡선과 포먼트

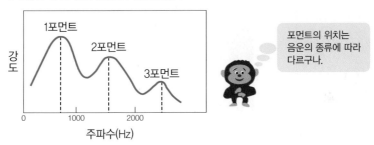

그림 3-20은 세로축에 1포먼트 주파수, 가로축에 2포먼트 주파수가 있는 '아, 에, 이, 오, 우' 5개 모음의 플롯이다. 발성할 때의 성대 모양(공명 특성)이 스펙트럼의 집중도를 결정하기 때문에 이런 배치가 관찰된다.

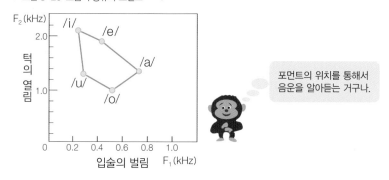

▼ 그림 3-20 모음의 종류와 포먼트

포먼트의 위치를 통해서 음운을 알아듣는 거구나.

또한, 자음 중에 /r/과 /ℓ/처럼 시간에 따른 스펙트럼의 변화 특성에 따라 식별되는 것도 있다(그림 3-21). 이렇게 포먼트의 위치나 스펙트럼이 시간에 따라 변하는 특성을 지각하여 음운의 종류를 알아낸다.

▼ 그림 3-21 시간의 변화에 따른 /r/와 /ℓ/의 스펙트럼 변화

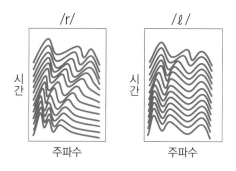

운율에 대응하는 물리량은 무엇일까? 음의 높이는 기본 주파수가 규정한다. 그림 3-22는 남성 목소리에서 모음 /a/의 음성 파형이다. 이 그림에서 같은 패턴이 반복되고 있음을 알 수 있다. 하나의 패턴 길이를 **기본 주기**라고 하며, 1초에 나타나는 기본 주기의 패턴 수를 기본 주파수라고 한다. **기본 주파수**는 기본 주기의 역수이므로, 목소리가 높으면 기본 주파수가 커지고, 목소리가 낮으면 기본 주파수가 작아진다. 남성 목소리는 기본 주파수가 평균 150Hz 내외 정도, 여성 목소리는 평균 250Hz 정도다. 파동의 진폭은 목소리의 크기에 해당한다.

또한, 음성의 가장 작은 단위인 **음소**의 지속 시간을 측정하여 음성의 길이, 속도, 리듬을 알 수 있다.

❤ 그림 3-22 음성 주파수의 운율 정보

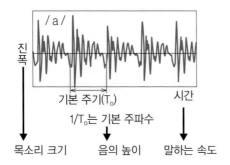

하향 처리 과정에서는 위에서 설명한 상향 처리와 더불어 운율에 관한 포먼트, 악센트, 패턴 등의 사전 정보도 쓰일 수 있다.

3.5 공간 지각

우리는 시각 정보와 청각 정보를 바탕으로 3차원 공간을 파악한다(그림 3-23).

▼ 그림 3-23 3차원 공간의 파악

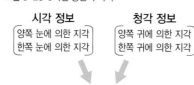

시각으로 **공간 지각**을 하려면 먼저 양쪽 눈을 기반으로 한 정보인 **양안 시차**와 **폭주**[1]라는 두 가지 단서가 사용된다(그림 3-24). 양안 시차란 두 망막에 반사된 물체 이미지 모양에 있는 편차를 말한다. 이 시차는 눈에 보이는 물체의 앞쪽에서 뒤끝까지의 깊이(상대거리) 인식에 관여한다고 여겨진다. 폭주는 좌우 눈이 하나의 물체를 보려고 할 때의 움직임이다. 즉, 각 θ_1과 θ_2를 이루는 두 눈의 움직임을 폭주, θ_1과 θ_2를 폭주각이라고 한다. 물체와 두 눈을 연결하는 각도나 이 조절을 위한 근육의 움직임이 폭주의 요소가 된다. 이때 물체가 멀리 있으면 있을수록 양안 시차나 폭주도 작아지고, 물체의 앞에서 뒤까지 **깊이 지각**의 효과도 감소하여 입체적으로 보이지 않는다.

---

1 역주 輻輳, convergence, 두 눈의 시선을 한 점으로 모으는 것

그림 3-24 양쪽 눈에 의한 공간 지각

양안 시차

오른쪽 눈과 왼쪽 눈의 망막에 비친
물체 이미지 모양의 편차

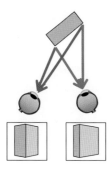

폭주

하나의 물체를 보려고 할 때
오른쪽 눈과 왼쪽 눈의 움직임

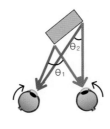

한쪽 눈을 가린 상태라도 그림 3-25와 같은 2차원 정보에 의해 그 깊이를 인식할 수 있다.

 그림 3-25 한쪽 눈에 의한 깊이 지각 단서

(1) 음영　　　　(2) 겹침　　　　(3) 그림자　　　(4) 결, 질감의 변화

(5) 상대적 크기　　(6) 선의 확대　　(7) 선명도

(1) **음영**: 도형에 음영이 있으면 요철이 있는 것으로 인식된다.

(2) **겹침**: 어떤 도형이 다른 도형을 가리고 있으면 가리고 있는 도형이 앞쪽에 있는 것으로 인식한다. 도형의 윤곽선이 겹쳐지면서 T자를 형성하는 부분이 생기는데, 이를 **T 접합**이라고 부른다. T 접합에서 T자의 수평을 이루는 선이 앞쪽 도형이 되고, 수직을 이루는 선이 뒤쪽의 가려진 도형이 된다(그림 3-26).

▼ 그림 3-26 겹침의 T 접합

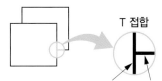

앞쪽에 놓인 도형의 윤곽선   뒤쪽에 가려진 도형의 윤곽선

(3) **그림자**: 도형이 그림자를 동반하면 도형이 도드라진 것으로 인식된다.

(4) **결, 질감의 변화**: 선이나 도형의 결이 연속적으로 가늘어지면 멀어지는 것처럼 인식된다.

(5) **상대적 크기**: 사이즈가 큰 도형과 작은 도형이 동시에 있으면 작은 도형은 멀리, 큰 도형은 근처에 있는 것으로 인식된다. 상대적 크기를 이용한 원근법을 **대소 원근법**이라고 한다.

(6) **선의 확대**: 한 점에서 선분이 점점 넓어지면 원근이 인식된다. 여러 선분이 1점(**소실점**)에 모이도록 표현하는 도법을 **선 원근법**이라고 한다.

(7) **선명도**: 희미하고 흐릿하게 그려진 도형과 뚜렷한 윤곽선으로 짙게 그려진 도형이 동시에 보이면 흐릿한 도형은 멀리, 선명한 도형은 가까이에 있는 것처럼 지각된다. 선명도 차이를 이용해 원근을 나타내는 방법을 **대기 원근법**이라고 한다.

이처럼 시각 정보에 의해 시각적 공간을 인지할 수 있고, 청각 정보에 의해 청각적 공간을 지각할 수도 있다(그림 3-27). 청각적 공간을 인식할 때는 양쪽 귀의 고막에 소리가 도달하는 시간차와 음압차로 음원 위치를 특정하게 된다. 이를 **음원 정위**(音源定位)라고 한다. 음원 정위에는 음의 주기 중 위치 정보에 해당하는 위상의 차이와 양쪽 귓바퀴로 인한 음의 왜곡 차이도 관여한다.

❤ 그림 3-27 양쪽 귀에 의한 공간 지각

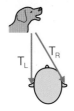

양쪽 귀 사이 시간차

오른쪽 귀와 왼쪽 귀의 고막에
도달하는 소리의 시간차

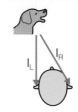

양쪽 귀 사이 음압차

오른쪽 귀와 왼쪽 귀의 고막에
도달하는 소리의 음압차

3.6 인지 지도

우리는 현재 위치에서 출발해 회사나 학교까지 가는 여정을 머릿속에 그려 볼 수 있다. 즉, 주변의 지리 환경을 일종의 심적 표상 형태로 머릿속에 지니고 있다고 생각할 수 있다. 미국의 심리학자 톨먼은 쥐를 대상으로 한 미로 학습 실험에서 쥐가 먹이를 얻기 위해 공간 정보를 지도와 유사한 형태로 획득해 나간다고 생각했고, 이를 **인지 지도**라고 불렀다. 톨먼은 행동주의 학자였지만 내적 과정을 밝히는 것의 중요성을 주장하는 등, 인지과학자에 가까운 사고를 갖고 있어서 새로운 행동주의 학자로도 불렸다. 이후 인지 지도에 대한 연구가 많이 시행되었고, 다음과 같이 **이방성**(anisotropic)과 **변형**(strain)이라는 특성이 논의되었다.

(1) **이방성**: 그림 3-28의 세 가지 그림을 보자. 각각의 그림이 수직으로 그어진 선에 대한 대칭인지, 수평으로 그어진 선에 대한 대칭인지 금방 판단할 수 있을까? 미국의 실험심리학자 로크 등에 따르면 도형의 선대칭 여부를 판단하는 시간은 수평선보다 수직선의 경우가 더 짧다고 한다. 그림 3-28의 예에서 ①과 ③이 수평선 선대칭, ②가 수직선 선대칭이다. 이와 같이 세로 방향과 가로 방향의 시각적 특성이 다른 성질을 이방성이라고 부른다.

▼ 그림 3-28 세로로 대칭인가, 가로로 대칭인가?

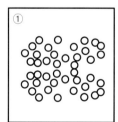 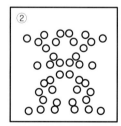 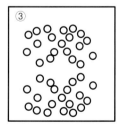

또 그림 3-29의 세 가지 도형을 보았을 때 어떤 것이 정사각형인지 금방 알 수 있을까? ②와 ③은 가로 길이보다 세로가 짧으므로 정사각형이 아니다. 이처럼 세로 방향은 가로 방향에 비해 과대시[2]하기 쉽다. 이것도 이방성이다.

▼ 그림 3-29 어느 것이 정사각형일까?

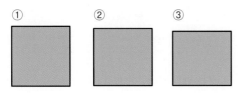

①   ②   ③

(2) 변형: 교차로에서 좌회전이나 우회전을 했을 때 방향이 90도에서 약간 모자르거나 90도를 조금 넘어도 90도로 회전했다고 인지하기 쉽다. 방사형의 길을 걷다가 방향을 잃어버리는 것도 이 때문이다. 또 같은 거리라도 교차로를 많이 거치면 더 길게 인지한다. 이것이 바로 변형의 예다.

구 소련의 심리학자 세미아킨은 인지 지도의 유형에 **서베이 맵**과 **루트 맵**, 두 가지가 있다고 했다(그림 3-30). 서베이 맵은 지도를 위에서 보는 듯한 이미지의 심적 표상으로, 전체 관계를 파악할 수 있고 거리 감각도 비교적 정확하다. 단, 세로 방향을 약간 길게 지각하는 이방성이 드러날 수 있다. 루트 맵은 거리를 걸어서 지나가는 듯한 이미지의 심적 표상으로, 전체를 파악하기 어렵고 거리 감각도 정확하지 않지만 등방성[3]의 특징을 갖는다.

2 　역주 사물을 실제보다 지나치게 크게 보는 것
3 　역주 이방성의 반대 개념으로 시각적 특성이 방향에 의해 좌우되지 않는 것

▼ 그림 3-30 인지 지도의 유형

서베이 맵

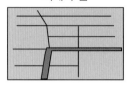

루트 맵

- 전체 파악이 용이하다.
- 거리 감각이 비교적 정확하다.
- 이방성이 있다.

- 전체 파악이 곤란하다.
- 거리 감각이 정확하지 않다.
- 등방성이 있다.

머릿속에서 도형을 회전시키는 것을 **멘탈 로테이션(심적 회전)**이라고 부른다(그림 3-31). 멘탈 로테이션은 뇌에 부하가 큰 작업으로, 회전 각도가 클수록 처리 시간이 늘어난다. 미국의 인지심리학자 셰퍼드 등은 실험 참가자에게 원래 도형과 여러 각도로 회전시킨 도형을 보여주고 두 도형이 같은지 판단하게 했는데, 반응 시간이 회전 각도에 비례하는 것을 확인했다(그림 3-32). 이는 도형을 머릿속에서 회전하는 작업이, 실제 공간에서 손으로 물리적인 도형을 회전하는 이미지처럼 상상하여 진행된다는 것을 시사한다고도 할 수 있다.

멘탈 로테이션은 지도를 이용한 공간 인지에 큰 역할을 하며, 지도상에서 자신이 어디에 위치하며 어느 방향으로 향하는지를 실제 공간과 비교해 판단하는 데 영향을 준다. 이러한 특성을 **정렬 효과**라고 부른다.

▼ 그림 3-31 멘탈 로테이션

▼ 그림 3-32 입체 회전 각도와 판단 시간

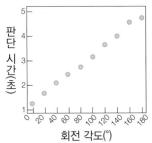

머릿속 상상만으로 도형을 회전시키는 건 쉽지 않구나.

(셰퍼드의 문헌[1991] 그림을 참조하여 작성)

3.7 시간 지각

우리는 같은 시간이라도 어떤 시간은 길게, 어떤 시간은 짧게 느낀다. 시간의 경과를 인식하는 데 몇 초 이상의 긴 시간이나 과거의 지속 시간에 대한 지각은 **시간 평가**라고 부르고, 그보다 짧은 시간의 지각은 **시간 지각**이라고 부른다.

물리적인 길고 짧음 외에 시간 평가나 시간 지각이 주관적으로 길게, 또는 짧게 느껴지는 요인들은 다음과 같다. (1) 몸의 대사 상태(체온이 높다/낮다 등), (2) 감정 상태(즐겁다/무섭다 등), (3) 시각 · 청각 자극의 유무(동영상을 본다/보지 않는다, 음악을 듣는다/듣지 않는다 등), (4) 자극의 새로움(처음 겪은 일/이미 겪은 일), (5) 주의의 유무, (6) 과제의 난이도 등.

이 중 (3) 시각 · 청각 자극의 유무에서 경과 시간 중 아무런 자극이 없으면 **공허 시간**이라고 하고, 동영상이나 음악 등 연속적 또는 간헐적으로 흘러나와 자극이 있는 경우를 **충실 시간**이라고도 한다. 이 두 경우 지각하는 시간 사이에는 차이가 생긴다. 일반적으로 충실 시간이 공허 시간보다 짧게 느껴지는 경향이 있다(그림 3-33).

▼ 그림 3-33 공허 시간과 충실 시간

공허 시간
중간에 주어지는 자극이 없다.

충실 시간
중간에 자극을 연속적 또는 간헐적으로 준다.

>

시각 · 청각적 자극이 있는지, 주의를 기울이고 있는지의 차이가 시간의 길이를 다르게 느끼게 하는구나.

충실 시간이 공허 시간보다 짧게 느껴지는 경향이 있다.

또한, 시각 자극의 경우, 정지 자극보다 운동 자극이 있으면 시간이 길게 평가된다. 화를 내는 얼굴보다 평온한 얼굴이 보이면 시간이 짧게 느껴지는 등 다양한 연구 보고가 있다.

심리학자 다야마에 의하면 시간 지각 모델은 내적 시계에 근거한 정신물리학적 모델이 많고, 시간 평가 모델은 인지 처리량에 근거한 인지적 모델이 많다. 시간 지각 모델은 맥박 수 등의 시간 측정 시스템이 내적으로 갖추어져 있다는 전제 하에 설명하는 경우가 많은데, 누적된 맥박에 근거하여 시간을 측정하는 영국의 인지심리학자 트리즈만의 **시간 유지 메커니즘 모델**이나 확률적으로 시간을 추정하는 미국 심리학자 맥의 **베이지안 추정 모델**, 시상–피질–선조체 회로에 의한 시간 제어 기구를 제안한 **시간 지각 모델** 등이 여기에 해당한다.

시간 유지 메커니즘 모델은 특수 활성화 중추에 의해 활성화된 심장 박동 조율기가 맥박을 생성하고, 그 맥박을 카운터가 계산하여 정해진 시간에 반응하는 고전적 모델이다(그림 3-34).

▼ 그림 3-34 시간 유지 메커니즘 모델

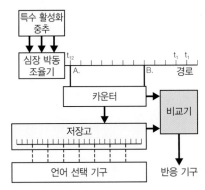

(트리즈만 모델을 참조하여 작성)

시간 평가 모델은 시간의 지속, 즉 순간순간의 활동을 누적하여 지속 시간을 설명하는 미국 심리학자 온스타인의 **누적 용량 모델**, 주의력이나 감정의 변화 등 인지적 맥락의 변화에 착안한 미국 심리학자 블록의 **문맥 변화 모델**, 다야마의 **도식 모델** 등이 있다. 도식 모델은 정보 처리 기구와 시간 의식 기구라는 두 가지 기구를 가정한다(그림 3-35).

▼ 그림 3-35 도식 모델

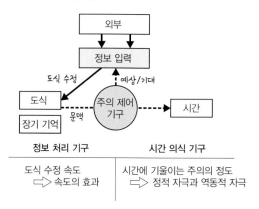

(다야마의 모델을 참조하여 작성)

정보 처리 기구는 외부에서 자극이 접수되면 인간이 갖고 있는 예상이나 기대가 만드는 지각적 도식들을 지속적으로 수정하는 메커니즘이다. 이것이 시간 평가에 영향을 미치는데, 예를 들어 동영상이나 음악과 같은 역동적 자극은 정적 자극보다 수정 빈도가 높고 속도도 빠르며 예상과 기대 사이의 차이가 커 시간을 더 길게 느끼게 한다.

또 다른 하나인 시간 의식 기구는 시간에 주의를 기울이는 메커니즘이다. 주의를 기울이는 정도도 시간 평가에 영향을 미친다. 역동적 자극의 경우는 변화가 크기 때문에 그쪽에 주의를 많이 기울이게 되고, 상대적으로 시간에는 주의를 덜 기울이게 된다. 하지만 정적 자극의 경우는 변화가 덜하기 때문에 시간에 주의를 기울이게 되고, 따라서 시간을 길게 느낀다.

3.8 컴퓨터에 의한 음성 인식

한 번도 본 적이 없거나 듣지 못한 것은 인식할 수 없듯이, 컴퓨터도 이미지나 음성을 인식하려면 입력된 패턴을 조회할 만한 패턴 데이터가 필요하다. 즉, 입력된 패턴을 준비된 패턴 데이터와 대조하는 것이 컴퓨터 인식 기술의 핵심이다. 여기서는 음성 인식 기술을 예로 들어, 대조 기법을 중심으로 설명한다. 음성 인식의 일반적인 처리 과정은 그림 3–36에 나와 있다.

▼ 그림 3–36 음성 인식의 일반적인 처리 과정

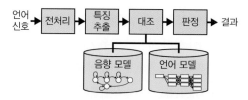

우선 전처리 단계에서는 입력된 아날로그 신호를 디지털화하거나 노이즈를 제거하고, 불안정하게 녹음된 구간을 검출하는 등의 과정을 수행한다.

이어지는 특징 추출 단계에서는 전처리한 신호에서 패턴 데이터 조회에 사용할 특징량을 추출한다. 특징량에는 음운의 특성을 보여주는 스펙트럼 형상이나 스펙트럼의 시간적인 변화 특성에 대한 정보 등을 사용한다. 이러한 특징을 이용해 음성 구간을 다시금 정밀하게 검출할 수도 있다.

대조 단계에서는 특징량을 이용해서 미리 등록되어 있는 패턴 데이터와 순차적으로 대조하면서 가능도(likelihood)가 가장 큰 것을 인식의 결과로 판정한다. 음성 인식은 주로 음소 간 연결의 패턴을 파악하는 **음향 모델**과 단어 간 연결 확률을 통해 파악하는 **언어 모델**로 구분된다. 주의할 점은 사람마다 발음과 억양이 제각각이므로 패턴 데이터에 등록된 대로 말하는 경우가 거의 없다는 점이다. 즉, 언어를 입력할 때는 언어 행위에 수반되는 여러 변동에 대비해야 한다. 예를 들어 /a/, /b/를 음소로 했을 때 /aba/라고 하는 음성이 되거나, 언어 행위의 일시적 변동에 의해 음소의 일부가 늘어나 /aaba/가 되거나 /abba/가 된다.

이와 같이 비선형으로 수축되거나 늘어나는 변동 사항을 입력 시간 내에 담아 내기 위해, 음향 모델은 음소 수준의 단위 연결 확률을 **은닉 마르코프 모델**(Hidden Markov Model, HMM)로 모델화한 것을 많이 사용한다. HMM은 음소 레벨 단위의 패턴이 시간순으로 나열된 것을 음성이라고 본다. 먼저 음성을 여러 상태 전이도[4]로 표현하고, 학습을 시행하여 각 상태에서의 음소 발생 확률과 상태 간의 변환 확률을 구한다. 그리고 입력된 음성과 대조하여 음소의 출력 확률을 계산하므로 확률적 변동을 반영시킨 모델이라고 볼 수 있다.

이 모델에서는 초기 상태 S_0부터 최종 상태 S_n까지 심볼(음소의 특징 벡터)을 출력하면서 다른 상태로 바뀌어 간다. 예를 들어 사람의 경우 가라앉은 기분 상태에서 '음'이라고 중얼거리거나(심볼 출력), 계속해서 기분이 가라앉거나(루프), '좋아!'라고 중얼거리다가(심볼 출력), 건강한 상태로 전환되는(전이) 움직임을 가질 경우, 이러한 심볼의 출력이나 루프나 전이가 확률적으로 일어난다는 것이다.

간단히 설명하기 위해 그림 3-37과 같이 서로 분리된 각 음소의 출력 확률과 상태 전환 확률을 가정해 보자. 그림 3-37(1)에서는 S_0에서 S_1으로 전환될 확률이 0.4이고 이때 /a/를 출력할 확률은 0.2, /b/를 출력할 확률은 0.8이다. 따라서 S_0에서 S_1으로 전환하면서 /a/를 출력할 확률은 0.4 × 0.2다. 예를 들어 $S_0 \Rightarrow S_0 \Rightarrow S_0 \Rightarrow S_1 \Rightarrow S_2$와 같이 전환될 때 /abba/를 출력한다면 그 확률은 각 항목의 전환 확률과 심볼 출력 확률의 곱인 (0.6 × 0.9) × (0.6 × 0.1) × (0.4 × 0.8) × (0.7 × 0.6)이다. 그림 3-37(1)의 모델이 /abba/를 출력하는 경로가 그림 3-37(2)라면 각각의 경로에서의 확률은 그림 3-37(3)과 같다. 어느

4 　역주 state transition diagram, 현재 상태와 다음 상태 그리고 입출력 상관 관계를 나타내는 그림

경로에서든 /abba/가 출력되므로 이 모델이 /abba/를 출력할 확률 P는 다음과 같이 계산된다.

$$P= P(abba \mid 경로①)+ P(abba \mid 경로②)+\cdots P(abba \mid 경로⑥)$$
$$=(0.6 \times 0.9)\times(0.6 \times 0.1)\times(0.4 \times 0.8)\times(0.7 \times 0.6)$$
$$+\cdots+(0.4 \times 0.2)\times(0.7 \times 0.4)\times(1.0 \times 0.3)\times(1.0 \times 0.7)$$

이 HMM을 패턴 데이터의 각 항목에 저장하고, 새로 패턴이 입력되면 저장된 패턴 데이터와 대조해서 어떤 음소열의 HMM이 가장 높은 확률로 출력되는지를 판정한다. 실제로 확률을 계산할 때는 이처럼 따로 분리된 음소들이 아니라, 연속적인 음소들을 가지고 연속 확률 분포 함수를 적용하여 P를 계산한다. 음성 인식으로 불특정한 사람들의 언어에 대응하려면 많은 사람의 음성으로 학습한 HMM을 구축해 두는 것이 중요하다.

현재는 15.8절에서 설명한 딥러닝 기술을 이용한 음향 모델과 언어 모델의 기계 학습이 주류를 이루고 있으며, 음성 인식도도 높다.

▼ 그림 3-37 HMM에 의한 상태 전환과 심볼 출력 확률

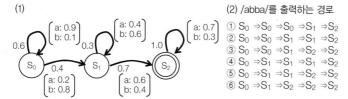

(1)

(2) /abba/를 출력하는 경로

① $S_0 \Rightarrow S_0 \Rightarrow S_0 \Rightarrow S_1 \Rightarrow S_2$
② $S_0 \Rightarrow S_0 \Rightarrow S_1 \Rightarrow S_1 \Rightarrow S_2$
③ $S_0 \Rightarrow S_0 \Rightarrow S_1 \Rightarrow S_2 \Rightarrow S_2$
④ $S_0 \Rightarrow S_1 \Rightarrow S_1 \Rightarrow S_1 \Rightarrow S_2$
⑤ $S_0 \Rightarrow S_1 \Rightarrow S_1 \Rightarrow S_2 \Rightarrow S_2$
⑥ $S_0 \Rightarrow S_1 \Rightarrow S_2 \Rightarrow S_2 \Rightarrow S_2$

(3) 각 경로에서의 /abba/ 출력 확률

① $(0.6\times 0.9) \times (0.6\times 0.1) \times (0.4\times 0.8) \times (0.7\times 0.6)$
② $(0.6\times 0.9) \times (0.4\times 0.8) \times (0.3\times 0.6) \times (0.7\times 0.6)$
③ $(0.6\times 0.9) \times (0.4\times 0.8) \times (0.7\times 0.4) \times (1.0\times 0.7)$
④ $(0.4\times 0.2) \times (0.3\times 0.6) \times (0.3\times 0.6) \times (0.7\times 0.6)$
⑤ $(0.4\times 0.2) \times (0.3\times 0.6) \times (0.7\times 0.4) \times (1.0\times 0.7)$
⑥ $(0.4\times 0.2) \times (0.7\times 0.4) \times (1.0\times 0.3) \times (1.0\times 0.7)$

HMM은 음소 전환의 확률적 변동을 반영한 모델이구나.

4^장

기억

몇 년 동안 한번도 생각하지 않던 옛 친구의 이름이 어느 날 갑자기 떠오를 때가 있다. 오랫동안 기억나지 않던 부분들이 사라지지 않고 남아 있다가, 무언가를 계기로 다시 떠오르는 것이다. 얼마 전에 들은 전화번호는 금방 잊어버리는데, 아득히 오래 전에 외운 구구단은 완전히 기억하는 등 기억에는 신기한 특성이 있다.

이 장에서는 기억의 종류와 흥미로운 성질을 탐구하고, 컴퓨터의 데이터 저장 방식에 대해 학습한다.

4.1 기억의 구조

기억의 과정을 컴퓨터에 비유하면, 외부 정보를 감각기관을 통해 받아들인 후 내부에서 처리할 수 있는 형식인 심적 표상으로 변환하는 **부호화** 과정 → 부호화한 심적 표상을 기억 영역에 보존하는 **저장** 과정 → 저장되어 있는 심적 표상에서 특정 정보를 추출하기 위한 **검색** 과정의 연속이라고 할 수 있다(그림 4-1). 다시 말해 **기록 → 유지 → 상기**의 과정이다.

▼ 그림 4-1 기억의 과정

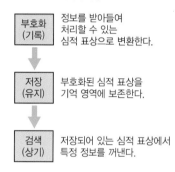

미국의 심리학자 엣킨슨 등의 **이중 저장 모델**에 의하면, 입력된 정보는 처리를 위해 감각기관에 잠시 보존되는 감각 저장을 거쳐 단기 기억에 임시 저장되고, **리허설**을 거쳐 장기 기억 저장소에 저장된다(그림 4-2).

▼ 그림 4-2 이중 저장 모델의 개념

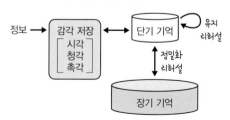

리허설이란 쓰거나 소리내 말하는 등의 재현 과정을 반복하는 것이다. 미국의 실험심리학자 런더스는 실험 참가자에게 여러 단어를 하나씩 제시하고 각각 반복해서 소리내 외우는 과제를 주었다. 그리고 각 단어의 회상률을 조사했더니, 초기일수록 리허설 횟수가 많을 경우 회상률도 높게 나타났다(그림 4-3).

▼ 그림 4-3 리허설의 효과

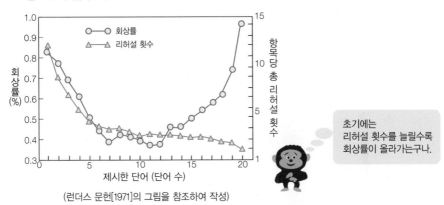

(런더스 문헌[1971]의 그림을 참조하여 작성)

초기에는 리허설 횟수를 늘릴수록 회상률이 올라가는구나.

리허설에는 두 가지 유형이 있는데, 정보를 단기 기억으로 유지하는 **유지 리허설**과 장기 기억 속의 어떤 정보와 연관시켜 기억하기 쉽게 만든 후 장기 기억으로 전송하는 **정교화 리허설**이다. 그림 4-4의 (1), (2) 중 어느 쪽이 올바른 보행자 신호등일까?

▼ 그림 4-4 올바른 보행자 신호등은 어느 쪽인가?

(1)   (2)

앞에서 설명한 바와 같이 단기 기억에 넣은 정보를 장기 기억에 전송하려면 정교화 리허설을 반복해야 하는데, 의식적으로 부호화하려는 목적으로 반복하지

않으면 정교화 리허설을 거쳐도 장기 기억에 전송되지 않는다. 감각 저장의 경우 시각, 청각, 촉각기관 등 각 기관에 입력된 정보가 단기 기억으로 전송되기 전까지 불과 몇 백 밀리초에서 몇 초까지만 보존될 뿐이다. 그림 4-4에서 올바른 신호등은 (2)다. 일상적으로 보고 있는데도 쉽게 대답할 수 없는 것은, 일부러 의식하면서 정밀화 리허설을 반복한 적이 없기 때문이다.

이중 저장 모델과는 조금 다르게 설명하는 **처리 수준 모델**이라는 개념이 있다(그림 4-5). 장기 기억으로의 전송이 반복되는 횟수(양)가 아니라, 처리되는 수준(질)에 달려 있다는 개념이다.

▼ 그림 4-5 처리 수준 모델의 개념

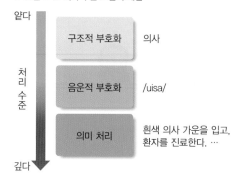

캐나다의 인지심리학자 크레이크와 록하트는 처리되는 깊이와 기억의 상관관계를 알아보기 위해 단어를 이용하여 실험을 했다. 이 실험을 통해 글자 형태만 보는 구조적 부호화 수준, 소리를 동반하는 음운적 부호화 수준, 의미까지 고려하는 의미 처리 수준, 세 단계를 거치면서 점점 기억의 정밀화가 향상되는 것을 확인했다.

예를 들어 '의사'라는 단어를 실험 대상자에게 제시한 후 이를 회상하는 비율에 대한 실험이라면, 해당 단어 안에 'ㅢ' 모음이 포함되어 있는지를 묻는 질문에 답변하게 한 경우, '의사(意思)'처럼 같은 발음과 억양을 가졌지만 뜻이 전혀 다른 단어에 관한 질문에 답변하게 한 경우, '흰색 의사 가운을 입고 있는가?'와 같은 질문에 답변하게 한 경우가 각각 회상되는 비율이 다르다.

4.2 단기 기억에서 작업 기억으로

1.2절에서 언급했듯이 밀러는 이중 저장 모델에서 단기 기억 용량을 측정했다. 기억의 양적 단위를 **청크**(chunk)라고 한다. 단기 기억의 대략적인 용량은 7±2 청크, 글자수로 말하면 7±2 글자다. 밀러는 이 7이라는 숫자를 **매직 넘버**라고 불렀다. 예를 들어 실험 참가자에게 다음 글자들을 외우라고 하면서 소리내 읽게 했다고 하자.

(P L K S B A U M P I O T B R Q)

다 읽은 뒤 기억에 의지해 앞에서부터 다시 한번 알파벳을 차례로 말하게 하면, 일곱 자 정도를 말한다. 다만, 다음과 같이 글자들을 묶었을 경우에는 다르다.

(MRI　TPP　USB　AKB　QOL)

글자 수만 보면 15개이므로 7±2를 훨씬 넘지만, 글자를 묶어 단어를 만들면 하나도 빠짐없이 모두 회상할 수 있는 사람이 많아진다. 청크는 이렇게 글자나 단어 등 의미를 가진 단위 덩어리를 말한다(그림 4-6). 숙어, 인명, 지명, 영어 단어, 숫자도 청크의 대상이다.

미국의 심리학자 피터슨 부부는 **브라운-피터슨법**(다음 4.3절에서 설명한다)을 사용해 단어를 기억하고 회상하는 실험을 진행했다. 여기서 단기 기억의 유지 시간은 십 초 이상임을 발견했다. 또한, 많은 실험에서 유지 시간이 십여 초에서 수십 초가 된다고 보고했다.

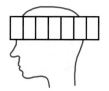 그림 4-6 단기 기억

용량: 7±2 청크
유지 시간: 십여 초~수십 초

단기 기억은 용량이 작고 금방 사라지는구나.

청크는 뜻을 지닌 덩어리 단위로, 문자나 단어다.

이중 저장 모델은 리허설을 통해 단기 기억에서 장기 기억으로 전송되는 구조를 기초로 한다. 하지만 단기 기억에 심각한 장애가 있는데도 장기 기억에는 문제가 없는 환자들이 보고되면서 이 모델이 완전하지는 않다는 지적이 계속되었다.

영국의 심리학자 배들리는 단기 기억이 단순히 정보를 일시적으로 기억하는 것뿐 아니라 다양한 인지 처리를 한다고 보고, 이를 **작업 기억(워킹 메모리)**이라고 불렀다. 예를 들어 '3과 5를 더한 수에 7에서 2를 뺀 수를 더하라'고 하면 머릿속에서 3과 5를 더한 8을 중간 결과로 기억하고, 7에서 2를 뺀 5도 중간 결과로 기억한 다음, 두 중간 결과의 덧셈 처리를 실시할 수 있는 것이 작업 기억이다(그림 4-7).

▼ 그림 4-7 작업 기억이 사용되는 과제

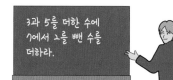

배들리가 제안하는 작업 기억 모델이 그림 4-8에 나와 있다. 작업 기억은 말이나 발음을 보존하는 **음운 루프**, 형태나 위치 등을 보존하는 **시공간 스케치 패드**, 이 두 개의 시스템을 결합시키거나 장기간 기억하게 하는 **에피소드 버퍼**, 마지막으로 이 모두를 통제하는 **중앙 실행 체계**로 이루어진다. 앞의 예에서 3과 5를 더한 8을 '팔'이라는 소리(내적 음성)로 기억하는 경우에는 음운 루프, '8'이라는 문자의 형태로 기억하는 경우에는 시공간 스케치 패드를 사용하는 식이다.

▼ 그림 4-8 작업 기억 모델

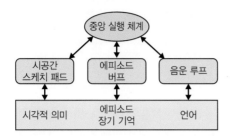

음운 루프는 언어 정보를 일시적으로 유지하는 **음운 저장소**와 이 정보를 반복적
으로 지속해서 보유할 수 있도록 하는 **조음 제어 과정**이라는 두 가지 하위 시스
템으로 구성된다(그림 4-9). 두 하위 시스템은 음운이 비슷한 단어일수록 기억
하기 어려운 **음운적 유사성 효과**와 단어가 길어질수록 기억하기 어려운 **단어 길
이 효과**로 설명한다.

▼ 그림 4-9 음운 루프의 하위 시스템

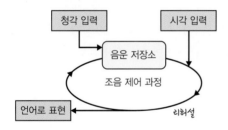

마지막으로 그림 4-10에 나오는 문제의 답을 금방 알 수 있을까? 한번 생각해
보기 바란다. 이에 대한 설명은 다음에 나오는 4.3절에서 하겠다.

▼ 그림 4-10 각각의 □에 들어가는 글자는?

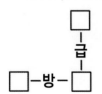

4.3 장기 기억

미국의 심리학자 글랜저는 실험 대상자를 두 그룹으로 나누어, 한 그룹에 단어 15개를 제시하며 순서대로 외우게 했다. 그 결과, 순서대로 단어를 회상할 수 있었던 확률은 그림 4-11의 파란색 선과 같았다. 즉, 첫 번째로 제시된 단어의 회상률이 높았고(**초두 효과**), 그 후 점차 회상률이 저하되지만, 마지막 단어의 회상률은 다시 높아진다(**신근 효과**). 이 곡선을 **계열 위치 곡선**이라고 한다.

다른 그룹에도 마찬가지로 단어 15개를 순서대로 제시했지만, 단어를 보여준 직후 임의의 숫자를 제시한 후, 이 숫자에서 3을 빼면서 30초간 역으로 카운트 하게 했다(브라운-피터슨법). 그다음 외운 단어를 순차적으로 회상하게 한 결과 회상률의 곡선이 그림 4-11의 빨간색 선처럼 나타났다. 즉, 초두 효과는 보였지만 신근 효과는 없었다. 마지막 단어는 역카운트하던 30초 사이에 사라졌는데, 그 이전의 단어는 30초가 지나도 남아 있었다는 뜻이다. 이는 단기 기억과 장기 기억의 존재를 나타내는 것으로 해석된다.

❤ 그림 4-11 계열 위치 곡선

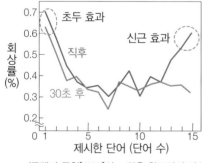

(글랜저 문헌[1966]의 그림을 참조하여 작성)

장기 기억은 정보를 무제한으로 계속해서 보유할 수 있을 것으로 생각한다. 기억하는 내용을 아무런 실마리도 없이 회상하는 것을 **재생**이라고 한다. 재생 중에는 기억한 순서와 같은 순서로 회상하는 **계열 재생**과 순서에 관계없이 자유롭게 회상하는 **자유 재생**이 있다. 또, 제시된 항목 중에서 기억하고 있는 것을 골라내는 것을 **재인**이라고 한다. '미국의 도시 이름을 8개 적으시오'라는 재생 과제와 '여기 있는 전 세계 도시 목록에서 미국의 도시 이름을 8개 선택하시오'라는 재인 과제를 비교해 보면 알 수 있듯이, 재생은 재인에 비해 어렵다(그림 4-12).

이와 관련해서 **재생의 2단계 과정설**이 있다. 재생은 필요한 정보의 후보를 선택하기 위해 기억 영역 내를 탐색하는 단계와 선택한 후보가 정답인지를 대조하는(재인) 단계, 이렇게 2단계로 이루어진다는 것인데, 이 때문에 재생의 경우가 시간이 더 오래 걸린다는 것이다.

▼ 그림 4-12 재생과 재인

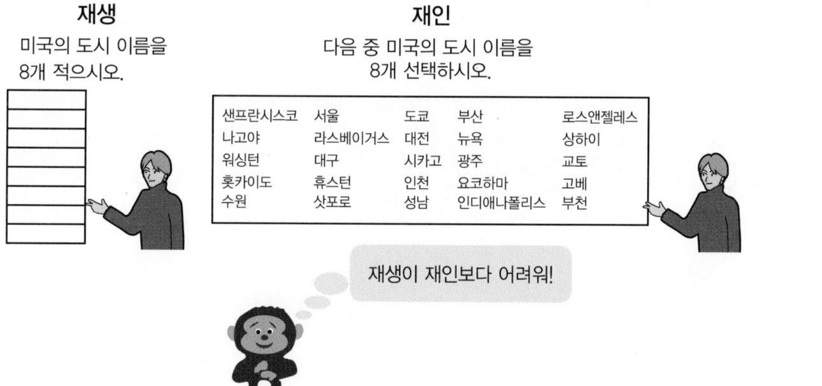

재생
미국의 도시 이름을
8개 적으시오.

재인
다음 중 미국의 도시 이름을
8개 선택하시오.

샌프란시스코	서울	도쿄	부산	로스앤젤레스
나고야	라스베이거스	대전	뉴욕	상하이
워싱턴	대구	시카고	광주	교토
홋카이도	휴스턴	인천	요코하마	고베
수원	삿포로	성남	인디애나폴리스	부천

재생이 재인보다 어려워!

앞 절에 나왔던 그림 4-10 문제의 답을 알아냈는가? 만일 이 문제를 내기 10분 전에 '어젯밤 이 지역에 큰 지진이 강타하여 가옥이 붕괴되고 집 13채에 불이 나서 도시는 아수라장이 되었다.'라는 문장을 들려주면, 이 문제의 답을 비교적 쉽게 찾는다. 대학에서 강의할 때 이를 직접 실험해 본 적이 있다. 학생이 총 49명인 클래스에 이 문장을 들려주었고 30초간 답을 생각해 보게 했다. 또

학생이 총 43명인 다른 클래스에서는 이 문장을 이야기하지 않고, 역시 30초간 문제를 풀게 했다. 그 결과, 이 문장을 들은 클래스의 정답률은 26.5%, 듣지 않은 클래스의 정답률은 16.3%였다.

이와 같이 시간적으로 앞서 제시된 정보에 의해 재생 촉진 효과가 뒤따르는 현상을 **프라이밍 효과**(점화 효과)라고 한다. 프라이밍 효과에는 위와 같이 의미 관계로 인해 촉진되는 **의미적 프라이밍** 외에 음운이 비슷해서 촉진되는 **음운적 프라이밍**도 있다. 프라이밍 효과를 설명하기 위해 미국의 인지과학자 콜린스는 장기 기억의 **활성화 확산 모델**을 제안했다(그림 4-13).

이 모델은 네트워크 구조를 가지고 있어 개념을 노드로 표현하고, 개념과 연관된 다른 개념을 아크(arc, 가지)로 연결한다. 아크의 길이가 곧 관련된 정도의 멀고 가까움을 나타낸다. 모델 안의 어떤 노드가 활성화되면 아크를 통해 관련된 노드가 계속 활성화되는데, 앞서 낸 문제에서 화재라는 자극을 받은 그룹의 경우 이로 인해 불이나 집의 개념이 활성화되고, 이어서 소방차와 구급차가 활성화되기 쉬워지는 것이다.

▼ 그림 4-13 활성화 확산 모델

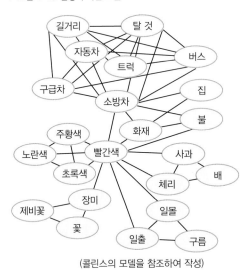

(콜린스의 모델을 참조하여 작성)

4.4 서술적 기억과 절차적 기억

장기 기억은 그림 4-14와 같이 **서술적 기억**과 **절차적 기억**으로 나뉜다. 서술적 기억은 언어로 표현할 수 있는 지식의 기억을 말한다. 서술적 기억에는 말이나 개념·의미를 기억하는 **의미 기억**과 체험으로 연결시켜 기억하는 **에피소드 기억**이 있다.

의미 기억은 '프랑스의 수도는 파리다'처럼 일반적인 지식에 대한 기억으로, 일상에서 책, 인터넷, 신문, 텔레비전 등 다양한 정보원으로부터 얻은 내용을 말한다. 의미 기억은 어디에서, 언제, 어떻게 얻었는지가 크게 중요하지 않은 기억이다.

그러나 에피소드 기억은 '7월 마지막 일요일, 학교 앞 교차로에서 추돌사고를 목격했다'와 같이 시간이나 공간의 문맥 속에서 기술된, 말하자면 일기와 같은 기억으로 언제, 어디서, 무엇을 했는가 등의 체험이 기반이 된다. 에피소드 기억의 내용은 의식적으로 정교화 리허설을 하지 않아도 장기 기억으로 남기 쉽다. 이처럼 의식을 수반하여 상기하는 기억 처리를 **명시적 기억**이라고도 한다.

절차적 기억은 헤엄치기, 못질하기와 같이 언어로 표현하기 어려운 행동과 기술에 대한 기억이다. 흔히 '몸으로 기억한다'라고도 말한다. 서술적 기억이 what, when, where, who 등에 관한 기억인데 반해, 절차적 기억은 how에 관한 기억이라고 할 수 있다. 절차적 기억은 이를 떠올리기 위한 특별한 의식을 수반하지 않기 때문에 **잠재 기억**으로도 불린다.

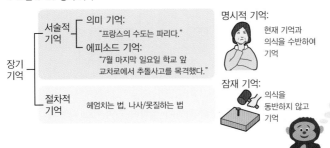

▼ 그림 4-14 장기 기억

장기 기억

서술적 기억
- 의미 기억: "프랑스의 수도는 파리다."
- 에피소드 기억: "7월 마지막 일요일 학교 앞 교차로에서 추돌사고를 목격했다."

절차적 기억 — 헤엄치는 법, 나사/못질하는 법

명시적 기억: 현재 기억과 의식을 수반하여 기억

잠재 기억: 의식을 동반하지 않고 기억

잠재 기억은 의미 처리 과정까지 가지 않는구나.

서술적 기억과 절차적 기억에 의해 저장되어 조직화된 정보를 각각 **서술적 지식**과 **절차적 지식**이라고 한다. 일본의 인지과학자 스즈키 히로아키는 이러한 지식이 가지는 특징으로 유용성을 지적하면서, 그 성질은 ① 일반성, ② 응답성, ③ 관계성이라고 설명했다.

예를 들어 '주행 중 자동차가 보행자와 충돌하면 보행자가 죽거나 다친다'는 지식은 대부분의 자동차에 적용될 수 있으므로 일반성을 갖추고 있으며 다양한 상황에서 유용하다. 또 이 지식이 유용하려면 자동차가 차고에 주차되어 있을 때가 아니라 주행 중이었을 때라는 것이 기억되어야 한다. 이것이 응답성이다. 그리고 이 지식이 유용하려면 '자동차, 주행, 도로, 횡단 보도, 보행자, 충돌, 구급차, 병원, …'과 같이 다른 많은 개념과의 관계가 있어야 한다. 한편, '내 자동차의 차체는 빨간색이고 미세한 반짝이 무늬가 있다'는 것은 유용하지 않기 때문에 이를 지식이라고 부르지 않는다.

4.3절에서 설명한 프라이밍 효과에서 선행 자극은 이에 뒤따르는 재생을 촉진하지만 실험 참가자는 선행 자극을 의식하지 않고도 재생을 했다. 이는 의식을 수반하지 않는 기억 처리이며 잠재 기억이다. 4.1절의 처리 수준 모델은 의미를 처리하기까지의 수준이 깊을수록 정교화 리허설의 정확도도 높아진다고 했는데, 명시적 기억은 의미 처리가 필요하지만 잠재 기억은 의식을 수반하는 것이 아니기 때문에 의미 처리가 필요하지 않다.

이러한 특성의 차이를 보여주는 실험이 미국의 인지심리학자 자코비에 의한 실험이다. 이 실험은 실험 참가자의 명시적 기억 측정을 위해 순간적으로 제시한 단어를 식별하는 테스트(지각적 식별 과제)를 실시하여 재확인 테스트, 잠재 기억을 측정했다. (1) 아무 단서가 없는 조건(문맥 없음), (2) 관련 있는 단어와 쌍으로 기억하게 해서 단어를 제시하는 조건(문맥 있음), (3) 관련 있는 단서 단어를 제시하고 기억해야 할 단어를 스스로 만드는 조건(생성), 이렇게 세 가지 조건을 만들어 각각의 재현 정답률을 측정했다.

그 결과 그림 4-15와 같이 명시적 기억에서는 문맥 없음, 문맥 있음, 생성순으로 정답률이 향상되었다. 즉, 처리 수준이 깊어질수록 성적이 향상된 것이다. 한편, 잠재 기억은 처리 수준이 깊어지면 정답률이 향상되지 않고 오히려 하락한다. 이는 잠재 기억이 의미 처리가 아니라 지각 처리 수준으로 이루어지고 있기 때문이라고 생각된다.

▼ 그림 4-15 잠재 기억과 명시적 기억의 조건

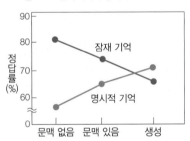

(자코비 문헌[1983]의 그림을 참조하여 작성)

4.5 망각

장기 기억에 저장된 정보는 시간이 지나면 사라진다. 이것이 **망각**이다. 일반적으로 기억 직후에 망각 속도가 빠르고 점점 느려지다가 완만해진다. 그림 4-16은 **망각 곡선**으로 잘 알려진 **에빙 하우스의 망각 곡선**이다. 독일의 심리학자 에빙 하우스가 무의미한 철자를 학습하여 완전히 외운 후 일정한 시간마다 학습을 반복하여 어느 정도 재학습이 필요한지(즉, 얼마큼 외우고 있는지) 측정하여 얻은 곡선이다. 1시간 후에는 44.2%, 1일 후에는 33.7%, 7일 후에는 25.4%만 기억했고, 그 이후에는 20% 정도로 안정되어 이때 기억하는 내용은 대부분 유지된다.

▼ 그림 4-16 에빙 하우스의 망각 곡선

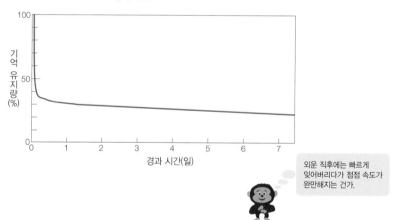

일상생활을 하면서 무의미한 철자를 기억하는 일은 별로 없으므로 실제 망각 곡선이 이와 똑같지는 않겠지만, 앞서 배운 정교화 리허설로 보존할 수 있는 양을 늘리거나 보존 시간을 늘릴 수 있다. 우리가 잊어버렸다고 생각한 아주 오래

된 지식이나 사건들이 무언가를 계기로 다시 떠오르는 것은, 정보가 완전히 사라진 것이 아니라 단지 꺼낼 수 없었다는 사실을 보여준다.

영국의 심리학자 고든과 바데리는 스쿠버 다이버에게 수중 또는 육지에서 단어 목록을 외우게 한 다음, 수중 또는 육지에서 외운 목록을 회상하게 했다. 그 결과 외울 때와 회상할 때의 환경이 일치하는 것이, 일치하지 않는 환경보다 더 높은 회상률을 보였다(그림 4-17).

▼ 그림 4-17 문맥 의존성의 실험

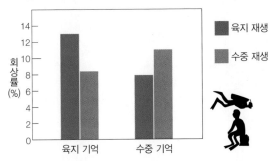

(고든 등의 문헌[1975]의 그림을 참조하여 작성)

이처럼 부호화할 때의 상황과 검색할 때의 상황이 가까울수록 회상률이 높아지는 특성을 **문맥 의존성**이라고 한다. 캐나다의 인지심리학자 털빙과 톰슨도 부호화할 때와 검색할 때의 문맥이 일치할수록 재생이 쉽다는 것을 실험으로 확인하고, **부호화 특정성의 원리**라고 명명했다. 예를 들어 갑자기 어떤 물건이 필요해서 다른 방으로 가지러 갔는데 무엇을 가지러 왔는지 잊어버린 경우, 내가 어떤 작업을 하고 있었는지를 떠올리면 가지러 온 물건을 기억할 수 있다. 이는 검색의 용이성이 반드시 처리 깊이에 의존하지 않는다는 것을 의미하기도 한다.

여기서 망각의 원인에 대해 생각해 보자. 4.3절의 계열 위치 곡선에서 단기 기억은 시간이 지나면서 사라졌지만 브라운-피터슨법에서 방해 요소였던 숫자를 역으로 세는 것은 단어를 외우는 과제와 성질이 다르기 때문에 간섭은 거의 없다고 생각되었다. 그 때문에 저장 내용은 단순히 시간이 지나면 사라진다는 **감쇠설**이 지지되었다.

그러나 이 실험에서 참가자들이 시도할 때마다 회상률이 점점 낮아지는 현상이 있었고, 이미 부호화된 정보가 새로운 저장 및 검색에 간섭한다는 **간섭설**이 제기되기 시작했다. 미국의 심리학자 케펠과 언더우드가 기억한 단어의 회상률과 시행 횟수의 관계를 조사하여, 짧은 시간 기억을 유지하긴 해도 횟수를 거듭할수록 회상률이 저하되는 것을 확인했다(그림 4-18).

❤ 그림 4-18 순향 억제 실험

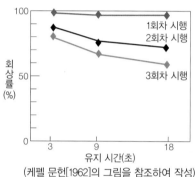

(케펠 문헌[1962]의 그림을 참조하여 작성)

이후 여러 연구를 통해 이미 저장된 정보가 새로 저장되는 정보에 영향을 미치는 **순향 억제**에 의한 것이라고 결론지었고, 새로 저장한 정보가 이미 저장된 정보에 미치는 간섭, 즉 **역향 억제**의 존재도 확인했다. 역향 억제는 학습 해제라고도 불리며, 이러한 연구들을 거쳐 점차 간섭설이 감쇠설을 대체해 나갔다.

4.6 컴퓨터의 기억 장치

'정보의 기억'을 공학적으로 구현시킨 초기 컴퓨터의 주기억 장치는 **자기 코어**를 이용한 것이었다. 도넛 모양의 페라이트를 통과한 전선에 일정량 α 이상의 전류가 흐르면 그림 4-19와 같이 페라이트상에 자속이 생기면서 자기화된다. 자기화되면 전류가 멈춘 후에도 자기화 상태가 유지된다. 자속은 전류가 진행되는 방향의 오른쪽 방향으로 돈다. 이 현상을 이용해 예를 들어 자속이 오른쪽 둘레에 생기면 '1'이고 왼쪽 둘레에 생기면 '0'이라면, 1비트에 해당하는 '1'과 '0'을 기억시킬 수 있다.

▼ 그림 4-19 자기 코어와 기억

1을 기억

전류가 위로 향하면 코어 아래쪽에서 볼 때 오른쪽으로 도는 자속이 생긴다.

0을 기억

전류가 아래로 향하면 코어 아래쪽에서 볼 때 왼쪽으로 도는 자속이 생긴다.

코어를 그림 4-20과 같이 격자 모양 전선의 교차점에 두는 것이 **코어 매트릭스**다. 세로선 아래에서 α/2, 가로선 왼쪽에서 α/2의 전류가 흐르면 교차점의 코어가 1을 기억하고, 세로선 위에서 α/2, 가로선 오른쪽에서 α/2의 전류가 흐르면 0을 기억하여, 원하는 장소에 1이나 0을 기억시킨다. 시간이 지나 **커패시터** (capacitor)와 **트랜지스터**가 이러한 코어의 역할을 담당하게 되었다.

▼ 그림 4-20 코어 매트릭스

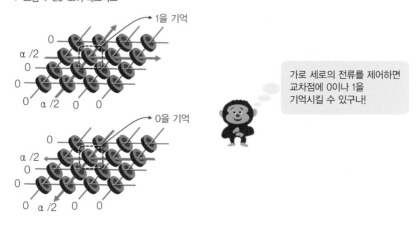

그림 4-21은 메모리의 분류를 보여준다. 먼저 인간의 단기 기억에 해당하는 **RAM**(Random Access Memory)과 장기 기억에 해당하는 **ROM**(Read Only Memory)이 있고, 이 중 RAM은 **DRAM**(Dynamic RAM)과 **SRAM**(Static RAM)으로 나뉜다.

▼ 그림 4-21 반도체 메모리의 분류

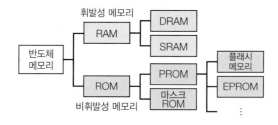

DRAM은 그대로 두면 내용이 사라져 버리는 기억 방식으로 커패시터를 사용하여 상태를 관리한다. 예를 들어 커패시터 내에 전하가 쌓여 있지 않은 상태를 0으로, 전하가 일정량 이상 쌓여 있는 상태를 1로 기억하는 것이다. 그림 4-22와 같이 워드선[1]에 고전위를 건 상태에서 비트선에 전압을 가하면 커패시터 내에 전하가 쌓여 1을 기억할 수 있고, 워드선에 고전위를 건 상태에서 비트선에

1 　역주　 DRAM 안에는 워드선(word line)과 비트선(bit line)이 연결되어 있는데 앞에서 기술한 코어 매트릭스의 가로와 세로 전선에 해당한다.

전압을 가하지 않으면 저장된 전하가 급격히 방전되어 기억된 정보가 사라진다. 전압을 제어할 때는 트랜지스터를 이용한다.

▼ 그림 4-22 커패시터와 트랜지스터를 이용한 DRAM의 원리

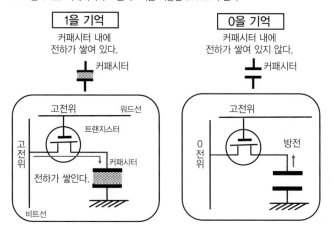

SRAM은 역신호가 입력될 때까지 현 상태를 유지하는 장치로 **플립플롭 회로**로 구현된다. 플립플롭 회로는 그림 4-23과 같이 NOR 게이트를 이용한 회로다. 좌측 상단의 입력이 1이면 우측 하단의 출력이 1이 되고, 이후 좌측 상단의 입력을 0으로 해도 우측 하단의 출력이 유지되는 회로다. 마찬가지로 좌측 하단의 입력을 1로 하면 우측 하단의 출력이 0이 되는데 좌측 하단 입력이 0이라도 우측 하단의 출력이 유지된다.

▼ 그림 4-23 SRAM을 구현하기 위한 플립플롭 회로

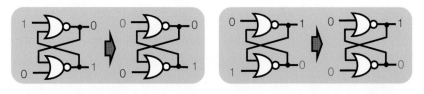

RAM과 더불어 또 다른 메모리의 한 종류인 ROM은 전원이 꺼져도 사라지지 않는 이른바 비휘발성 메모리로, 제조 과정에서 필요한 정보를 미리 집어넣고 차후에 쓰기가 불가능하도록 만들어진 메모리다.

memo

5 장

주의

마술을 보여줄 때 손수건을 던져 관객의 눈길을 그쪽으로 향하게 하고, 그사이 다른 곳에서 무언가를 꺼내는 기술을 미스 디렉션이라고 한다. 필자도 취미로 마술을 할 때 종종 사용하는 기술이다. 좋아하는 가수의 노래를 듣거나 라디오를 들으며 공부하면 공부가 더 잘된다는 사람들도 있다. 우리는 여러 일에 동시에 집중할 수 있는 것일까? 아니면 한 번에 한 가지에만 집중할 수 있을까?

이 장에서는 주의라는 특성에 대해 살펴보고 청각적 주의를 공학적으로 연구한 사례를 소개한다.

5.1 선택적 주의

책을 읽는 동안 배경음악(BGM)을 틀어 놓을 때가 있다. 그런데 배경음악에서 흥미를 돋우는 가사가 나오거나 곡에 맞춰 노래를 부르기 시작하면 학습 효율과 작업 효율이 떨어질 수 있다. 뇌가 어떤 처리를 하기 위해 대상물에 감각이나 의식을 집중하는 것을 **주의**라고 한다.

이때 주의를 기울이는 대상 이외의 정보는 입력이 억제될 수 있다. 따라서 배경음악에 주의를 기울이면 공부나 일에 대한 정보의 입력이 억제되어 효율이 떨어진다. 선택된 대상에 집중하는 이러한 특성을 **선택적 주의**라고 한다.

선택적 주의에서는 주의에 사용하는 에너지의 양이 일정하다는 전제를 둔다. 주의 에너지를 어떤 곳에 사용하면 사용할 수 있는 전체 에너지의 양이 감소한다고 보는 것인데, 이를 **처리 자원 유한설**이라고 한다(그림 5-1).

▼ 그림 5-1 처리 자원 유한설

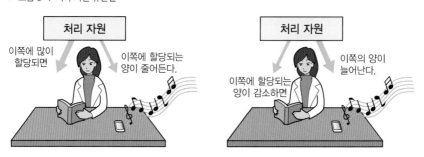

미국의 행동경제학자 카너먼은 유한 자원의 가용 용량을 결정하는 요인을 두 가지로 분류했다. 하나는 주의를 기울이는 대상이 무엇인지, 움직이는 것인지, 대화 중에 자신의 이름이 나오는지 등 지속적인 특성에 의해 결정되고, 또 하나

는 '상처 입은 빨간 머리 남자를 찾는다'와 같이 의도적이고 일시적인 용도에 따라 결정된다. 카너먼의 이러한 모델을 **자원 배분 모델**이라고 한다(그림 5-2).

▼ 그림 5-2 주의 자원 배분 모델

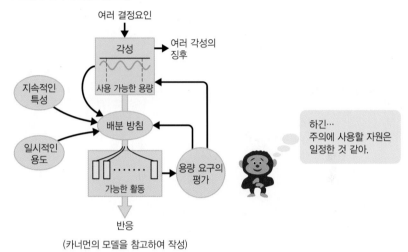

(카너먼의 모델을 참고하여 작성)

다음은 대표적인 선택적 주의 모델들이다.

(1) **필터 모델**(영국의 인지심리학자 브로드벤트): 주의를 기울이고 있는 정보만 필터를 통과해 뇌에서 처리된다. 주의를 기울이지 않은 정보는 필터로 차단된다(그림 5-3). 그러나 이 모델은 공부하면서 라디오를 틀어 놓았을 때, 라디오의 내용이 머릿속에 거의 들어오지 않을 만큼 집중해서 공부한다 해도, 자신의 이름이 라디오에서 흘러나오면 문득 그쪽으로 주의를 기울이게 되는 현상을 설명할 수 없다.

▼ 그림 5-3 필터 모델

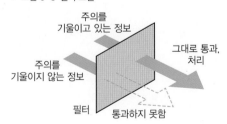

(2) 감쇠 모델(미국의 인지심리학자 트레이스만): 주의를 기울이고 있는 정보는 그대로 필터를 통과하고, 주의를 기울이지 않은 정보는 필터를 전혀 통과하지 않는 것이 아니라 정보가 줄어든 채 통과하여 어느 정도 분석이 이루어진다는 모델이다(그림 5-4). 그러나 앞에 언급한, 라디오에서 내 이름이 나오면 주의를 기울이게 되는 현상은 분석만 수행하는 이 감쇠 모델로도 충분히 설명되지 않는다.

▼ 그림 5-4 감쇠 모델

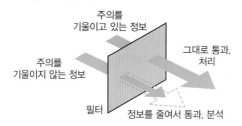

(3) 후기 선택 모델(미국의 인지심리학자 도이치 등): 들어오는 정보는 모두 의미 분석까지 이루어지지만, 정보 선택은 후기 단계에서 한다고 설명하는 모델이다. 이 모델을 후기 선택 모델이라고 하고, 이와 대비해 앞서 나온 필터 모델이나 감쇠 모델을 초기 선택 모델이라고 한다. 영국의 인지심리학자 라비는 주의에 대해 **부하 이론**을 제창했다. 주의에 필요한 자원의 양이 과제의 난이도(부하량)에 따라 달라지며 자동적으로 배분된다는 것이다. 이 이론에서는 부하가 높은 경우 초기 선택 모델이 적용되고, 부하가 낮은 경우 후기 선택 모델이 적용된다.

5.2 집중적 주의와 분할적 주의

이 장을 시작할 때 이야기했듯이, 마술사가 한 손으로 장미를 보여주며 객석의 주의를 집중시키는 동안 다른 손으로 주머니에서 작은 병을 꺼내는 수법을 **미스디렉션**이라고 한다(그림 5-5).

▼ 그림 5-5 집중적 주의와 분할적 주의

사물에 초점을 맞추는 이런 종류의 주의를 **집중적 주의**라고 한다. 영국의 인지과학자 맥워스는 글자가 없는 시계판의 바늘을 가끔 움직이면서 이를 실험 참가자가 감지하게 하는 실험으로 주의 집중 시간을 측정했다. 그 결과 30분 정도 지나면 감지율이 떨어졌다.

그렇다면 주의를 기울일 수 있는 공간적 범위는 어느 정도일까? 일본의 심리학자 오야마 등은 흰색 바탕에 검은색 점을 랜덤하게 배치한 것을 실험 참가자에게 수십 밀리초 동안 보여주고 점의 개수를 맞추도록 했다. 그 결과 7개 내외를 초과하면 정답률이 급격히 저하되었다.

차를 운전할 때는 전방은 물론이고 좌우와 후방도 함께 살펴야 한다. 이를 **분할적 주의**라고 하며, 유한한 처리 자원을 여러 대상에 배분하게 된다. 예를 들어

실험 참가자에게 계산 문제를 풀면서 동시에 글자를 옮겨 쓰는 **이중 과제** 작업
(그림 5-6)을 시키면, 두 과제 성적의 합이 거의 일정하다고 보고되었다.

▼ 그림 5-6 이중 과제의 예

- 계산을 하면서 글자를 옮겨 적는다.
- 오른손으로 원을 그리고, 왼손으로 삼각형을 그린다.
- 노래를 부르면서 문장을 암기한다.

미국의 심리학자 위킨스는 이중 과제 중 한쪽을 어렵게 해도 다른 쪽의 성적에
영향을 주지 않는 경우를 발견했는데, 이는 처리 자원 유한설로 설명할 수 없었
다. 이에 위킨스는 **다중 자원 모델**을 제안했다(그림 5-7).

이 모델은 처리 모델리티, 처리 단계, 처리 코드의 3차원 입체 구조를 가지며,
각 차원은 두 개로 분할되어 뇌가 가진 자원을 하나씩 가진다. 주의할 점은 자
원의 수가 8개가 되는 것이 아니라 동일 차원에 2개의 자원이 존재한다는 것이
다. 이 모델에 따르면 이야기를 들으며 눈으로 공간을 찾는 이중 과제의 경우라
면 각각 언어 처리와 공간 처리라는 서로 다른 자원을 사용하므로 자원 간 간섭
이 별로 없지만, 이야기를 들으며 신문을 읽는 이중 과제라면 둘 다 언어 처리
에 속하기 때문에 자원 간 간섭이 크다.

▼ 그림 5-7 다중 자원 모델

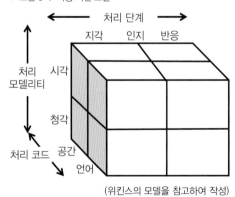

(위킨스의 모델을 참고하여 작성)

이중 과제를 반복하면, 과제를 수행하는 데 필요한 자원을 줄일 수 있다. 예를 들어 초보 운전자는 운전하면서 말도 같이 하기가 어렵지만, 반복하여 능숙해지면 대화를 나눌 수 있는 것과 같다. 이렇게 숙련의 과정을 지나 처리하는 것을 **자동 처리**, 숙련에 이르기까지의 처리 과정을 **제어 처리**라고 한다. 일, 운동 등이 자동 처리 단계에 이르면 뇌의 부담을 덜 수 있고 에너지도 절약된다.

어떤 자극의 두 가지 특징 중 한 가지 특징에만 주의를 기울이는 것을 **스트루프 과제**라고 한다. 예를 들어 그림 5-8과 같이 글자의 의미와 색을 다르게 해 놓고 색을 대답하게 하는 것이다. 이러한 스트루프 과제를 수행할 때는 이중 과제가 아닌 단일 과제라 해도 주의 간섭이 발생하기 쉽다. 즉, 글자만 읽거나 색깔만 답하게 하는 비스트루프 과제에 비해 응답 속도가 낮아지는데, 주의가 필요한 처리와 주의가 필요하지 않은 자동 처리가 혼재되어 있기 때문이다. 이를 **스트루프 효과**라고 한다.

▼ 그림 5-8 스트루프 과제와 비스트루프 과제

스트루프 과제는 비스투루프 과제에 비해 응답 속도가 느리다.

스트루프 과제		
각 글자의 색을 말해보자.		
빨강	초록	검정
파랑	검정	빨강
빨강	파랑	검정

비스트루프 과제					
각 글자의 색을 말해보자.			각 글자의 색을 말해보자.		
빨강	빨강	빨강	빨강	초록	검정
빨강	빨강	빨강	파랑	검정	빨강
빨강	빨강	빨강	빨강	파랑	초록

이중 과제는 처음에는 힘들지만, 계속 연습하면 쉽게 할 수 있게 되지.

5.3 시각적 주의

도서관에서 원하는 책을 찾거나 옷가게에서 원하는 옷을 찾을 때, 여러 종류의 책이나 상품을 둘러보고 그중에서 원하는 것을 찾는다. 이것을 **시각 탐색**이라고 한다. 그림 5-9(1)에서 오각형을 찾으라면 대개 금방 찾는다. 그림 5-9(2)에서 빨간색 도형을 찾으라는 해도 쉬울 것이다. 이처럼 다른 방해 도형이 뒤섞여 있어도 원하는 도형이 바로 눈에 들어오는 것을 **팝 아웃**이라고 한다. 오각형이나 빨간색처럼 특징이 하나일 경우, 방해 도형의 수와 상관없이 팝 아웃에 필요한 탐색 시간은 거의 일정하다고 알려져 있다.

▼ 그림 5-9 팝 아웃

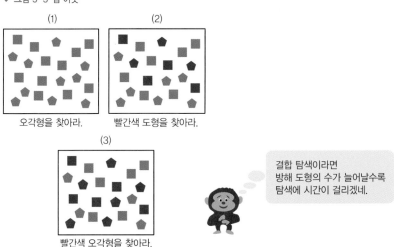

(1) 오각형을 찾아라.

(2) 빨간색 도형을 찾아라.

(3) 빨간색 오각형을 찾아라.

결합 탐색이라면 방해 도형의 수가 늘어날수록 탐색에 시간이 걸리겠네.

그런데 그림 5-9(3)에서 빨간색 오각형을 찾으라고 하면 다소 시간이 걸린다. 여러 특징을 동시에 만족하는 도형을 찾는 것을 **결합 탐색**이라고 하는데, 방해 도형의 수가 증가할수록 탐색에 시간이 더 필요하다. 트리즈만은 팝 아웃과 결합 탐색의 관계를 설명하기 위해 **특징 통합 모델**을 제시했다(그림 5-10).

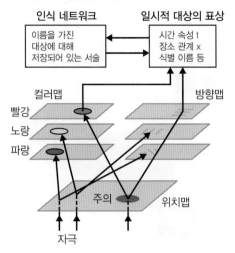
▼ 그림 5-10 특징 통합 모델

이 모델은 두 가지 과정으로 처리되는데, 첫 번째 과정인 전처리 과정에서는 색, 모양, 방향 등 시각적 특징이 추출되어 각각의 특징 맵이 공간 위에 병렬로 만들어진다. 그림 5-9(1)과 (2)에서는 각각의 특징 맵별로 위치 정보와 함께 단일 탐색 처리를 하기 때문에 특별한 주의가 없어도 단시간에 목표를 찾을 수 있다. 두번째 과정은 주의 과정으로, 하나씩 스포트라이트를 주면서 각 위치에서 순차적으로 각각의 특징이 통합된다. 즉, 그림 5-9(3)은 결합 탐색이 이루어지면서, 각각의 도형에 대해 여러 특징을 체크하는 과정이 차례로 진행되는 것이다.

주의를 기울이고 있지만, 대상이 변한 것을 깨닫지 못할 때도 있다. 이를 **변화의 간과**라고 부르는데 대상의 형태, 색깔, 크기 등이 변하거나 소멸, 출현하는 것이다. 예를 들어 어떤 사진을 보여준 뒤 사진의 일부를 지우고 다시 사진을 보여주면 사진의 일부가 지워진 것을 깨닫지 못하는 경우가 있다(그림 5-11(1)). 만일 사진을 두 장 보여주면서 사이에 하얀색 종이를 보여주면(**플리커법**) 변화를 알아채기가 더 어려워진다(그림 5-11(2)). 속도를 느리게 하여 크기가 천천히 변하는 사진을 보여줘도(**점차법**) 변화를 깨닫기 어렵다(그림 5-11(3)).

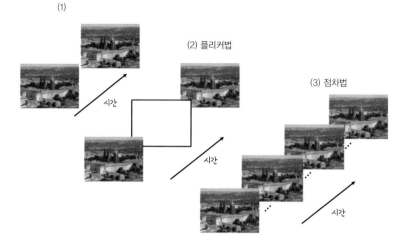

▼ 그림 5-11 변화의 간과

(1)

(2) 플리커법

(3) 점차법

시간

시간

시간

일본의 인지심리학자 요코자와 등은 변화를 깨닫기 위해서는 ① 선행 이미지의 표상 형성 ② 후속 이미지 표상과의 비교 ③ 비교 결과의 의식적 이용이 필요하다고 했다. 이러한 관점에서 변화를 간과하는 메커니즘이 소개되었는데, 예로 미국의 인지과학자 시몬스의 **덮어쓰기 가설**(후속 이미지가 선행 이미지를 덮어쓰는 것), **첫 인상설**(선행 이미지로 전체를 파악하기 위해 후속 이미지의 가치가 저하되는 것) 등이 있다.

5.4 청각적 주의

청각적 주의의 전형적인 예는 **칵테일 파티 효과**다. 파티장처럼 소란한 가운데 누군가와 대화를 나눌 때 상대방의 목소리만 듣고 주위의 소음은 신경 쓰지 않는 청각적 특성이며, 이는 선택적 주의에 의한 현상으로 여겨진다(그림 5-12).

▼ 그림 5-12 칵테일 파티 효과

파티장처럼 소란스러운 곳에서도
주목하는 사람의 목소리만 듣는 청각적 특성

일반적으로 상대방의 목소리가 큰 것도 아니고 주변의 물리적 소음과 동등하거나 오히려 더 작아도 상대방의 이야기가 들리는 경우가 많다. 칵테일 파티 효과는 선택적 주의에 의한 것이지만, 필터링 모델로도 설명할 수 있다. 하지만 주위의 소음에서 자기 이름이나 소속 기관, 출신지를 포함하는 소리가 들리면 알아채는 현상은 설명할 수 없다. 자신과 관련한 이름을 알아챘다는 점에서 후기 선택 모델이 더 선호된다. 또한, 칵테일 파티 효과에는 상대방의 입술 움직임을 읽는 독순이나 제스처, 상대방과 공유하고 있는 지식도 기여한다.

일본 아스카 시대의 황족인 쇼토쿠 태자는 동시에 열 명의 이야기를 알아들었다는 전설이 있다. 양쪽 귀에 각기 다른 정보가 동시에 들어올 때 모든 정보를 이해할 수 있을까? 영국의 인지심리학자 체리는 헤드폰으로 서로 다른 두 음성 메시지 X와 Y를 각각 한쪽 귀에 같은 음량으로 들려주는 실험을 했다. 실험 참가자에게 동시에 들리는 내용 중, 한쪽에만 주의를 기울여 소리내 말하도록 지시했더니, 주의를 기울이는 음성에 대해서는 말했지만(그림 5-13(1)), 주의를 기울이지 않은 다른 쪽 귀에 들렸던 내용은 기억하지 못했다. 칵테일 파티와 유사한 현상이 발생한 것이다. 또 주의를 기울이지 않은 귀에 들리는 음성을 도중에 정현파(진폭과 주파수가 일정한 상태의 음, 순음)로 변경하면 알아챘지만(그림 5-13(2)), 음성을 영어에서 독일어로 바꾸면 눈치채지 못했다(그림 5-13(3)). 다만, 음성이 남성에서 여성으로 바뀌는 것은 깨달았다(그림 5-13(4)).

▼ 그림 5-13 양쪽 귀를 이용한 청각 분리 실험
음성 X에 주의를 기울여 들은 바를 복창하도록 지시한다.

(1)

(2)

(3)

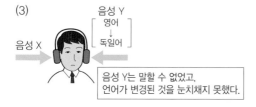

(4)

이 실험을 통해 주의를 기울이지 않는 음성에 대해 물리적 특징은 추출하지만, 내용까지는 파악하지 못한다는 것이 드러났다. 즉, 의미 처리까지 한다는 후기 선택 모델을 적용하기는 어려웠다.

우리는 말을 할 때 자신의 목소리를 듣는다. 말하는 순간 음성이 외이도를 통해 내이로 들어오는 동시에 머리뼈로 전달되는 골전도를 통해 직접 내이로 들어가기 때문인데, 만일 이 목소리가 조금 늦게 청각계로 들어가면 무슨 일이 일어날까?

그림 5-14와 같이, 지연 회로를 이용하여 자신의 음성을 100~200밀리초 정도 지연시켜 헤드폰으로 들려주면, 말하기가 곤란해지고 말을 더듬는 듯한 상태가 되기도 한다. 이를 **지연 청각 피드백**이라고 한다. 보통은 자기 목소리가 피드백되어도 이를 특별히 의식하지 않고 자동 처리로 통제하면서 말을 이어가는데, 조금 늦게 피드백되면 주의 자원이 주로 듣기 쪽에 배분되면서 이런 현상이 일어난다.

▼ 그림 5-14 지연 청각 피드백 실험

앗, 내 목소리가 조금 지연되어 들리면 말을 잘 할 수 없게 되는구나!

5.5 컴퓨터에 의한 음원 방향 추정

음성 인식 기술의 문제는 주변에서 발생하는 소음이 인식 성능을 크게 저하시킨다는 것이다. 이 때문에 소음에 해당하는 주파수 성분을 차단하는 **소음 제거 필터**나, 음성 스펙트럼에서 소음 스펙트럼을 공제하는 **스펙트럼 차감법** 등이 이용된다. 하지만 이런 방법으로 제거할 수 있는 소음은 차내 엔진음이나 실내의 팬이 회전하는 소리와 같이 일상적인 것뿐이다.

음악이나, 다른 사람이 떠드는 소리와 같은 불안정한 소음은 소리가 나는 방향을 추정하여 그 방향에서 오는 소리를 줄여 주는 **음원 분리** 기술이 제안되고 있다. 즉, 칵테일 파티 효과를 **음원 방향 추정**에 의해 공학적으로 실현한 것이다. 음원 방향 추정은 보통 마이크를 2개 이상 나란히 놓고(**마이크 어레이**), 3.5절에서 설명한 것처럼 양쪽 귀 각각에 도달하는 시간차와 음압차를 단서로 소리의 방향을 알아낸다(그림 5-15). 마이크 어레이를 이용한 음원 분리 기술에는 도달 시간차에 따른 음원 방향 추정법과 **빔 포밍법** 등이 있다.

▼ 그림 5-15 음원 위치 파악을 통한 음원 분리 및 이를 사용한 소음 제거

- 마이크 어레이(2개 이상의 마이크열)를 이용한다.
- 목적음 이외는 소음으로 간주하여 목적음을 강조하거나 소음을 제거하기도 한다.

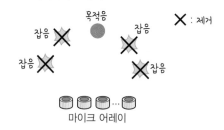

도달 시간차에 의한 음원 방향 추정법은 그림 5-16처럼 어떤 방향에서 오는 소리가 마이크 2개에 도달하는 시간차로 입사각을 추정하는 방법이다.

▼ 그림 5-16 도달 시간차를 사용한 음원 방향 추정법

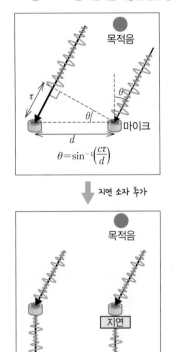

실제로는 마이크가 더 있을 수 있지만 여기서는 간단히 마이크가 2개라는 전제로 설명하겠다. 그림과 같이 입사각을 θ, 두 마이크 간 거리를 d, 위상의 어긋남, 즉 같은 파형이 두 마이크에 이르는 시간의 어긋남을 τ, 음속을 c라고 하면 다음 관계가 성립하므로,

$$sin\,\theta = \frac{c\tau}{d}$$

다음을 통해 입사각을 구할 수 있다.

$$\theta = sin^{-1}\left(\frac{c\tau}{d}\right)$$

τ는 한쪽 마이크에 지연 소자를 달아서 다른 쪽과 동일한 파형이 나오는 타이밍을 측정한다. 입사각 바깥에서 나는 소리를 억제하면서 분리하는데, 빔 포밍법은 마이크 어레이에 오는 소리의 도달 시간을 조절함으로써, 특정 방향에서 나는 소리에 대한 민감도를 높일 수 있다.

빔 포밍에는 몇 가지 방식이 있는데, 여기서는 그림 5-17처럼 4연속 마이크 어레이를 상정하여 지연화 빔 폼에 대해 설명하겠다. 각 마이크에는 지연 소자가 달려 있고 왼쪽부터 0, τ, 2τ, 3τ와 같이 지연되도록 한다. τ는 마이크 간격 d와 입사각 θ, 음속 c에 의해 다음 식으로 구한다.

$$\tau = \frac{d sin\theta}{c}$$

이에 따라 각 입력음의 위상을 정렬할 수 있다. 그 후 입력된 음들의 파형을 추가하여 계산한다. 소리를 sin파라고 하면 이들의 총합은,

$$sin\,(t) + sin\,(t\,-\,\omega\tau) + sin\,(t\,-\,2\,\omega\tau) + sin\,(t\,-\,3\,\omega\tau)$$

로 위상이 일치하고 진폭이 증폭된다. 여기서 ω는 각속도이며, 다음 식에 의해 주기 T당 1회전(2π) 한다.

$$\omega = 2\pi\,/\,T\,(T는 주기)$$

이렇게 하여 특정 방향으로만 포커스해 음을 강조한다.

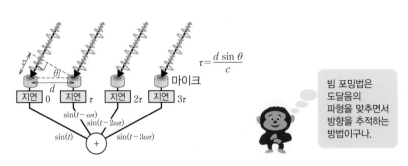

목적음

$$\tau = \frac{d \sin \theta}{c}$$

마이크

빔 포밍법은 도달음의 파형을 맞추면서 방향을 추적하는 방법이구나.

앞에서 살펴본 모든 기술은 지연 소자의 지연 매개변수가 가변적인 것이 핵심인데, 컴퓨터에서 데이터를 기억함으로써 쉽게 실현할 수 있다. 칵테일 파티 효과를 시뮬레이션한 이러한 기술로 특정인의 목소리를 알아들을 수 있는 로봇이나 말하는 사람 이외의 방향에서 오는 소음을 줄여 목소리를 듣기 쉽게 하는 TV 화상 회의 시스템 등이 실현되고 있다.

memo

6장

지식

퀴즈왕으로 불리는 사람들을 보면 그들이 알고 있는 지식의 양에 놀랄 때가 있다. 사회 생활에 그 정도까지 지식이 필요하진 않겠지만, 분명 우리는 아무 지식 없이 살아갈 수는 없다. 1장에서도 언급했지만, 플라톤은 지식이 실재하는 것이 아니라 추론에 의해 머릿속에 쌓이는 것이라고 했다.

이 장에서는 머릿속의 지식이 어떤 구조를 이루고 있는지를 모델화한 연구와 컴퓨터에서 지식을 처리하는 방법을 살펴보면서 지식에 대해 고찰해 보자.

6.1 지식의 표현과 구조

4.4절에서 서술적 지식과 절차적 지식에 대해 설명했는데, 여기에서는 지식이 뇌 안에서 어떻게 표현되는지, 즉 지식의 심적 표상에 대해 살펴보고자 한다. "주행 중인 자동차가 보행자와 충돌하면 보행자가 다친다."와 "자동차가 주행 중에 보행자와 충돌하면 보행자를 다치게 한다."는 언어 표현이 다르지만 전하려는 지식은 동일하다. 피상적으로 드러나는 표현이 아니라 뇌에서 보유하고 있는 지식이 동일하다는 뜻이다. 이 경우 지식에 대한 심적 표상은 자동차, 주행, 보행자, 충돌, 사고와 같은 상징이 서로 얽힌 것일 수도 있고, "주행 중에 자동차가 보행자에 부딪친다 ⇒ 사고"라는 규칙적인 형식일 수도 있다. 또는 자동차가 사람과 부딪쳐 보행자가 사고 당하는 장면이라는 이미지가 될 수도 있다.

이때 "자동차가 보행자와 충돌하다."처럼 서술어를 기준으로 한 지식의 기본 단위를 **명제**라고 한다. 명제는 참이나 거짓 중 하나의 값을 취할 수 있다. 1.1절에서 언급했듯이, 심적 활동 과정 내에서 정보의 내적 표현 형식을 심적 표상이라고 하는데, 명제의 심적 활동 과정 내에서의 표현 형식은 **명제 표상**이라 한다. "자동차가 보행자와 충돌하다"라는 명제는 그림 6-1과 같이 리스트를 사용해 (충돌하다, 자동차, 보행자)로 표현할 수 있고, 노드와 아크를 이용해 네트워크로 표현할 수도 있다.

❤ 그림 6-1 명제 표상

우리가 이러한 지식을 이용해 인지적 처리를 하기 위해서는 사용을 전제로 하는, 더 능동적이고 구조화된 프레임워크가 필요하다. 이를 **스키마**라고 한다. 미국의 인지심리학자 러멜하트 등은 스키마의 특징을 (1) 변수를 가진다 (2) 주입 구조를 지닌다(이를테면 버스 스키마는 버스 여행의 스키마 안에 삽입된다) (3) 다양한 수준의 추상(abstraction) 지식을 나타낸다 (4) 정의(定義)보다는 지식을 나타낸다고 했다. 또한, 활성화 과정이며 데이터에 대한 적합성을 평가하는 인식 장치라고도 설명했다. 그림 6-2는 '주다'와 관련한 러멜하트의 스키마 도식이다.

▼ 그림 6-2 '주다'의 스키마 도식

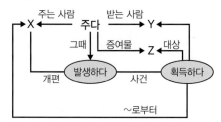

(러멜하트 등 문헌[1997]의 그림을 참조하여 작성)

이 그림은 스키마를 활성화 구조 네트워크로 표현하고 있다. '주다'의 스키마는 주는 사람인 X, 받는 사람인 Y, 주어지는 물건인 Z의 세 가지 변수를 가진다. X가 Y에게 Z를 줄 때, X는 일을 발생시키는 '원인'의 주체이며 여기서 'Y가 Z를 획득'하는 일이 발생한다. 즉, '주는' 스키마의 제공자는 '원인'에 따른 하위 스키마의 주체가 되고, '획득' 스키마의 당사자는 '원인'의 하위 스키마를 일으키는 주체에게 일이 일어나도록 사건을 유발하는 역할을 수행한다. 스키마의 사고는 미국 AI 학자인 민스키가 AI 연구에서 제안한 **프레임**이라는 컴퓨터 관련 지식 표상과 연결된다.

사회행동학에서는 미국의 AI 학자들이 컴퓨터에 의한 언어 작업을 위해 상황에 대한 스키마로 행동 지식을 표현하는 **스크립트**를 제안했다. 스크립트란, 어느 특정 상황에서 전형적인 사고 흐름을 표현한, 이른바 대본(시나리오)을 말한다.

그림 6-3은 인지심리학자 로저 섕크 등이 제시한 레스토랑 장면에서의 스크립트 예를 수정하여 옮긴 것이다. 등장인물이 취해야 할 행동들이 시간순으로 나타나 있기 때문에 개별 상황에서는 내용이 약간 달라질 수 있지만, 많은 사례에서 공통적이고 전형적인 절차에 관한 시간적 지식들이 표현되어 있다.

▼ 그림 6-3 스크립트의 예

이름	레스토랑
도구	테이블, 메뉴, 요리, 계산서, 돈, 팁
등장인물	손님, 웨이터, 요리사, 계산원, 주인
조건	손님은 배가 고프다, 손님은 돈을 가지고 있다.
결과	손님은 돈을 준다, 계산원은 돈을 받는다, 손님은 만족한다.

장면 1: 입점

손님이 레스토랑에 들어간다.

손님이 가게 안을 둘러본다.

손님이 어디에 앉을지를 정한다.

손님이 테이블까지 간다.

손님이 앉는다.

장면 2: 주문

손님이 메뉴를 본다.

손님이 요리를 결정한다.

손님이 웨이터에게 주문한다.

웨이터가 요리사에게 주문을 전달한다.

요리사가 요리를 준비한다.

장면 3: 식사

요리사가 요리를 웨이터에게 건넨다.

웨이터가 손님에게 요리를 내놓는다.

손님이 요리를 먹는다.

장면 4: 퇴점

웨이터가 계산서를 쓴다.

웨이터가 계산서를 손님에게 가져간다.

웨이터가 계산서를 손님에게 건넨다.

손님이 웨이터에게 팁을 건넨다.

손님이 계산대에 간다.

손님이 계산원에게 돈을 지불한다.

손님이 레스토랑을 나간다.

(섕크 등의 스크립트 예를 참조하여 작성)

스키마란 지식의 구조를, 스크립트는 행동의 시나리오를 표현하는 거구나.

6.2 의미

의미란 무엇인가? 지능정보공학 연구자 오카다 나오유키에 따르면 좁은 의미는 단어가 갖는 개념이고, 넓은 의미는 단어가 다른 단어와 결합하여 형성하는 개념이다. 언어학자 촘스키는 의미와 **구문**(문장을 구성할 때 단어의 배열)은 다른 것이라고 주장했는데, 문법적으로는 맞지만 무의미한 문장이 만들어질 수 있기 때문이다.

문장이 의미를 담고 있으려면 어떻게 해야 할까? 간단하게 그림 6-4(1)의 박스처럼 →를 사용해 표현할 수 있다. X가 Y에 대해 R이라는 관계를 가지고 있음을 나타낸다. 이 방법으로 "나는 당신을 사랑한다", "새는 동물이다"라는 문장을 각각 그림 6-4(1) 박스 하단과 같이 표현할 수 있다. ISA는 'is a'이며, '이다'를 의미한다. 이들은 그림 6-4(2)와 같이 **3가지 그룹**으로 표현할 수 있다. 일본의 자연언어처리 연구자인 다나카 등이 개발한 질의 응답 시스템 TQAS에서는 의미를 '속성, 대상, 값'의 3가지로 표현했다. 예를 들어 그림 6-4(3)과 같이 '책상 위 빨간 상자 안에 파란 공이 들어 있다'라는 상황은 속성 3개로 이루어진 그룹 8개가 모인 세트로 표현될 수 있다.

▼ 그림 6-4 의미를 표현하는 여러 방법

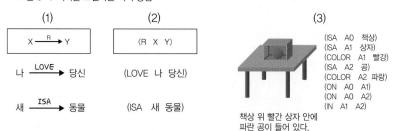

(1)

X ──R──→ Y

나 ──LOVE──→ 당신

새 ──ISA──→ 동물

(2)

(R X Y)

(LOVE 나 당신)

(ISA 새 동물)

(3)

(ISA A0 책상)
(ISA A1 상자)
(COLOR A1 빨강)
(ISA A2 공)
(COLOR A2 파랑)
(ON A0 A1)
(ON A0 A2)
(IN A1 A2)

책상 위 빨간 상자 안에
파란 공이 들어 있다.

이를 더욱 확장한 의미 표현 모델이 **의미 네트워크**다. 미국의 인지과학자 콜린스와 퀼리언이 계층 모델을 이용해 개념을 표현한 것으로, 개념을 노드로 표현한 다음 이에 대한 상위 개념을 링크로 연결시켜 가는 것이다. 링크는 '이다', '할 수 있다' 등의 속성을 가지며, 그림 6-5와 같은 네트워크를 형성한다.

상위 개념과 하위 개념이 공통일 경우, 하위 개념에서는 생략하고 상위 개념의 노드에만 표기한다. 이를 **인지적 경제성**이라고 한다. 예를 들어 새가 날 수 있다면 카나리아도 날 수 있으므로, 상위 개념인 새에만 날 수 있다는 표기하고 하위 개념인 카나리아에는 표기하지 않는 것이다.

▼ 그림 6-5 의미 네트워크

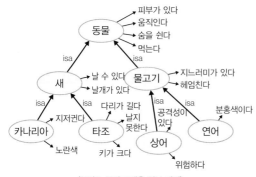

(콜린스 등의 모델을 일부 개편)

콜린스 등은 이 모델의 타당성을 검증하기 위해, 하위 개념과 상위 개념을 각각 주어와 서술어에 대입해 문장의 진위를 판정하게 하고 판정에 걸리는 시간을 조사하는 실험을 했다. 그 결과 그림 6-6과 같이 계층이 멀어질수록 판정이 더 오래 걸렸다. 예를 들어 '카나리아는 새다'라는 문장보다 '카나리아는 동물이다'라는 문장이, 또 '카나리아는 날 수 있다'라는 문장보다 '카나리아는 피부가 있다'라는 문장이 진위 판정이 더 늦었다.

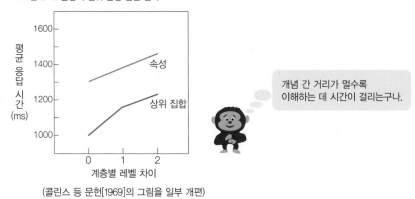

❤ 그림 6-6 문장의 진위 판정 실험 결과

(콜린스 등 문헌[1969]의 그림을 일부 개편)

미국의 심리학자 립스는 이 모델에 대해 개–포유류–동물이라는 계층 관계 링크가 있는데도 '개는 포유류다'라는 문장이 '개는 동물이다'라는 문장보다 진위 판정에 시간이 걸린다는 것을 실험을 통해 확인했으나, 그 타당성은 설명할 수 없다고 했다. 확실히 배–장미과–식물의 계층적 관계가 있지만[1], '배와 장미과' 보다는 '배와 식물'이 의미적으로 유사하다. 이와 같은 의미의 유사성을 **의미적 관련성**이라고 부른다. 립스는 **일대비교법**을 사용하여 개념 간 유사성을 찾고 다차원으로 배치했다. 일대비교법은 여러 대상을 놓고 그중 두 개를 꺼내 비교하는 것을 모든 쌍에 대해 실시하고, 상호 거리를 척도화하는 기법이다. 다차원 배치에서 상호 간 거리는 의미적 관련성의 멀고 가까움을 나타낸다.

그 후 의미 네트워크는 개념 간 거리의 타당성 등이 더욱 논의되었고, 관련 정도를 고려한 활성화 확산 모델(4.3절 참조)을 제안했다.

---

1 역주 배나무는 장미과 식물이다.

6.3 개념 및 카테고리화

가구점에 가서 의자를 보면 의자인 줄 알고, 책상을 보면 책상이란 것을 알 수 있다(그림 6-7).

▼ 그림 6-7 의자일까, 책상일까, 화분 받침일까?

같은 의자라도 소파와 회의용 의자를 구분할 수 있다. 즉, 책상 카테고리에 속하는 것과 의자 카테고리에 속하는 것을 구별할 수 있고, 같은 의자라도 소파 카테고리에 속하는 것과 회의용 의자 카테고리에 속하는 것을 구별할 수 있다. 이는 책상 카테고리에 속하는 것들이 같은 특성을 갖고, 의자 카테고리에 속하는 것들도 같은 특성이 있기 때문이다. 또 책상 카테고리와 의자 카테고리가 서로 다르기 때문에, 새로운 가구를 볼 때 이것이 책상인지 의자인지 아니면 둘 다 아닌지를 판단할 수 있다.

이처럼 여러 개의 사물을 공통 특성을 지닌 클러스터로 나누는 것을 **카테고리화**라고 한다. 각각의 클러스터가 카테고리이며, 다시 말해 구분인 셈이다. 미국의 인지심리학자 바살루는 그림 6-8과 같은 실체의 카테고리화 과정을 보여주었다.

❤ 그림 6-8 카테고리화 과정

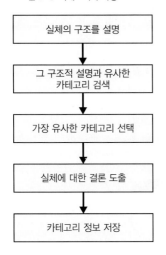

우선 실체의 구조를 설명한 다음, 기억 영역에서 그 구조적 설명과 유사한 카테고리를 찾는다. 예를 들어 실체가 의자인 경우, 소파와 회의용 의자의 카테고리는 지각적으로 유사할 것이다. 다음으로 실체를 클러스터링하는 데 가장 적합한 카테고리, 이 경우 의자 카테고리를 선택한다. 그러고 나서 카테고리로부터 실체에 대한 결론이 도출된다. 예를 들어 실체가 의자이기 때문에 그 위에 앉을 수 있다는 결론이 내려지는 것이다. 최종적으로 카테고리화에 대한 정보를 저장하고, 카테고리에 대한 표현을 수정한다.

각각의 카테고리에 대한 표현이 곧 **개념**이다. 개념에 관해서는 크게 다음 세 가지 이론이 있다(그림 6–9).

(1) 정의적 특징 이론: 개념에는 카테고리화하는 데 필요하고 충분한 정의적 특징이 있다. 예를 들어 곤충의 정의적 특징은 머리, 가슴, 배로 구성되며 가슴에 다리가 세 쌍 있는 것 등이다.

(2) 프로토타입 이론: 개념에는 카테고리에 속하는 것들끼리 유사성에 기초한 전형적인 표상이 있다. 예를 들어 자동차라는 말을 들으면 전형적인 자동차 모습을 떠올릴 수 있다.

(3) **이론 기반 개념 이론**: 우리가 경험 등을 통해 가지게 된 정신적 모델이 카테고리화의 응집성을 결정하는 이론이다. 예를 들어 야유회 용품이라는 개념에는 돗자리, 도시락, 술, 마이크, 자외선 차단제 등이 포함되는데, 이들은 공통 특성이 거의 없고 (1), (2) 이론으로는 설명할 수 없다.

▼ 그림 6-9 개념에 관한 이론

정의적 특징 이론
개념에는 카테고리화하는 데 필요하고 충분한 정의적 특징이 있다.

곤충
머리, 가슴, 배로 구성된다.
가슴에 다리가 세 쌍 있다.

프로토타입 이론
개념에는 카테고리에 속하는 것끼리 유사성에 기초한 전형적인 표상이 있다.

자동차

이론 기반 개념 이론
경험을 통해 가지게 된 정신적 모델로 카테고리화의 응집성을 결정한다.

야유회 용품
돗자리, 도시락, 술, 마이크, 자외선 차단제

미국의 인지심리학자 로쉬 등은 그림 6-10과 같이 카테고리에는 상위 카테고리, 기본 카테고리, 하위 카테고리 등 세 가지 계층이 있고, 이 중 기본 카테고리가 중요하다고 설명했다. 기본 카테고리가 카테고리 간 차이를 최대화하고, 형태를 이미지로 떠올리기도 쉽기 때문에 아이들이 처음 배울 때 사용된다는 것이다.

▼ 그림 6-10 카테고리의 세 가지 계층

상위 카테고리	기본 카테고리	하위 카테고리
악기	기타	전자 기타
		클래식 기타
	피아노	그랜드 피아노
		업라이트 피아노
교통수단	승용차	스포츠카
		4도어 세단
	버스	시내버스
		고속버스

6.4 프로덕션 룰을 이용한 지식 처리

오늘날 중요한 기술로 각광받고 있는 인공지능(AI)은 지금까지 세 차례 붐이 있었다. 1차 붐은 1950년대, 휴리스틱(7.1절 참조)에 의한 탐색이 중심이 되었다. 2차 붐은 1970년대, 지식을 바탕으로 추론하는 AI를 시도한 것이다. 그리고 현재 딥러닝 기계 학습이 중심이 되는 3차 붐이 일어나고 있다. 여기서는 2차 붐의 상징이었던 지식 처리 방법 중 하나인 **프로덕션 룰**에 의한 추론을 소개한다.

프로덕션 룰은,

$$\text{if} \sim \text{then} \ -$$

이라는 지식의 표현 형식을 취한다. 여기서 ~는 전제가 되는 조건이고, −는 결론이다. 이 프로덕션 룰로 해답을 추론하는 지식 처리 방법은 다음과 같다.

여러분은 바다사자, 물개, 바다표범을 구분할 수 있는가? 기각류에 속하는 이 세 가지 동물을 유추하는 과제를 예로 들어 설명해 보겠다. 먼저 그림 6-11과 같은 프로덕션 룰이 주어졌을 때 "물에서 생활하는 포유류로 지느러미 모양의 발을 가졌고, 귀가 함몰되어 있으며, 송곳니가 없는 것은 무엇입니까?"라는 질문에 대한 답을 추론한다고 생각해 보자.

첫째, 질문을 "물에 사는 동물 ∩ 포유류 ∩ 지느러미 모양의 발 ∩ 귀가 함몰되어 있다 ∩ 송곳니가 없다"라는 표현으로 변환한다. 그러면 일부가 ①의 if 조건과 일치하므로 질문은, "기각류 ∩ 귀가 함몰되어 있다 ∩ 송곳니가 없다"라고 바꿀 수 있다. 이어서 앞부분에는 ③을 적용할 수 있으므로 질문은 "바다표범과 ∩ 송곳니가 없다"로 바뀐다. 이러면 ⑦을 적용할 수 있기 때문에, 결론은

'바다표범'으로 해답이 추론된다. 이와 같이 조건을 결론으로 대체해 나가는 추론을 **전향적 추론**이라고 한다(그림 6-12).

▼ 그림 6-11 기각류에 관한 프로덕션 룰

① if (물에 사는 동물 ∩ 포유류 ∩ 지느러미 모양의 발) then (기각류)

② if (기각류 ∩ 귀가 돌출되어 있다 ∩ 코끝이 날카롭다) then (바다사자과)

③ if (기각류 ∩ 귀가 함몰되어 있다) then (바다표범과)

④ if (바다사자과 ∩ 목에 털이 있다) then (물개)

⑤ if (바다사자과 ∩ 목이 매끈하다) then (바다사자)

⑥ if (바다표범과 ∩ 송곳니가 있다) then (바다코끼리)

⑦ if (바다표범과 ∩ 송곳니가 없다) then (바다표범)

▼ 그림 6-12 프로덕션 룰을 이용한 전향적 추론

물에 사는 동물 ∩ 포유류 ∩ 지느러미 모양의 발
∩ 귀가 함몰되어 있다 ∩ 송곳니가 없다

기각류 ∩ 귀가 함몰되어 있다 ∩ 송곳니가 없다

바다표범과 ∩ 송곳니가 없다

바다표범

물에서 생활하는 포유류로 지느러미 모양의 발을 가졌고 귀가 함몰되어 있으며 송곳니가 없는 것은 무엇입니까?

전향적 추론에서는 조건을 결론으로 바꾸어 가는구나!

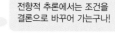

다음으로 "물개는 코끝이 날카롭습니까?"라는 질문을 생각해 보자. 우선 이 질문을 "물개 ⇒ 코끝이 날카로운가?"라는 표현으로 변환한다. 그러면 왼쪽이 ④의 결론과 일치하기 때문에 "(바다사자과 ∩ 목에 털이 있다) ⇒ 코끝이 날카로운가?"라고 바뀐다. 이번에는 왼쪽의 일부가 ②의 결론과 일치하기 때문에 "((기각류 ∩ 귀가 돌출되어 있다 ∩ 코끝이 날카롭다) ∩ 목에 털이 있다)) ⇒ 코끝이 날카로운가?"라고 바뀐다. 여기서 오른쪽 변은 왼쪽 변에 포함되기 때문에 참이며, 따라서 답은 "예"다. 이와 같이 조건을 결론에서 역방향으로 적용해 나가는 추론을 **역추론**이라고 한다(그림 6-13).

❤ 그림 6-13 프로덕션 룰을 이용한 역추론

물개 ⇒ 코끝이 날카로운가?

(바다사자과 ∩ 목에 털이 있다) ⇒ 코끝이 날카로운가?

((기각류 ∩ 귀가 돌출되어 있다 ∩ 코끝이 날카롭다) ∩ 목에 털이 있다)
⇒ 코끝이 날카로운가?

참

물개는 코끝이 날카롭습니까?

역추론에서는
결론을 조건으로
바꾸어 가는구나!

추론에는 이 외에 의미 네트워크 표현을 사용해 아크를 따라가며 답을 찾는 방법도 있다.

memo

7장

문제 해결

사고는 인지과학의 주요 주제다. 우리는 공사하는 도로를 피해 역까지 어떻게 가야 할지를 고민하고, 항상 가는 식당이 쉬는 날이면 어디서 점심을 먹을지, 무엇을 먹어야 할지 생각한다. 크든 작든 날마다 이렇게 문제에 직면하게 되는데, 문제를 어떻게 받아들이고, 어떤 방법으로 해결하고 있는가? 또 풀기 어려운 문제와 풀기 쉬운 문제는 무엇이 다른가?

이 장에서는 이에 대한 설명과 함께 컴퓨터로 만든 게임 전략 모델의 예도 함께 살펴보겠다.

7.1 문제 공간과 전략

"인간은 자연에서 가장 약한 갈대다. 그러나 생각하는 갈대다."라는 프랑스 철학자 파스칼의 말은 사고라는 능력을 가진 인간의 위대함을 표현한 것이다. 사고는 인간을 인간답게 만드는 숭고한 기능이라고 해도 좋을 것이다. 사고에는 문제 해결, 추론, 의사 결정, 세 가지가 있다. 이를 차례로 생각해 보자.

뉴웰과 사이먼은 **문제 해결**을 초기 상태에서 **목표 상태**에 이르는 경로의 탐색이라고 했다. 초기 상태에서 목표 상태에 이르는 도중에는 **중간 상태**가 있고, 어떤 상태에서 다른 상태로 옮기는 것을 **조작자**(operator)라고 불렀다. 조작자에 제약이나 조건이 있을 경우에는 이를 인식하는 것이 중요하다. 또한, 초기 상태, 목표 상태, 모든 중간 상태 및 조작자가 미칠 공간을 **문제 공간**이라고 정의했는데(그림 7-1), 인간의 문제 해결을 돕기 위한 심적 표상이 바로 문제 공간이다.

▼ 그림 7-1 문제 공간

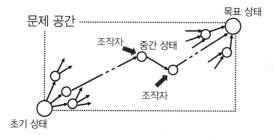

문제를 해결하기 위한 방법으로는 **휴리스틱**과 **알고리즘**이 있다. 전자를 **발견적 방법**이라고도 하는데, 경험과 직관에 의한 해법이다. 예를 들어 병원에서 오래 기다리는 것이 싫어 월요일에 가는 것을 피하는 것 등이 이에 해당한다. 휴리스틱은 쉽고 유용하지만 정답이라는 보장은 없다. 후자는 정형화된 절차로 $ax^2 + bx + c = 0$의 답을 구할 때 $b^2 - 4ac \geq 0$이면 $x = (-b \pm \sqrt{b^2-4ac})/2a$로 $b^2 -$

$4ac < 0$이면 실수해는 없다는 것이 좋은 예다. 알고리즘은 정답을 정확히 맞추지만, 일반적으로 시간이 오래 걸리고 또 전혀 다른 문제에는 적용되지 않는다. 휴리스틱의 대표적인 방법에는 다음 두 가지가 있다.

(1) 등산법: 산에서 안개가 짙어 길이 보이지 않을 때 일단 경사가 급한 길을 가면 정상에 이를 수 있다는 개념이다. 현재 상태에서 평가함수로부터 얻어진 평갓값이 높은 상태로 전환되고 있고, 현재 상태의 평갓값과 전이하게 될 상태의 평갓값 간 차이가 임곗값 이하라면, 그 상태에서 전이를 중지하는 방법이 등산법이다(그림 7-2). 예를 들어 신입생 반에서 리더를 뽑을 때, 첫날에 패기가 넘치던 학생을 리더로 앉히는 방식이다. 이 방법의 단점은 큰 그림을 보지 않기 때문에 국소적인(부분적인 또는 작은) 산에 오르고 끝나 버릴 가능성이 있다는 것이다.

▼ 그림 7-2 등산법

현재 상태에서 평가함수로부터 얻은
평갓값이 높은 쪽으로 이동한다.

(2) 수단-목표 분석: 목표 상태 바로 전에 하위 목표를 설정하고, 현재 상태와 하위 목표 상태의 차이가 작아지도록 상태 전이를 진행하는 방법으로(그림 7-3), 뉴웰과 사이먼이 제안했다. 하위 목표 상태로 이행하지 못하면 하위 목푯값으로 설정하기를 반복한다. 예를 들어 원숭이에게 천장에 달린 바나나를 따게 하는 것이 어렵다면, 우선 근처에 있는 상자를 바나나 아래로 가져오게 하는 하위 목표를 설정하는 것이다. 뉴웰과 사이먼은 이 분석 방법을 기반으로 **GPS**(General Problem Solver, 일반 문제 해결 프로그램)를 개발하고, 연역 추론 및 귀납 추론의 길을 닦았다(7.3절 참조).

▼ 그림 7-3 수단-목표 분석

목표 상태 바로 전에 해당하는 하위 목표를 설정하고,
현재 상태와 하위 목표 상태의 차이가 작아지도록 이동한다.

문제를 하나 내보겠다. 그림 7-4와 같이 강의 양쪽을 왼쪽 기슭과 오른쪽 기슭이라고 할 때 왼쪽 기슭에 있는 '고양이, 채소 바구니, 토끼'라는 세 가지 짐을 오른쪽 기슭으로 옮기고 싶다. 단, 작은 배에는 뱃사공을 제외하고 세 가지 짐 중 하나만 실을 수 있다. 뱃사공이 보지 않으면, 토끼는 채소를 먹어 치우고 고양이는 토끼를 잡아먹는다. 그러므로 고양이와 토끼를 함께 둘 수 없고, 토끼와 채소 바구니를 함께 둘 수 없다. 고양이는 뱃사공이 보지 않아도 채소를 먹지 않는다. 뱃사공은 짐을 어떻게 운반해야 할까? 이에 대해서는 다음 7.2절에서 설명하겠다.

▼ 그림 7-4 어떻게 전부를 옮길 수 있을까?

7.2 명료한 문제를 해결하는 과정

우리가 직면한 문제에는 **명료한 문제**와 **명료하지 않은 문제**가 있다. 전자는 초기 상태, 목표 상태, 중간 상태까지 정의되어 있는 동시에 조작자도 부여되어 있는 문제, 후자는 이 중 하나 이상 누락된 문제를 말한다. 그림 7-5에서 보는 바와 같이 우리가 흔히 직면하는 문제 대부분은 명료하지 않은 문제인데, 여기서는 명료한 문제의 해결 과정에 대해 살펴보고자 한다.

❤ 그림 7-5 명료한 문제와 명료하지 않은 문제

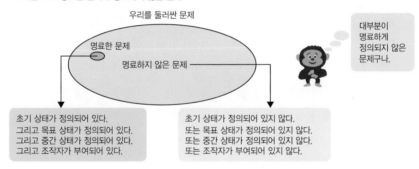

앞에서 본 강 건너기 문제는 풀었는가? 이 문제는 초기 상태와 목표 상태가 명확하며, 뱃사공이 짐 중 하나를 배에 싣고 강을 건너가면 상태가 바뀌므로, 중간 상태 및 조작자도 명확하다. 그러므로 이 문제는 명료한 문제다. 조작자에게는 "배에는 사공 외에 하나의 짐만 실을 수 있다", "고양이와 토끼를 함께 남겨 둘 수 없다", "토끼와 채소 바구니를 함께 둘 수 없다"와 같은 제약이 있다.

문제 공간은 그림 7-6과 같다. 초기 상태부터 목표 상태까지 조작자의 제약을 고려하여 전이할 수 있는 모든 상태를 기재하고 있다. 이 그림에서 알 수 있듯 이 목표 상태에 도달하는 경로는 두 가지이며, 둘 다 상태 전이의 수는 같다. 중간 상태 중에서 Ⓐ, Ⓑ, Ⓒ, Ⓓ, Ⓔ, Ⓕ, Ⓖ의 경우 "고양이와 토끼를 함께 둘 수 없다", "토끼와 채소 바구니를 함께 둘 수 없다"라는 제약에 의해 조작자를 적용할 수 없고 전이도 중지된다. 이와 같이 문제 공간 전체를 파악할 수 있으면 쉽게 목표 상태에 도달할 수 있으나, 실제 문제에서 모두를 파악할 수 있는 것은 아니므로 목표 상태까지는 좀처럼 도달할 수 없다. 7.1절에서 설명한 수단-목표 분석에서는 목표 상태의 전, 예를 들어 Ⓗ와 같은 하위 목표를 설정하고 현재 상태와 하위 목표 상태의 차이가 작아지도록 상태 전이를 진행한다.

그림 7-6의 예에서 목표 상태는 오른쪽 기슭에 고양이, 채소 바구니, 토끼가 놓여 있는 것이다. 따라서 하위 목표를 오른쪽 기슭에 고양이, 채소 바구니가 놓여 있는 상태로 하고, 이 상태에 도달하기 위해 조작자를 어떻게 적용할 것인가를 생각한다. 하위 목표에 도달할 수 있다면, 왼쪽 기슭에 있는 토끼를 오른쪽 기슭으로 옮기기만 하면 최종 목표를 달성하기 때문이다. 만약 어렵다면 Ⓒ를 하위 목표로 삼아 본다. 왼쪽 기슭에 고양이와 채소 바구니를 놓고 오른쪽 기슭에 토끼를 두는 것을 하위 목표로 삼아 조작자를 실행해 보는 것이다.

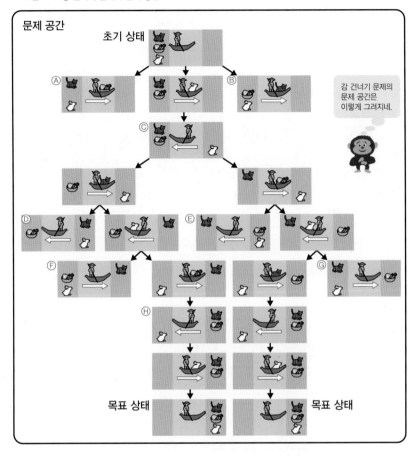

7.3 추론

어떤 정보가 전제로 주어지고, 거기에서 결론을 도출하는 과정을 **추론**이라고 한다. 추론에는 다음과 같이 **연역 추론, 귀납 추론, 가설 추론**이 있다.

(1) **연역 추론**: 하나 이상의 전제 정보에서 논리적으로 결론을 도출하는 기법이다(그림 7-7). 예를 들어 "A대학 학생은 이 책을 애독한다", "S군은 A대학 학생이다"라는 전제에서 "S군은 이 책을 애독한다"라는 결론이 도출된다. 이처럼 대전제와 소전제, 두 가지 전제에서 하나의 결론을 이끌어내는 논법을 특별히 **삼단 논법**이라고 부른다. 대전제란 큰 개념을 포함하는 전제이며, 추론의 기반이 된다. 소전제는 작은 개념을 포함하는 전제다.

▼ 그림 7-7 연역 추론

하나 이상의 전제 정보에서 논리적으로 결론을 도출

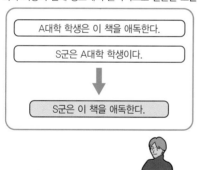

이 예의 경우 "A대학 학생은 이 책을 애독한다"가 대전제이고, "S군은 A대학 학생이다"가 소전제다. 연역 추론에는 직접 추론과 간접 추론이 있다. 직접 추론은 "모든 사람은 죽는다. 따라서 그 사람도 죽는다"와 같이 한 가지 전제에서 결론을 도출하는 것이며, 간접 추론은 삼단 논법처럼 여러 전제에서 결론을 도출하는 것이다.

대전제, 소전제, 결론이 **정언적**(~이다 등의 단정적 조사)이고, **한정사**(모두의, 어떤, 어느 ○○도 ××없다)를 포함하고 있거나 그러한 관계를 말하고 있을 때, 이를 **정언 삼단 논법**이라고 한다. 예를 들어 "모든 학생은 학생증을 가지고 있다", "A대학 B군은 학생이다"라는 전제가 있다면 "따라서 A대학 B군은 학생증을 가지고 있다"라는 결론을 도출할 수 있다.

대전제가 조건부 명제, 소전제 및 결론이 정언적 명제로 결론을 도출하는 타입의 삼단 논법은 **가언 삼단 논법**이라고 한다. 예를 들어 "만약 A대학 학생이라면 B역을 이용한다", "만약 B역을 이용했다면 그 역의 고양이 마스코트를 본 적이 있다"는 전제에서 "따라서 A대학 학생이라면 고양이 마스코트를 본 적이 있다"라는 결론이 도출된다.

대전제가 선택지를 가진 명제, 소전제가 그 선택지 중 하나를 긍정 또는 부정하는 명제로 결론을 도출하는 타입의 삼단 논법은 **선언 삼단 논법**이라고 한다. 예를 들어 "S군은 영어 또는 프랑스어 강의를 듣는다", "S군은 영어 강의를 듣지 않는다"라는 전제에서 "따라서 S군은 프랑스어 강의를 듣는다"라는 결론이 도출된다.

(2) **귀납 추론**: 개별 사례에서 보편적 결론을 도출하는 방법이다(그림 7-8). 예를 들어 "S군은 수학을 잘한다", "S군은 A대학 학생이다", "T군은 수학을 잘한다", "T군은 A대학 학생이다", "U군은 수학을 잘한다", "U군은 A대학 학생이다"라고 하는 전제에서 "A대학 학생은 수학을 잘한다"라는 결론을 유도하는 것이다.

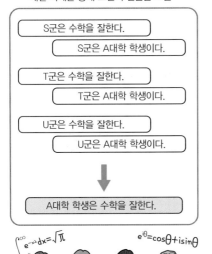

▼ 그림 7-8 귀납 추론

개별 사례를 통해 보편적 결론을 도출

귀납 추론의 결론이 반드시 옳다고는 할 수 없지만, 자주 쓰이죠.

귀납 추론은 개별 사례들이 옳다 하더라도 도출되는 결론까지 반드시 옳다고 할 수는 없으며, 특히 반례를 하나라도 제시하면 결론을 주장하기 어려워진다. 그러나 우리는 일상생활에서 "XX 출신 사람들은 과격하다", "요즘 학생들은 인사하지 않는다"와 같이 귀납 추론을 자주 사용한다. 결론이 항상 옳다고 할 수 없는 추론을 왜 많이 쓰는 것일까? 이유는 모든 사례를 조사하는 것이 불가능하기 때문이다. 결론은 일종의 근사치라고 할 수 있다. 다시 말해 **샘플링**(표본화)에 근거하여 모집단의 특성을 추정하는 것이다.

(3) **가설 추론**: 전제 정보와 그 전제의 해석 가능한 가설까지 이용해서 결론을 도출하는 추론이다(그림 7-9). 예를 들어 "그 실험실은 학생이 한 명이라도 실험하고 있으면 불이 켜진다", "오늘은 불이 켜지지 않았다"라는 전제에서 "오늘은 실험한 학생이 없다"라는 결론을 도출하는 것이다. 이 추론은 과학에서 실험과 관찰에 근거하여 가설을 검증하는 기법으로 연결된다.

▼ 그림 7-9 가설 추론

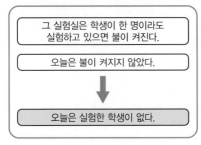

전제 정보와 가설까지 이용해서 결론을 도출

7.4 웨이슨의 선택 과제

그림 7-10과 같이 '앞면에 모음이 적혀 있으면 뒷면은 짝수'라는 규칙으로 만든 카드가 있다. 이 네 장의 카드가 규칙을 따르고 있는지 확인하려면 어느 것과 어느 것을 뒤집어야 할까?

▼ 그림 7-10 어느 것과 어느 것을 뒤집으면 좋을까①

앞면에 모음이 적혀 있으면 뒷면에는 짝수가 적혀 있음

다음 네 장의 카드가 이 규칙을 따르고 있는지
확인하기 위해 최소한의 카드만 뒤집어야 한다면
어느 것과 어느 것을 뒤집어야 하는가?

이는 연역 추론을 논리적으로 할 수 있는지 없는지를 점검하는 문제로 **웨이슨의 선택 과제**라고 한다. 문제를 듣고 U와 6을 선택하는 사람이 많은데, 과연 이 답이 맞을까? '한 면이 모음'이면 '뒷면은 짝수'인 것을 확인하려면 '한 면이 모음'이면서 '뒷면은 홀수가 아니다(=짝수다)'와 '한 면이 홀수'이면서 '뒷면은 모음이 아니다(=자음이다)'를 확인하면 된다. 즉,

- 앞면이 모음일 때 뒷면이 홀수이면 안 되므로 뒷면을 확인해야 한다.
- 앞면이 자음일 때는 뒷면이 짝수든 홀수든 상관없으니 뒷면을 확인할 필요가 없다.
- 뒷면이 홀수일 때 앞면이 모음이면 안 되므로 앞면을 확인해야 한다.

- 뒷면이 짝수일 때는 앞면이 모음이든 자음이든 상관없으니 앞면을 확인할 필요가 없다(모음의 뒷면은 짝수여야 하지만 자음의 뒷면은 무엇이든 좋다).

이러한 논리로 앞면이 모음인 카드와 뒷면이 홀수인 카드의 뒷면을 체크하면 된다. 따라서 U와 3이 정답이 된다. 필자가 대학생 20명에게 이 문제를 테스트해 본 결과, 정답을 맞춘 학생은 전체 15%였다.

이는 '명제의 대우는 참'이라는 점을 활용해 더 쉽게 설명할 수 있다. '모음의 뒷면은 짝수다'라는 명제가 참일 때, '앞면이 짝수이면 뒷면은 모음이다'와 반대 명제 '자음의 뒷면은 홀수다'가 반드시 참일 수는 없다. 하지만 대우인 명제 '홀수의 앞면은 자음이다'는 참이다. 그러므로 원래 명제 '모음의 뒷면은 짝수다'와 그 대우 명제 '홀수의 앞면은 자음이다'가 참임을 확인하면 된다. 우리는 '모음의 뒷면은 짝수다'라고 들었을 때 그 반대인 '짝수의 앞면은 모음'일 거라고 생각하기 쉽다. 이러한 추측은 실수를 낳는다.

한편, **동형 문제**(겉보기는 달라도 구조는 같은 문제)로, 카드에 기재하는 내용을 그림 7-11과 같이 앞면이 '본교 학생이다'일 경우 뒷면은 '서적 20% 할인'라는 특전으로 바꾸어, 조금 전과는 다른 대학생 21명을 대상으로 테스트했다.

❤ 그림 7-11 어느 것과 어느 것을 뒤집으면 좋을까②

앞면에 '본교 학생이다'라고 적혀 있으면 뒷면에는 '서적 20% 할인'이라고 적혀 있음

다음 네 장의 카드가 이 규칙을 따르고 있는지
확인하기 위해 최소한의 카드만 뒤집어야 한다면
어느 것과 어느 것을 뒤집어야 하는가?

앞서와 마찬가지로 '본교 학생이다'라고 쓰인 카드와 '서적 할인 없음'이라고 쓰인 카드를 뒤집으면 된다. 그런데 이번에는 33%가 정답이었다(그림 7-12). 두 문제의 차이는 과제 내용이 추상적인가, 친근하고 구체적인가뿐이었다. 친근하고 구체적인 문제가 되면 답을 도출해 내기 용이해지는 현상을 **주제화 효과**라고 한다. 우리가 과제를 머릿속에 그려 넣으면서 답을 도출해 내고 있다는 뜻이다.

▼ 그림 7-12 실험 결과

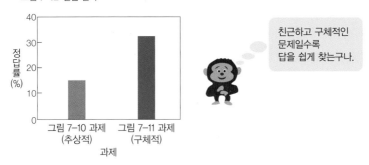

미국의 인지심리학자 쳉은 일상생활에서 사용하는 '이런 경우에는 ~이 가능하다', '이런 경우에 ~해서는 안 된다'와 같은 허가나 금지, 의무, 인과관계 유형의 규칙에 대해서는 적절한 연역 추론을 비교적 쉽게 해낸다는 것을 실험을 통해 확인하고, 이를 **실용적 추론 스키마**로 삼았다. 우리의 연역 추론은 완전한 논리 추론보다, 내용의 본질까지 파고드는 방식을 채택한다는 것이 흥미롭다.

7.5 컴퓨터에 의한 게임 전략

여기서는 문제 해결을 위한 수리공학적 모델의 하나로 게임의 최적해를 구하는 모델을 설명하겠다. 관련 모델 중 AI 붐 초기 무렵의 **트리 탐색 모델**을 사용한 체커 게임을 예로 들어보자. 트리 탐색은 휴리스틱 접근법의 하나다.

체커는 그림 7-13과 같이 둘이서 체커 보드를 사이에 두고 하는 게임으로, 초기 화면에서 그림 7-14와 같이 말을 앞쪽 대각선 방향으로 1칸씩 이동시킨다. 이때 앞에 상대편 말이 있고 그다음 앞칸이 비어 있으면 상대편 말을 뛰어넘으면서 그 말을 잡을 수 있다. 가장 안쪽 라인에 도착한 말은 킹이 되어, 뒤쪽 대각선 방향으로도 움직일 수 있다. 상대편 말을 모두 잡거나, 상대가 막히면 이기는 게임이다. 체커에는 초기 상태와 목표 상태가 있고, 전이해 나가는 중간 상태도 있으며, 말을 조작한다는 조작자도 정의되어 있으므로 7.2절에서 기술한 바와 같이 명료한 문제에 해당한다.

❤ 그림 7-13 체커의 초기 화면

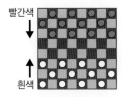

❤ 그림 7-14 말의 이동 방식

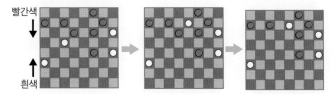

게임을 진행하면 그림 7-15와 같은 **게임 트리**가 생겨난다. 게임의 진행 국면 P_0 에서, 자신(또는 컴퓨터)의 말이 이동 가능한 국면으로 가지[1]를 뻗고, 각각의 국면에서 상대(인간)가 진행할 수 있는 국면으로 가지를 뻗는다. 이렇게 가지를 반복해서 생성하면서 마지막 단계까지 모든 과정을 트리로 표현하고 탐색하면, 최종적으로 자신이 이길 수 있는 루트를 찾아낼 수 있다.

❤ 그림 7-15 체커 게임에서의 트리 탐색

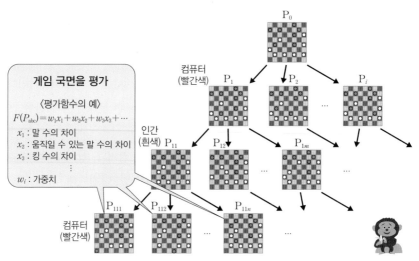

게임 국면을 평가

〈평가함수의 예〉

$F(P_{abc}) = w_1 x_1 + w_2 x_2 + w_3 x_3 + \cdots$

x_1 : 말 수의 차이
x_2 : 움직일 수 있는 말 수의 차이
x_3 : 킹 수의 차이
      ⋮
w_i : 가중치

다만 게임이 간단하지 않다면 국면의 수가 너무 많아져서 트리를 완전히 그리는 것이 어려워진다. 따라서 어느 정도 깊이에서 탐색을 멈추고 그 단계에서 이길 것인가 질 것인가를 판단할 수밖에 없다. 이 판단은 국면의 평가를 거쳐 내리게 된다. 평가에 사용하는 **평가함수**는 게임의 종류에 따라 달라지는데, 예를 들어 체커에서는 승패와 관련한 요소를 파라미터로 하여 다음과 같이 정의한다.

---

1   **역주** 그림 7-15에서 화살표를 의미

$$F(P) = w_1x_1 + w_2x_2 + w_3x_3 + \ldots$$

(단, x_1은 말 수의 차이, x_2는 움직일 수 있는 말 수의 차이,

x_3은 킹 수의 차이, w_i는 가중치)

F(P)는 국면 P에서의 평가함수다. 평가함수가 정해지면 미리 정해진 깊이[2]를 마지막 노드로 삼고, 여기에서의 국면을 평가함수를 사용해 평가한다. 이렇게 평가한 평갓값을 기록하고, 이를 상위 노드[3]로 보내는데, 이때 각 노드의 평갓값 중 최댓값을 선택해 올려 보내야 한다. 그리고 한 번 더 평가하여 이번에도 평갓값을 위로 보내는데, 이번에는 최솟값을 선택한다. 상대방은 이쪽이 가장 불리한 국면을 선택하기 때문이다. 즉, 내가 선택하는 국면은 최댓값을, 컴퓨터가 선택하는 국면은 최솟값을 반복, 선택하여 평갓값을 최상위 국면까지 끌어올린다(그림 7-16). 이 절차를 **미니 맥스법**이라고 한다.

▼ 그림 7-16 미니 맥스법

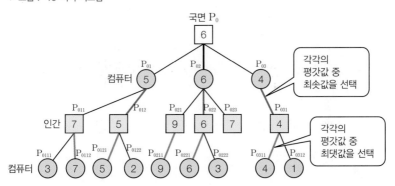

현재 게임 대전 프로그램에서는 인간 대 인간, 컴퓨터 대 컴퓨터, 인간 대 컴퓨터의 대결에서 이긴 쪽의 국면에 관한 방대한 데이터를 저장하고, 기계 학습(15.8절 참조)을 적용하는 방법을 주로 사용하고 있다.

---

2 역주 그림 7-16 맨 아래 '컴퓨터' 줄

3 역주 그림 7-16 아래에서 두 번째, '인간' 줄

memo

8^장

의사 결정

인생은 끊임없는 선택의 연속이다. 지금부터 누구와 무엇을 할지, 저녁 식사로 어디서 무엇을 먹을지, 이번에 도착하는 전철을 타야 할지 등, 눈앞에 놓인 여러 선택 중 어디에 더 가치를 둘지 판단한다. 그런데 똑같은 1만 원을 아침 식사 비용으로 지불하기에는 비싸다고 느끼고, 저녁 식사 비용이라면 싸게 느껴진다. 마치 머릿속에 여러 개의 지갑이 있고, 상황에 따라 사용하고 싶은 지갑을 선택하는 것 같다.

이 장에서는 가치에 근거한 의사 결정 모델을 살펴보고, 그 구조를 알아보겠다.

8.1 효용과 문맥

여러 옵션 중에서 하나를 선택하는 과정을 **의사 결정**이라고 한다. 먼저 의사 결정 모델에 대해 소개하겠다.

이번 휴일에 영화를 볼지 놀이공원에 갈지 고민할 경우, 결과는 내가 어느 쪽에 더 가치를 부여할지에 따라 달라진다. 이런 주관적 가치를 **효용**이라고 한다. 효용이 반드시 금전의 액면가치에 대응하는 것은 아니다. 예를 들어 같은 기종의 최신 스마트폰이 다음 가격에 팔리고 있을 때, 당신이라면 어느 쪽을 선택할 것인가?

    (A) 집 근처 매장에서 46만 원

    (B) 전철로 30분 걸리는 매장에서 41만 원

필자가 학생 24명을 상대로 테스트했을 때, 그림 8-1과 같이 8.3%의 학생이 (A)를, 92.7%의 학생이 (B)를 선택했다.

또 동일한 옵션의 유럽 여행 패키지가 다음 요금으로 나왔다고 할 때, 어느 쪽을 선택하겠는가?

    (C) 근처 여행사에서 548만 원

    (D) 전철로 30분 걸리는 여행사에서 543만 원

이 문제를 위와는 다른 학생 21명에게 냈더니, 그림 8-1과 같이 76.2%가 (C)를, 23.8%가 (D)를 선택했다. 똑같이 5만 원이 차이가 나지만 가격대가 낮으면 멀리 있더라도 싼 곳을 선택하고, 가격대가 높으면 비싸도 가까운 곳을 선택하는 경향이 강했다.

▼ 그림 8-1 절대적인 금액에서 이득을 느끼는 쪽

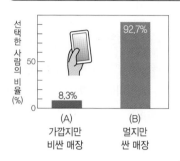

> 같은 기종의 최신 스마트폰이 다음 가격에 팔리고 있을 때, 어떤 것을 선택하겠습니까?
>
> (A) 집 근처 매장에서 46만 원
> (B) 전철로 30분 걸리는 매장에서 41만 원

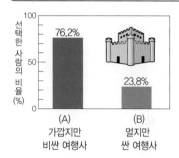

> 동일한 옵션의 유럽 여행 패키지가 다음 요금으로 나왔다면, 어느 쪽을 선택하겠습니까?
>
> (C) 집 근처 여행사에서 548만 원
> (D) 전철로 30분 걸리는 여행사에서 543만 원

금액이 커질수록 이득에 대한 가치 감각이 둔해지는 특성을 **민감도 체감성**이라고 하고, 이득에 대한 효용의 대응 관계를 **효용 함수**라고 한다(그림 8-2). 민감도 체감성을 나타내는 효용 함수 곡선은 2.1절에서 소개한 페히너의 법칙 곡선과 비슷하다. 즉, 외부 자극의 변동을 억제할 수 있다는 것이 우리 감각 특유의 고유한 커브인 것이다.

▼ 그림 8-2 민감도 체감성의 곡선

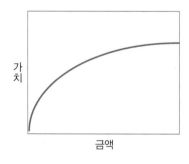

금액이 커질수록 이득에 대한 가치 감각은 무뎌지는구나.

금액에 대한 효용은 처한 상황에 대한 인식에 따라서도 달라지는데, 이를 **프레이밍 효과**라고 한다. 예를 들어 좋아하는 사람이 선물로 4만 원짜리 목도리를 준다면 다음 중 어느 쪽이 더 기쁠까?

    (X) 최고 30만 원~최저 3만 원짜리 진열장에서 4만 원짜리 상품

    (Y) 최고 5만 원~최저 5천 원짜리 진열장에서 4만 원짜리 상품

일본 마케팅전략 연구자인 이노우에의 문헌에 나온 문제를 일부 수정한 것인데, 학생 45명을 상대로 테스트한 결과 그림 8-3과 같이 (X)라고 답한 학생이 35.6%, (Y)라고 답한 학생이 64.4%였다. 같은 금액이라도 그 금액의 위치를 하위로 인식하는가, 상위로 인식하는가에 따라 효용이 다르다.

▼ 그림 8-3 같은 금액에 대한 효용

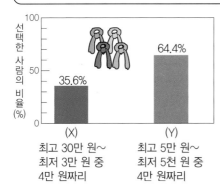

8.2 전망 이론

8.1절에서 민감도 체감성, 즉 금액이 커지면 이득에 대한 감이 둔해진다는 특성을 소개했는데, 이득뿐 아니라 손실에서도 같은 현상이 관찰된다는 점이 해당 실험 결과 안에 포함되어 있다. 이러한 특성을 곡선으로 나타낸다면 이득과 손실의 그래프는 모양이 똑같을까? 당신이 다음 제안을 받았다면, 어느 쪽을 선택하겠는가?

(A) 확실하게 100만 원을 받는다.

(B) 동전을 던져서 앞면이 나오면 200만 원을 받고, 뒷면이 나오면 아무것도 받지 못한다.

받을 수 있는 금액에 대한 기댓값은 어느 쪽이나 100만 원이다. 그런데 학생 45명을 대상으로 테스트한 결과 (A)가 77.8%, (B)가 22.2%로 (A)를 선택한 학생이 압도적으로 많았다(그림 8-4).

▼ 그림 8-4 당신은 어느 쪽을 선택하겠는가?①

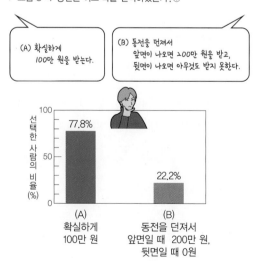

그러면 이런 제안은 어떨까?

  (C) 내 재산에서 확실히 100만 원을 몰수당한다.

  (D) 동전을 던져서 앞면이 나오면 재산의 200만 원을 몰수당하고 뒷면이
      나오면 몰수당하지 않는다.

몰수 금액의 기댓값은 모두 100만 원이다. 조금 전과는 다른 학생 21명을 대상
으로 테스트한 결과 (C)는 19.0%, (D)는 81.0%로 (D)가 압도적으로 많았다(그
림 8-5).

❤ 그림 8-5 당신은 어느 쪽을 선택하겠는가?②

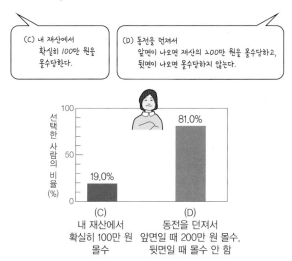

앞에서 제시한 (A), (B)의 선택과는 경향이 다르다. 즉, 같은 금액이라도, 이득
이 있는 상황에서는 확실히 이익이 되는 쪽을 선택하고, 손실이 있는 상황에서
는 가능한 한 손실을 피하는 쪽을 선택한다(**손실 회피성**). 따라서 효용 함수는
그림 8-6과 같이 원점(**참고점**)에 대해 점대칭이 아닌 S자 곡선이 된다.

함수를 $y = P(x)$라고 하면 $P(x)$는 로그 곡선과 비슷해지지만, 자세히 보면 α에 대해 $|P(-α)| > P(α)$의 관계가 나타난다. 손실이 있는 쪽이 이익이 있는 쪽보다 곡선의 상승이 더 가파른 효용 함수가 된다. 즉, 손실 쪽, 특히 확실한 손실을 수반하는 선택지를 싫어하는데, 미국의 심리학자 트버스키와 행동경제학자 카너먼은 이러한 의사 결정 모델을 **전망 이론**이라고 불렀다.

▼ 그림 8-6 전망 이론의 효용 함수

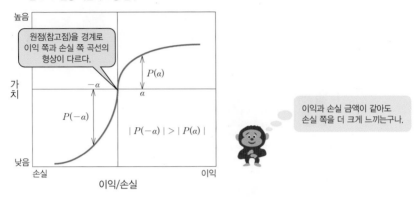

손실 회피성은 다음 실험에서도 알 수 있다. '다음과 같은 광고가 있을 때, 어떤 경우에 요구르트를 먹겠습니까?'라고 질문했다. 주어진 광고는 두 가지다.

(E) 건강해지기 위해 매일 요구르트를 먹자.

(F) 암에 걸리지 않기 위해 매일 요구르트를 먹자.

학생 21명에게 물었을 때, (E)를 선택한 학생은 38.1%, (F)를 선택한 학생은 61.9%였다. 가능한 한 손실을 회피하려는 성향이 보인 결과다.

❤ 그림 8-7 당신이라면 어느 쪽 광고를 본 후에 요구르트를 먹겠는가?

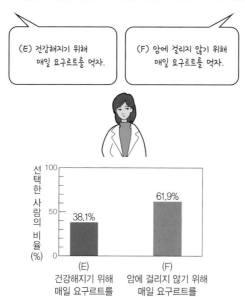

8.3 선호 모델

가장 쉽게 의사 결정을 이해할 수 있는 예는 무언가를 사는 것이다. 예를 들어 옷을 살 때를 생각해 보자. 어떤 옷을 살지 어떻게 결정하는가? 일반적으로 의류의 속성을 생각하며 구매한다. 즉, 브랜드, 모양, 크기, 색상, 소재 등을 고려하는 것이다(그림 8-8).

❤ 그림 8-8 구매 시 고려하는 상품의 속성

옷	차	패스트푸드
디자인	바디 타입	맛
색	색	양
재료	연비	영양가
가격	가격	가격
⋮	⋮	⋮

이처럼 대상이 갖는 여러 속성을 평가하고 선택하는 것을 **다속성 의사 결정**이라고 한다. 여기에 근거한 **선호 모델** 중, 간단하지만 잘 알려진 것으로 미국의 심리학자 피시바인의 **다속성 태도 모델**이 있다. 이 모델에 의하면 해당 상품의 선호도는 그림 8-9와 같이 상품의 각 속성이 가진 호감도에 해당 속성의 중요도를 곱한 후, 이를 모두 합해서 구한다.

❤ 그림 8-9 피시바인의 다속성 태도 모델

예
$$P_i = \sum_j W_j A_{ij}$$

P_i : 상품 i의 선호도
W_j : j번째 속성의 중요도
A_{ij} : 상품 i의 j번째 속성에 대한 호감도

모델에서 각 속성은 서로 독립적이라고 가정하는데, 실제로는 크기와 무게처럼 완전히 독립적이지 않은 관계의 속성들도 있다. 선호 모델은 그 밖에도 중요한 속성이 임곗값 이상인 것을 선택하는 등 여러 가지가 있는데, 크게 다음 두 가지로 분류할 수 있다(그림 8-10).

- **보상형**: 어떤 속성의 평가가 나쁘더라도 다른 속성이 커버한다.
- **비보상형**: 어떤 속성과 다른 속성 사이에 보상 관계가 없다.

❤ 그림 8-10 선호 모델의 형태

보상형에는 앞에서 설명한 피시바인의 모델을 포함해, 다음과 같은 것들이 있다.

(1) **가중 합산형**: 각 속성에 가중치를 부여해서 합산하거나, 평균을 구해 가장 높은 값을 선택한다. 피시바인 모델은 가중 합산형이다.

(2) **등가중형**: 각 속성에 가중치를 부여하지 않고 그대로 합산하거나, 평균을 구해 가장 높은 값을 선택한다.

(3) **승률 최대화형**: 평갓값이 가장 높은 속성을 파악하고 그 수가 최대인 것을 선택한다.

비보상형에는 다음과 같은 것들이 있다. 실제로는 이들을 조합하여 휴리스틱 (heuristic)으로 선택해 의사 결정한다(그림 8-11).

(1) **연결형**: 속성에 대한 필요조건을 설정하고, 모든 필요조건을 만족하는 것을 선택(예: OS는 Android, RAM은 4GB, 크기는 6인치 이상의 스마트폰을 선택)한다.

(2) **사전 편찬형**: 가장 중요하다고 생각하는 속성이 높은 것을 선택(예: 화면 크기가 큰 스마트폰 기종을 선택. 만일 여러 개를 선택했으면 그중에서 RAM이 4GB인 기종을 선택)한다.

(3) **분리형**: 모든 속성에 대한 충분조건을 설정하고, 그 조건을 1개라도 만족하는 것을 선택(예: 6인치 이상의 스마트폰 기종이면 선택)한다.

(4) **순차 소거형**: 모든 선택 사항을 나열하고, 속성별로 필요조건을 만족하는지를 평가해 만족하지 않는 것을 제외(예: 세 기종이 Android일 경우, 그중에서 하나는 RAM이 4GB 미만이므로 제외, 또 하나는 6인치 미만이므로 제외)한다.

(5) **감정 참조형**: 속성이 아닌, 과거의 구매 경험이나 사용 경험으로부터 호의를 가진 것을 선택(예: 이전에 사용한 스마트폰 기종이 사용하기 쉬웠기 때문에, 같은 것을 선택)한다.

❤ 그림 8- 11 비보상형에서의 의사 결정 방법 예

연결형	사전 편찬형	분리형	순차 소거형	감정 참조형
각 속성에 대해 필요조건을 설정하고, 모든 필요조건을 만족하는 것을 선택	가장 중요하다고 생각하는 속성이 높은 것을 선택	모든 속성에 대해 충분조건을 설정하고, 그 조건을 1개라도 만족하는 것을 선택	모든 선택 사항을 나열하고, 속성별로 필요조건을 만족하는지 여부를 평가하여, 만족하지 않는 것을 제외	속성이 아닌, 과거의 구매 경험이나 사용 경험으로부터 호의를 가진 것을 선택

8.4 갈등 상태에서의 의사 결정

우리는 스포츠 용품을 파는 전문점을 경영하고 있다. 어떤 인기 브랜드의 신발을 판매하기로 했는데, 경쟁 가게에서도 똑같은 신발을 비슷한 시기에 판다고 한다. 우리 가게가 정가로 판매하면 7,000만 원의 이익을 올리겠지만, 고객 수를 늘리기 위해 정가보다 가격을 조금 낮추는 방안도 생각하고 있다. 우리 가게가 가격을 낮추고 경쟁 가게가 정가대로 팔면, 고객이 우리 가게로 더 몰려와 1억 원의 이익을 얻을 수 있다. 하지만 경쟁 가게도 가격을 인하하면 고객은 원래대로지만 매출은 가격을 인하한 만큼 줄어들게 되므로 이익은 4,000만 원에 그칠 것이다. 만일 우리 가게는 정가를 유지하고 경쟁 가게만 가격을 인하하면, 이익은 크게 감소하여 1,000만 원이 될 것이다(그림 8-12). 어떤 전략을 써야 더 큰 수익을 만들 수 있을까?

❤ 그림 8-12 우리 가게와 경쟁 가게의 대응 방식과 우리 가게의 이익

		우리 가게	
		정가	가격 인하
경쟁 가게	정가	7,000만	1억
	가격 인하	1,000만	4,000만

경쟁이 반드시 빠른 보상으로 이어지는 건 아니구나.

이 상황은 별도의 구치소에 수감된 두 용의자가 서로 먼저 자백할지 말지의 딜레마에 빠지는, 이른바 **죄수의 딜레마**로도 알려져 있으며, 갈등 상황에서 전략을 고민하는 문제로 거론된다.

만약 단 한 번의 승부라면 가격을 인하하는 전략을 선택하면 된다. 우리 가게는 인하했는데 경쟁 가게가 정가대로 판매할 경우 이익이 1억 원이고, 경쟁 가게가 가격을 인하한다 해도 4,000만 원의 이익은 확보할 수 있기 때문이다. 경쟁 가게가 가격 인하를 단행할 확률을 1/2이라고 가정할 때 기댓값은 1억 원 × 50% + 4,000만 원 × 50% = 7,000만 원이므로, 정가대로 판매할 때의 기댓값 7,000만 원 × 50% + 1,000만 원 × 50% = 4,000만 원을 웃돌게 된다.

그러나 미국의 정치학자 엑셀로드에 따르면 죄수의 딜레마 상태가 지속되는 상황에서는 **대응 전략**을 취하는 것이 대체로 유리하며, 쌍방 모두 협력적인 자세로 임하는 것이 크지는 않더라도 쌍방 모두에게 이익이 된다고 한다. 그는 여러 분야의 연구자에게 죄수의 딜레마 문제에 대한 최적의 전략들을 수집해, 여러 차례 시뮬레이션을 거쳐 효과를 살펴보았다. 그 결과 가장 효과적인 전략은 정가 전략처럼 상대가 먼저 협력하도록 한 다음, 상대가 정가를 지키지 않고 배반하면 그때 상대방이 취한 방식을 그대로 따라하는 것이었다. 이 전략이 대응 전략이다.

예를 들어 200회의 판매 경쟁이 있다고 하자. 물론 상대가 어떻게 나올지를 안다면 전략도 자연스럽게 결정된다. 경쟁 가게가 처음부터 끝까지 정가를 유지하면, 우리 가게도 정가 유지 전략을 취함으로써 7,000만 원 × 200회 = 140억 원의 이익을 얻을 수 있다. 경쟁 가게가 가격을 인하한다면 우리도 가격을 인하하여 4,000만 원 × 200회 = 80억 원의 이득을 볼 수 있고, 경쟁 가게가 절반 정도의 기간 동안 가격을 인하할 경우, 우리도 같은 전략으로 5,500만 원 × 200회 = 110억 원의 기댓값을 확보할 수 있다.

목표와 수단의 상호 의존 관계를 고려한 의사 결정 전략에는 다음과 같은 실험이 있다(그림 8-13). 세 개의 나사를 조정하여 세 개의 수평기가 올려진 판을 수평으로 맞추는 실험 장치가 있다. 각 나사는 서로 다른 실험 참가자가 조절하는데, 세 나사가 균형을 이루지 않으면 수평기가 수평을 이룰 수 없다. A그룹과 B그룹이 실험에 도전했다. A그룹에는 "3명 중 수평기가 가장 빨리 수평이 된 사람에게 보상이 주어진다"고 안내하고, B그룹에는 "3명의 수평기가 모두 수평이 되면 그때 전원에게 보상이 주어진다"고 안내하고 실험을 시작했다. 결과는 B그룹의 승리였다. B그룹은 즐겁고 좋은 분위기에서 과제를 수행했고, 서로 우호적인 태도를 취했으며 적대 관계가 되지 않았다. A그룹은 처음에는 분위기가 좋지 않아 좀처럼 승리하지 못했으나, 횟수를 거듭할수록 서로 협력하기 시작했고 해결 시간도 빨라졌다.

목표와 수단에는 그림 8-13의 표와 같이 플러스 상호 의존 관계, 마이너스 상호 의존 관계, 독립 관계가 있는데, 이 실험과 같이 목표가 서로 마이너스 상호 의존 관계일지라도, 수단이 플러스 상호 의존 관계라면 협조 전략을 취하는 편이 해결에 빨리 접근할 수 있다.

❤ 그림 8-13 목표와 수단의 상호 의존 관계를 고려한 의사 결정 전략

관계	목표	수단
플러스 상호 의존 관계	멤버 전원의 성공과 실패가 일치	각자가 가진 수단의 조합으로 시너지 효과
마이너스 상호 의존 관계	누군가가 성공하면 다른 사람은 실패	누군가가 어떤 수단을 쓰면, 다른 사람은 이를 쓸 수 없음
독립 관계	어떤 사람의 성공과 다른 사람의 실패는 무관	각자의 수단을 자유롭게 사용할 수 있으나, 시너지 효과도 없음

9^장

창조

필자가 근무하는 기업의 연구소에는 녹음이 우거진 숲과 일본식
정원이 있다. 가끔 오셔서 견학하는 분들은 이구동성으로 "이렇게
풍요로운 자연과 함께 있으니, 좋은 아이디어가 끊임없이 나오는군
요."라고 말한다. 자연에 둘러싸여 있으면 정말 발상이 풍부해지는
것일까? 아니면 아이디어란 아무것도 없는 곳에서 불현듯 떠오르
는 것일까?

이 장에서는 영감의 메커니즘을 밝히려 한 연구 중 몇 가지를 소개
하면서 인간을 인간답게 만드는 특성 중 하나인, 발상에 대해 생각
해 본다.

9.1 재생적 사고와 생산적 사고

인간의 마음, 의식에 의한 행위 중에 **창조**라는 활동이 있다. 창조는 새로운 개념을 창출하는 것으로 **통찰**(영감), 계획 수립, 궁리 등이 있다. 문제 해결을 위한 사고에는 **재생적 사고**와 **생산적 사고**가 있다(그림 9-1). 재생적 사고는 과거에 사용한 지식이나 절차, 접근법을 사용하는 사고방식으로, 때로 막다른 길에 빠질 수도 있다. 생산적 사고는 과거에 사용한 지식, 절차나 접근법을 사용하지 않고 새로 고안한 절차나 접근법을 통해 해결하려는 사고방식이다.

❤ 그림 9-1 재생적 사고와 생산적 사고

생각 해결 상황에서의 사고 —

재생적 사고
과거에 사용한 지식이나 절차, 접근법을 사용한다.

생산적 사고
새로 고안한 절차나 접근법을 사용한다.

그림 9-2(1)와 같이 수돗물을 20리터만 수조에 넣고 싶다고 하자. 사용할 수 있는 컵은 용량이 29리터인 A컵, 3리터인 B컵뿐이다. 어떻게 하면 좋을까? 아마 우선 A컵으로 1번 물을 수조에 붓고 B컵으로 3번 물을 퍼내면 된다고 대답한 사람이 많을 것이다. 즉, A-3B다.

그림 9-2(2) 문제는 어떨까? 쓸 수 있는 컵은 A, B, C, 세 개다. 먼저 문제 1은 B컵으로 1번 물을 수조에 붓고 A컵으로 1번, C컵으로 2번 물을 퍼내면 될 것이다. 즉, B-A-2C다. 문제 2, 문제 3, 문제 4까지 모두 해 보자. 결과는 어땠는가? 남은 문제도 B-A-2C 방식으로 할 수 있다고 생각한 사람이 많지 않을까? 확실히 이 방법으로 주어진 네 문제를 모두 풀 수 있다.

하지만 마지막 문제 4는 사실 A+C로 더 쉽게 풀 수 있다. 이 문제는 **루친스의 물병 문제**를 변환한 것이다. 선행하는 몇 가지 문제에 대한 해법을 경험하면, 이를 통해 재생적 사고를 반복하면서 접근 방식이 고정되게 되는데 이를 **고정 자세**라고 한다.

▼ 그림 9-2 컵과 수조 문제

(1) 컵 A, B만 사용하여 수조에 20리터를 넣으려면?

(2) 컵이 세 개인 다음의 경우는?

단위 L

문제	A컵 용량	B컵 용량	C컵 용량	수조에 넣고 싶은 양
1	20	74	22	10
2	17	45	8	12
3	5	24	6	7
4	13	89	21	34

그림 9-3을 보자. 바닥에 있는 유리 공예품을 벽에 장식하려면 어떻게 해야 할까? 단, 사용할 수 있는 것은 그림에 나와 있는 도구들뿐이다. 이는 독일의 사고심리학자 **던커의 촛불 문제**를 변환한 것이다. 성냥에 불을 붙이거나 촛불을 밝히는 등, 본래 용도에만 매달리면 문제가 좀처럼 풀리지 않을 것이다. 이것이 바로 **기능적 고착**이라고 불리는 상황이다. 정답은 없지만, 성냥을 꺼내 빈 상자를 만들고, 빈 상자를 벽에 압정으로 고정한 뒤, 밑에 촛불을 세워서 지지대를 만든 다음, 그 위에 유리 공예품을 올려놓으면 바닥에 있던 유리 공예품을 벽에 장식할 수 있다.

▼ 그림 9-3 유리 공예품의 장식

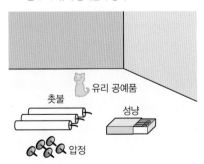

기능적 고착은 오랫동안 축적된 경험에 의해 성냥갑은 성냥을 담아둔 것, 촛불은 불을 켜는 것 등과 같이 생각하는 것을 말한다. 즉, 이건 이렇게 사용한다는 오랜 학습으로 인해, 사물이 갖는 특정한 기능이나 역할에만 집착하게 된다.

이와 같이 고정 자세와 기능적 고착은 효율적 솔루션을 찾는 데는 유효하지만, 생산적 사고에는 방해가 될 수 있다(그림 9-4).

❤ 그림 9-4 고정 자세와 기능적 고착

9.2 통찰

문제 해결을 위해 불현듯 떠오르는 영감, 즉 불연속적인 아이디어나 행동을 통찰이라고 한다. 심적 활동의 과정은 일련의 정보를 처리하는 시스템으로 간주되므로 아무것도 없는 상태에서는 무언가 생겨날 수도 없다고 생각하는 것이 타당하다. 그렇게 생각하면 통찰력도 어떤 단서에서 나오는 행동이다.

그림 9-5와 같이 점 9개가 나란히 있을 때, 직선 4개를 한붓그리기로 그어 점들을 모두 통과하도록 할 수 있을까? 이 문제를 풀 때 3×3 정사각형 안에서만 직선을 그리려는 사람들이 많다. 즉, 직선의 길이는 최대 세 점을 연결시키는 길이보다 길면 안 된다는 생각이 발목을 잡는 것이다. 이 고정관념을 넘어서지 않으면 문제는 풀리지 않는다. 정사각형이라는 범위에서 벗어나도 된다는 통찰이 필요하다.

▼ 그림 9-5 하나의 선으로 연결하는 문제

미국의 심리학자 월러스는 저서에서 인간이 창의적인 해결책에 도달하는 과정에는 다음 4단계가 있다고 기술했다(그림 9-6).

(1) **준비**: 문제와 요구 사항을 정의하고, 해결책과 그에 따른 반응을 설명해 줄만한 정보를 수집한다. 그리고 자신의 해결책이 허용 가능한지 아닌지 검증하는 기준을 정한다.

(2) **부화**: 문제로부터 약간 거리를 두고 생각하고 또 생각한다. 준비 단계처럼 몇 분이고 계속되는데, 경우에 따라서는 몇 주나 몇 년이 걸릴 수도 있다.

(3) **발현**: 창의적인 반응의 기초가 제공되는 심적 상태로부터 아이디어가 생긴다. 일부에 관한 아이디어일 수도 있고, 개념이나 실체를 아우르는 전체에 관한 아이디어일 수도 있다. 다른 단계와 달리 발현 단계는 매우 간단하며, 몇 분에서 몇 시간 이내에 통찰이 나타난다.

(4) **검증**: 발현 단계에서 떠오른 아이디어가 문제의 요구 사항과 준비 단계에서 정한 검증 기준을 만족시키는지 검증한다.

▼ 그림 9-6 월러스의 창의적인 해결책에 도달하는 과정

미국의 인지과학자 올슨은 통찰에서는 심적 표상이 변한다는 **표상 변화 이론**을 제안했다. 문제 해결을 위해 먼저 문제의 심적 표상을 형성한 다음, 장기 기억에서 절차를 검색하는 동안 적절한 것이 없으면 막다른 골목을 만나게 되는데, 이 상태에서 문제의 심적 표상을 변화시키면 그에 대한 대응 방법을 장기 기억에서 다시 찾는다는 것이다. 예를 들어 9.1절의 촛불 문제에서 성냥갑을 받침대로 사용한다든지, 그림 9-5의 점 9개 한붓그리기 문제에서 정사각형 범위를 벗어나는 등의 제약 완화를 고려하는 것이 문제의 심적 표상에 변화를 일으킨다.

그리고 적절한 것이 발견되면 곧 영감으로 연결된다. 올슨은 다만, 표상이 변화한다고 해서 반드시 문제를 성공적으로 해결하는 것은 아니라고 했다. 즉, 새로운 표상의 결과는 상황에 따라 달라지며, 잠자는 지식을 탐색하도록 유도하면 새로운 문제 공간에서 효과적으로 작동하지만, 항상 성공적으로 작동한다고는 할 수 없다.

일본의 컴퓨터과학자들은 이러한 표상 변화를 설명하기 위한 **제약 완화 이론**을
제안했다(그림 9-7). 통찰은 대상, 관계, 목표라는 세 가지 레벨의 제약 조건에
종속되지만, 이 제약 조건들은 실패가 반복되면서 완화되고, 효과적인 조작자
가 적용되면서 통찰로 이어진다는 이론이다.

▼ 그림 9-7 제약 완화 이론

예를 들어 그림 9-8과 같은 T 퍼즐을 완성하는 문제에서, 삼각형을 안정된 형
태로 수평면에 두는 경향이 대상의 제약이고, 요철이 적은 형태가 되도록 연결
하는 경향이 관계의 제약이다. 또 만드는 도중에 상태를 평가할 때 목표인 T자
형에 가까운지, 중간 목표인 가로 직사각형, 세로 직사각형과 가까운지 평가하
려는 경향이 목표의 제약이다. 실패가 반복되면서 비뚤어지거나 중간 목표의
형태가 변화하는 등 완화가 시작되고 이후 통찰로 이어진다. 통찰은 연상이나
제약 완화, 관점을 바꾸는 사고 과정의 결과라고도 할 수 있다. 명료하지 않은
문제에 대해서는 시행착오를 반복하며 정답에 도달한다. 시행착오는 PDCA의
사이클인데, 그 과정도 통찰로 이어진다.

▼ 그림 9-8 T 퍼즐

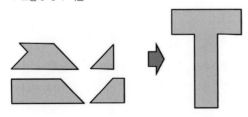

9.3 유추를 이용한 발상

우선 그림 9-9의 문제를 보자. 독일 심리학자 던커의 종양 문제로, 좀처럼 해답을 찾지 못할지도 모른다. 미국의 인지심리학자 긱과 홀리오크가 실험했을 때는 정답률이 약 10%였다.

▼ 그림 9-9 종양 문제

> 위장에 악성 종양이 있는 환자들은 수술이 불가능하기 때문에 방사선으로 종양을 없애는 방법밖에 없다.
> 그러나 종양을 없앨 수 있는 강한 강도의 방사선을 환부에 쬐면, 종양에 방사선이 도달하기 전에 건강한 조직도 파괴된다. 강도가 약하면 건강한 조직을 파괴하지는 않지만, 종양도 없앨 수 없다.
> 건강한 조직을 파괴하지 않고, 어떻게 악성 종양만 없앨 수 있을까?

또 다음 문제를 생각해 보자. 할아버지, 할머니에게 컴퓨터 하드디스크와 메모리의 차이를 설명할 수 있을까? 컴퓨터상에서 이루어지는 정보 처리는 그림 9-10(1)의 관계이지만, 주방에 비유하여 설명한다면 이해시키기 쉽다. 예를 들어 그림 9-10(2)와 같이 하드디스크를 냉장고, 즉 식재료를 보존하거나 완성된 요리를 보존해 두는 저장고로 설명하는 것이다. 용량이 크면 클수록 식재료나 요리를 많이 저장할 수 있다. 메모리는 조리대, 즉 요리사가 식재료를 사용하여 요리라는 작업을 하는 공간이다. 크기가 클수록 여러 작업을 동시에 진행할 수 있고 요리 속도도 빨라진다. 다만, 작업을 마치면 펼쳐 놓은 것들은 치워지고 사라진다. CPU는 요리사, 데이터는 재료, 처리 결과는 요리에 해당한다. 이렇게 각각의 개념이 대응되고, 그림 9-10과 같이 개념 간 관계도 대응된다.

(1) 목표

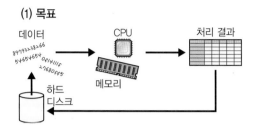

(2) 근거

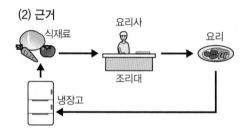

이처럼 각 개념 및 관계성을 연관시키는 것을 **유추**(analogy)라고 한다. 유추는 경험한 적이 없는 새로운 문제를 지금까지와 다른 관점에서 바라볼 수 있게 하여, 비연속적으로 해결의 실마리를 찾을 수 있게 해 준다. 유추에서는 문제 및 상황을 **목표**(target), 유사한 과거의 지식이나 경험을 **근거**(source), 대응책을 **사상**(mapping)이라고 부른다. 앞의 예에서는 컴퓨터 하드디스크와 메모리가 목표, 주방의 냉장고와 조리대가 근거다.

여기서 잠깐 그림 9-11의 요새 분산 공격 이야기를 먼저 보면 좋겠다. 캐나다의 심리학자 지크 등은 실험 참가자에게 이 이야기를 보여주고 그림 9-9의 종양 문제를 내는 경우에는 정답률이 30%였고, 이 이야기가 힌트라는 안내를 받은 경우에는 정답률이 75%라는 것을 실험에서 확인했다. 즉, 실험 참가자 중 75%에게 종양 문제는 '목표', 요새 분산 공격 이야기는 '근거'가 된 셈이다.

> 어느 나라 중앙에는 요새가 있고, 그 요새로부터 많은 길이
> 사방으로 뻗어 있었다. 적국의 어떤 장군이 군사를 동원해
> 요새를 손에 넣으려 했으나 도로에는 지뢰가 매설되어 있어,
> 많은 수의 군사가 도로를 통해 요새로 갈 수 없었다.
> 지뢰가 터지면 군인은 물론 인근 마을까지 파괴하기 때문이다.
> 요새를 얻으려면 작은 군대가 아닌 큰 군대가 필요했기 때문에
> 장군은 병사들을 여러 개의 작은 부대로 나누어 여러 경로로
> 진군했다. 그러고 나서 동시에 요새를 공격하게 했다.
> 이런 식으로 요새를 손에 넣었다.

목표
종양 문제

근거
요새 분산 공격 이야기

이처럼 유추를 이용한 문제 해결에서는 ① '목표'와 유사한 근거를 장기 기억
영역에서 검색하고, ② '근거'로부터 목표의 특징을 찾아 이를 사상화시키며,
③ '사상'을 통해 목표에 대한 답을 생성하는 과정을 거친다(그림 9-12).

❤ 그림 9-12 유추에 의한 문제 해결 과정

목표와 유사한 근거를
장기 기억 영역에서 검색

근거로부터
목표의 특징을 찾아 사상화

사상을 통해
목표에 대한 답을 생성

유추를 이용하면 아직 경험하지
않은 새로운 문제에 대해
비연속적으로 해결의 실마리를
발견할 수 있구나!

9.4 발상 지원 방법

앞서 우리는 아무것도 없는 상황에서 갑자기 통찰이 생기는 것이 아니라, 연상이나 제약 완화, 관점 전환, 유추 등의 사고 과정이나 심적 표상의 변화가 통찰을 불러올 가능성이 높다는 것을 알았다. 여기서는 관점을 전환하거나 연상을 촉진하여 발상을 도울 수 있다는 생각에 기반하여 구상된 **TRIZ**와 **만다라트** 발상 지원 방법을 소개한다.

먼저 TRIZ는 '독창적 문제 해결 이론'이라는 뜻을 가진 러시아어의 머리글자를 나열한 것으로, 구 소련의 기술자 알츠슐러가 고안한 기술적 문제 해결 지원 방법이다. 알츠슐러는 엔지니어가 발명에 도달하는 접근 방법의 본질이 무엇인지를 고민한 뒤 다음과 같은 결론을 얻었다.

(1) 문제에 직면하면 과거의 성공 체험을 참고해 해결하려 한다.

(2) 과거의 성공 체험을 사용할 수 없을 때는 시행착오를 겪는다.

(3) 어떤 점을 개선하려고 하면 다른 점이 악화되는 **기술적 모순**을 잘 해결하는 것이 성공의 열쇠다.

(4) 기술적 모순은 정석(미리 정해진 방식)에 기반하여 해결된다.

이 결론에 따라, 알츠슐러는 막대한 양의 특허를 분석하고 공통적인 정석을 원리로 하여 '법칙화'했다. TRIZ는 기술적 모순 간 대립 사항들을 동시에 해결하는 것을 목표로 한다. 이를 위해 원리를 40가지로 정리(표 9-1)했고 이 중 하나를 적용함으로써 아이디어를 도출한다.

▼ 표 9-1 해결을 위한 40가지 원리(일부)

번호	원리의 명칭	의미
01	분할 원리	여러 개로 분할하기
02	분리 원리	공간적 또는 시간적으로 나누기
03	국소성 원리	일부를 바꾸어 실행하기
04	비대칭 원리	대칭되는 쌍의 균형 깨뜨리기
05	조합 원리	조합하기
06	범용성 원리	일반화하여 그 밖의 경우에도 적용할 수 있게 하기
07	입력 원리	입력 구조로 해 보기
08	균형 원리	균형 잡기
09	선점 반작용 원리	불편을 사전에 고려하기
10	선점 작용 원리	미리 작용시키기

...

번호	원리의 명칭	의미
30	박막 이용 원리	막 형태의 것을 사용하기
31	다공질 이용 원리	구멍을 이용하기
32	변색 이용 원리	색상 바꾸기
33	균질성 원리	다른 특성과 유사해지게 만들기
34	배제/재생 원리	사용한 물건이 사라지게 하거나 재이용하기
35	파라미터 원리	비율 바꾸기
36	상변화 원리	물질 상태의 변화를 이용하기
37	열팽창 원리	열을 가해 부풀리거나 늘리기
38	고농도산소 이용 원리	농도가 높은 것을 사용하기
39	불활성분위기 이용 원리	반응이 잘 일어나지 않는 것을 사용하기
40	복합재료 이용 원리	몇 가지 재료를 조합하기

예를 들어 갑옷을 만든다고 생각해 보자. 먼저 몸을 보호하는 것이 주목적이기 때문에 갑옷은 '단단하고 견고'해야 한다. 그러나 몸에 착용하기 위해서는 '부

드럽고 가동성 있는' 것이 필요하다. 이 요구 사항들은 기술적 모순이다. 이 모순을 동시에 충족하기 위해, 예로 '02 분리 원리'를 적용해 본다. 분리에는 공간적 분리나 시간적 분리가 있는데, 여기에서는 방호 부분을 강철이나 가죽으로 된 딱딱한 소재로, 움직이는 부분을 천이나 끈이 부드러운 소재로 만들어 공간적으로 분리함으로써 모순 대립 사항을 동시에 충족하는 갑옷의 형태를 실현할 수 있다는 착상에 이른다(그림 9-13).

▼ 그림 9-13 TRIZ의 사고방식

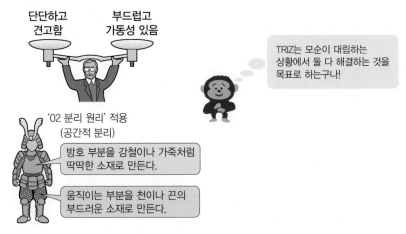

만다라트는 일본의 디자이너 이마이즈미가 고안한 것으로, 연속적으로 연상하면서 아이디어를 확장하고 정리해 가는 방법이다. 만다라트의 바탕은 3×3의 셀이며, 셀에 연상되는 단어를 써 내려가면서 아이디어를 확장해 간다. 순서는 다음과 같다(그림 9-14).

(1) 해결하고 싶은 명제를 중앙 셀에 둔다.

(2) 중앙의 명제에서 연상되는 단어를 그림의 긴 화살표와 같이 여덟 방향의 셀에 적는다.

(3) 여덟 개 단어를 중앙에 둔 3×3의 셀을 각각 만든다.

(4) 각 셀의 중앙 단어에서 연상되는 단어를 마찬가지로 여덟 방향으로 적는다.

(5) 총 81개의 셀을 모두 채운 후 비슷한 단어끼리 같은 색으로 색칠한다.

색이 칠해진 단어는 중요도가 높다는 것을 의미하므로, 이 단어들을 기준으로 아이디어를 좁힌다. 그림 9–14에 표시된 예에서는 경금속으로 만들어진 유연한 구조와 자동 처리 시스템을 갖춘, 견고하면서도 최첨단인 새로운 개념의 주택을 쉽게 도출할 수 있다.

▼ 그림 9–14 만다라트

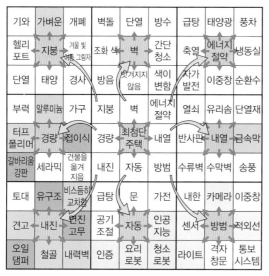

기와	가벼운	개폐	벽돌	단열	방수	급탕	태양광	풍차
헬리포트	지붕	겨울 빛여름 그림자	조화 색	벽	간단청소	축열	에너지절약	냉동실
단열	태양	경사	방음	벗겨지지않음	색이변함	자가발전	이중창	순환수
부력	알루미늄	가구	지붕	벽	에너지절약	열쇠	유리솜	단열재
터프폴리머	경량	접이식	경량	최첨단주택	내열	반사판	내열	금속막
갈바리움강판	세라믹	건물을옮겨지음	내진	자동	방범	수류벽	수막벽	송풍
토대	유구조	비스듬히교차함	급탕	문	가전	내한	카메라	이중창
견고	내진	면진고무	공기조절	자동	인공지능	센서	방범	적외선
오일댐퍼	철골	내력벽	인증	요리로봇	청소로봇	라이트	격자창문	통보시스템

중앙 단어에서 연상되는 단어들을 주위 셀에 적는다.

단어들을 일정하게 떨어뜨리고 그곳을 중앙으로 하여 다시 주위 셀에 연상되는 단어를 적는다.

10^장

언어 이해

인간은 수백만 년 전 유인원으로부터 분리된 이후 진화와 더불어 고
도로 발전된 문명을 건설했다. 그런데 만일 언어가 없었다면 이렇게
발전하지 못했을 것이라고 한다. 언어는 의도를 표현하는 도구일 뿐
만 아니라 의사 전달의 도구, 사고의 도구이기도 하다. 따라서 언어
를 어떻게 생성하는지, 언어를 어떻게 이해하는지 더 잘 알게 되면
의도를 추정해 보고, 사고 과정의 단서를 얻을 수 있을지도 모른다.
이 장에서는 언어의 생성 모델과 언어를 이해하는 모델을 탐색하고,
컴퓨터 언어 처리와의 연관성도 살펴본다.

10.1 자연 언어와 인공 언어

우리 머릿속 생각은 언어로 이루어지는 것일까? 예를 들어 삼단 논법을 비롯한 논리적 사고는 언어에 의해 이루어질 가능성이 높다고 추측할 수 있다. 그러나 언어 습득 이전의 영유아나 언어가 없는 까마귀 같은 동물도 다양한 지식을 바탕으로 행동하기 때문에, 반드시 모든 사고가 언어에 의해 행해지는 것은 아니다. 그래도 '가볍게 내리는 비'에 해당하는 단어로 가랑비, 부슬비, 이슬비, 안개비 등 다양한 모국어를 가진 민족과 오직 '가랑비'라는 단어밖에 없는 민족은 비에 관한 인지가 다를 가능성이 높다. 이처럼 인지에는 언어 의존이라는 측면이 있고, 심적 표상이 언어인 경우도 있으므로, 인지과학은 언어 이해에 대해 다루지 않을 수 없다.

언어에는 구어인 **음성 언어**와 문어인 **문자 언어**가 있다(표 10−1). 음성 언어는 청각 채널에 의해 수용되고, 문자 언어는 시각 채널에 의해 수용된다. 음성 언어는 1차원 정보이며 녹음 테이프를 듣듯 뇌에 순차적으로 접근되는 데 비해, 문자 언어는 2차원 정보이며 신문에서 전체 제목을 훑어보다가(일람) 원하는 기사를 읽듯 무작위로 접근할 수 있다. 음성 언어는 휘발성이고 감정 전달이 용이하다는 특성이 있으며, 문자 언어는 비휘발성이고 감정 전달이 어렵다는 특성이 있다.

▼ 표 10−1 음성 언어와 문자 언어

	음성 언어	문자 언어
수용 채널	청각	시각
정보 차원	1차원	2차원
접근 특성	순차성	일람성
보존 특성	휘발성	비휘발성
감정 전달	용이하다	어렵다

음성 언어 발화의 기본은 **모음**이나 **자음**을 빠르게 내뱉는 것이다. 이렇게 할 수 있는 것은 성도(말소리를 낼 때 사용하게 되는 경로) 안에 혀나 턱을 사용하여 여러 공간을 빨리 만들어 낼 수 있는지에 달려 있으며, 여기에서 사람과 원숭이의 성도 간 차이가 결정된다(그림 10-1).

❤ 그림 10-1 사람과 원숭이의 목 모양 차이

사람은 여러 종류의 모음을 발성하면서 다양한 음운을
만들어 내고, 언어를 갖게 되었다.

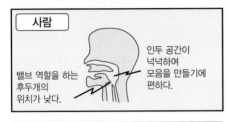

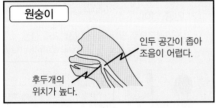

모음의 조음이 어려워서
그동안 말하는 게 쉽지 않았나?

원숭이는 밸브 역할을 하는 후두개의 위치가 높은 반면, 인간은 낮다. 이 때문에 원숭이는 인두 공간이 좁아 음운을 발성하는 것, 즉 **조음**이 어렵고, 사람은 인두 공간이 넉넉하여 모음을 만들기 편하다. 이 차이로 사람은 모음을 발성하고, 인두 공간에서 만들어지는 모음을 입술과 치아, 잇몸 등에서 만들어지는 자음과 결합하여 언어를 만들어 낼 수 있었다.

이와 같이 자연발생적으로 생겨난 언어가 **자연 언어**(자연어)다(그림 10-2(1)). 자연 언어는 처음에는 음성 언어 형태였다가 그 후 문법이 정리되었다. 따라서 자연 언어는 규칙성이 약하고, 규칙적으로 보여도 예외가 존재하는 경우가 매우 많다. 예를 들어 영어에서 동사를 과거형으로 바꾸는 경우 /hope/⇒ /hoped/처럼 /d/가 어미에 붙는 패턴, /talk/⇒/talked/처럼 /ed/가 어미에 붙는 패턴, /take/⇒/took/처럼 다르게 변형되는 패턴, /cut/⇒/cut/과 같이 형태가 유지되는 패턴 등 규칙성과 예외가 혼재되어 있다.

또한, 자연 언어에는 의미가 여럿으로 해석될 수 있는 중의성(중의적 표현)이란 특징이 있다. 예를 들어 "이 옷은 키가 큰 친구의 여동생에게 어울릴 것 같다."에서는 키가 큰 사람이 친구가 될 수도 있고 여동생이 될 수도 있다. 단, 음성 언어에서는 이러한 중의성을 운율(3.4절 참조)로 해소하는 경우도 있다.

자연 언어와 대조되는 것으로 **인공 언어**가 있다(그림 10-2(2)). 인공 언어는 처음부터 어휘와 문법이 있고, 이로부터 의도적으로 만든 언어다. 프로그래밍 언어가 대표적이고, 에스페란토(Esperanto)처럼 공용어로 시도된 인공 언어도 있다.

▼ 그림 10-2 자연 언어와 인공 언어

(1) 자연 언어
- 자연발생적으로 등장
- 먼저 언어가 만들어지고 어휘와 문법이 정리됨

(2) 인공 언어
- 인공적으로 만든 어휘와 문법으로 생성
- 먼저 어휘와 문법이 정리되고 언어가 만들어짐

```
#include<stdio.h>
int main (void) {
    printf ("This is the recommended
book in particular!\n") ;
    return 0;
}
```

10.2 언어의 다층 구조와 심적 어휘

인간의 언어 처리 모델에 대한 연구는 많다. 우선 언어는 그림 10-3과 같은 다층 구조(음운, 어휘, 구문, 의미, 맥락)를 이루고 있고, 각 층은 서로 완전히 독립적이지 않다는 사실이 알려져 있다.

▼ 그림 10-3 언어의 다층 구조

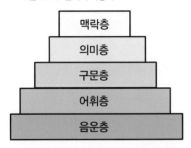

또한, 장기 기억에 보관된 단어들을 **심적 어휘**(또는 **심적 사전**, mental lexicon)라고 한다. 심적 어휘는 각 단어의 음운 정보, 구문 정보, 의미 정보를 가지고 있다. 성인의 어휘 수준은 수만 개 정도라고 하는데, 그렇다면 이 심적 어휘는 어떤 구조를 가지고 있는 것일까? 일반 사전과 같은 구조일까? 심적 어휘 모델에 대해서는 우선 4.3절에서 설명한 활성화 확산 모델을 들 수 있다. 프라이밍 효과는 심적 어휘가 여러 개의 단어 네트워크로 저장되어 있으며, 일부가 활성화되면 관련 단어로 확산되어 특정한 범위 내에서 재생이 촉진된다는 생각에 기반한다.

이 외에도 네덜란드 심리언어학자 커틀러의 심적 어휘 모델이 있다. 낱말 하나하나에 사전 항목이 있고, 각 항목에는 음운 정보, 구문 정보, 의미 정보 등이 포함되어 있다고 가정하는 모델이다. 단어에 대한 정보들은 서로 노드로 연결되어 체계적으로 저장된다. 예를 들어 discount는 '값을 깎다', '할인', '진지하게 받아들이지 않는다' 등 여러 뜻이 있는 단어다. 커틀러의 심적 어휘 모델에서는 discount를 '수를 세다'라는 의미인 count에 부정 접두사 dis가 붙은 것으로 보며, 동사 두 종류와 동사로부터 파생된 명사를 포함, 총 세 단어와 연결된다. 그리고 각각에는 발음, 악센트, 구문 카테고리, 의미 등이 기재된다(그림 10-4).

▼ 그림 10-4 커틀러의 심적 어휘 모델

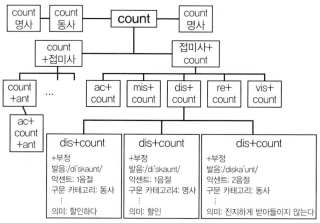

(커틀러의 모델을 참조하여 작성)

미국의 언어학자 프롬킨 등은 난독증 환자에 관한 지식을 토대로 그림 10-5와 같은 심적 어휘 모델을 제안했다. 이 모델은 각 단어의 항목이 여러 하위 사전으로 분할되고 포인터에 의해 서로 참조되는 시스템이다. 하위 사전에는 바른 표기 사전, 음운 사전, 의미 사전이 있다. 각 하위 사전의 항목에는 바른 표기 포인터, 음운 포인터, 의미 포인터가 기재되어 있으며, 이는 필요에 따라 상호 참조된다. 예를 들어 어떤 단어의 문자열을 보고 발음할 때는 먼저 바른 표기 사전에 접속한다. 그 후 음운 포인터를 통해 음운 사전에 접속해 이를 바탕으로 발음한다.

바른 표기 사전은 문자의 오름차순으로 정렬되어 있을 뿐 아니라, 심한 난독증 환자가 단어를 읽지는 못해도 의미를 아는 현상에 대해 설명할 수 있다. 음운 사전은 손상되었어도, 의미 사전이 작동했기 때문이다. 예를 들어 'coat'라고 말해야 할 부분을 'cape'라고 말해 버리는 경우, 의미 사전 안에 있는 S115 대신 S124가 참조되었고, 음운 사전의 P2007이 참조됨으로써 /kep/이라고 발음하게 된다는 것이다. 난독증 환자들은 바른 표기 사전을 드나드는 화살표가 막혀 있다고 생각할 수 있다.

▼ 그림 10-5 프롬킨의 심적 어휘 모델

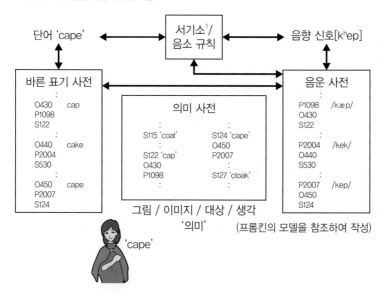

(프롬킨의 모델을 참조하여 작성)

---

1   **역주** 어떤 언어의 문자 체계에서 의미상 구별할 수 있는 가장 작은 단위

10.3 단어 인지

다음으로 단어 인지 과정에 대해 알아보자. 단어 인지에 관한 모델이 몇 가지 제안되고 있는데, 우선 영국의 심리학자 모튼이 제안한 **확장 로고젠 모델**(extended logogen model)이 있다. 이 모델은 그림 10-6과 같이 여러 개의 **로고젠**으로 불리는 유닛과 인지 시스템으로 구성되어 있다.

▼ 그림 10-6 확장 로고젠 모델

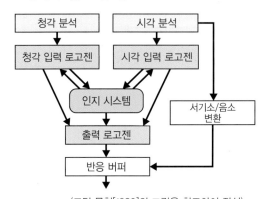

(모턴 문헌[1980]의 그림을 참조하여 작성)

로고젠에는 청각 입력 로고젠, 시각 입력 로고젠, 출력 로고젠이 있다. 로고젠에 입력이 들어오면 활성화되고 입력 신호의 세기가 특정 임곗값을 초과하면 실행된다. 청각 입력 로고젠과 시각 입력 로고젠은 각각 청각 기관의 자극에 의한 청각 분석과 시각 기관의 자극에 의한 시각 분석으로부터 상향식 신호를 받게 되고, 임곗값을 초과하는 신호가 있으면 이를 출력 로고젠에 보낸다. 동시에 출력 로고젠은 문장에 관한 지식이나 의미에 관한 지식에 기초하여 인지 시스템으로부터 하향식 신호를 받게 되고, 강도에 따라 임곗값을 초과한 신호를 반응 버퍼에 보낸다.

미국의 신경과학자 마슬렌-윌슨이 제안한 **코호트 모델**은 언어에 의한 단어 인지 모델이다. 그림 10-7과 같이 단어 음성이 입력되면 단어의 어두 음소를 후보로 하는 코호트(집단)가 활성화되고, 문장, 의미에 따라 코호트가 압축된다. 이어서 다음 단계에서는 다음에 올 음소, 문장, 의미 정보로부터 코호트가 압축된다. 몇 차례 계속되면서 후보가 1개가 되면 단어 인지 과정이 끝난다.

그림 10-7에서는 'I made a hole with the' 뒤에 이어질 단어를 가정하고 있다. 그 후 음소보다도 미세한 음향 특징에 기초하여 후보를 압축하거나, 하향식 축소를 억제하는 등의 개선이 더해진다.

▼ 그림 10-7 코호트 모델

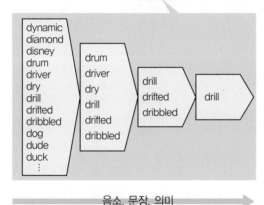

음소, 문장, 의미
(마슬렌 문헌[1987]의 그림을 참조하여 작성)

미국의 인지심리학자 맥크렐랜드와 러멜하트가 제안한 **상호작용 활성화 모델**은 그림 10-8과 같이 노드와 링크로 구성된다. 확장 로고젠 모델과 마찬가지로 입력 신호의 세기에 따라 활성화 레벨이 결정되는데, 각 링크는 흥분(빨간색 화살표)과 억제(파란색 원)의 성질을 가지고 있다. 노드 입력은 흥분 링크 신호 강도의 총합에서 억제 링크 신호 강도의 총합을 뺀 것이다.

이 모델은 특징 레벨, 문자 레벨, 단어 레벨, 세 층을 이루고 있다. 우선 가장 하위인 특징 레벨의 노드가 반응하여 그 활성화된 신호가 문자 레벨 노드로 전달되고, 이어서 한 단계 위인 단어 레벨 노드로 전달된다. 한편, 하향식으로 단어 레벨에서 문자 레벨, 특징 레벨로 활성화 신호를 전파하는 것도 동시에 이루어진다. 문자 레벨의 노드 간 링크는 억제되는데, 이는 어떤 문자가 활성화되면 다른 문자는 억제된다는 의미다.

❤ 그림 10-8 상호작용 활성화 모델

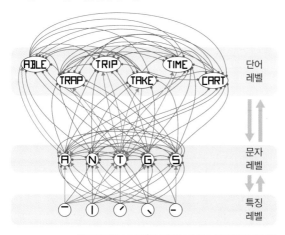

(맥크렐랜드 문헌[1981]의 그림을 참조하여 작성)

어떤 글자가 단어 속에 있으면 단어가 아닌 것(비단어) 속에 있을 때보다 더 인지되기 쉽다. 이는 **단어 우위 효과**로 알려져 있다. 미국의 심리학자 레이처는 실험 참가자에게 단어 'WORD'와 비단어 'OWRD'를 50밀리초 동안 제시한 직후, 'D'와 'K' 중 어느 문자가 단어 안에 포함되어 있었는가를 물어 정답률을 조사했다(그림 10-9). 그 결과 단어의 경우가 비단어의 경우보다 성적이 좋았다. 이 특성이 단어 우위 효과이지만, 상호작용 활성화 모델로 설명되는 경우도 많다.

❤ 그림 10-9 단어 우위 효과 실험

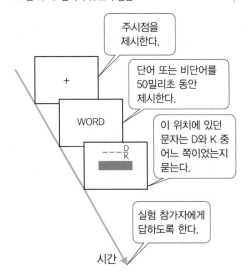

주시점을 제시한다.

단어 또는 비단어를 50밀리초 동안 제시한다.

이 위치에 있던 문자는 D와 K 중 어느 쪽이었는지 묻는다.

실험 참가자에게 답하도록 한다.

시간

(레이처[1969], 스페어[1986]의 문헌을 바탕으로 작성)

10.4 통사론적 언어 산출 및 이해 모델

영유아가 언어를 어떻게 습득하는지에 대해서는 다양한 언어 경험을 축적하여 습득한다는 **경험설**과 선천적으로 언어 기반을 갖추고 있으며 환경과 경험에 의해 맞춤화된다는 **생득설**이 있다.

경험설은 자극과 반응의 반복으로 강화되는 이른바 학습 이론이며, 행동주의적 사고방식에 기초를 두고 있다.

이에 반해 생득설의 경우, 촘스키는 'Colorless green ideas sleep furiously'라는 예문을 제시하면서 "우리는 단어의 연결을 누구로부터 배운 것이 아니고, 어딘가의 것을 반복하는 것도 아니다. 문법의 세세한 맞고 틀림을 제대로 지적할 수 없고, 예문의 뜻이 이상하다는 것을 알아도 이 문장이 문법적으로 맞다는 것은 알 수 있다. 우리는 본 적 없는 문장도 만들 수 있는데 이는 경험설로는 설명할 수 없다. 우리는 본질적으로 이미 언어의 기반을 갖고 있다."라고 주장했다. 촘스키는 이 주장이 언어의 종류에 의존하지 않는 보편 문법의 개념으로 이어지며, **보편 문법**이 명료해지면 언어 획득 과정도 밝혀질 수 있다고 주장했다.

또한, 촘스키는 언어 자체의 설명뿐 아니라 언어 산출 및 언어의 이해 과정을 규명하기 위해 노력했다. 우선 어휘 지식 외에 문장에 관한 지식, 즉 문장의 구조가 언어 산출 및 이해의 기반이라고 생각하여 **변형 생성 문법**이라는 모델을 제안했다. 변형 생성 문법은 **구 구조 규칙**[2]에 의해 생성되는 문장들이 언어에 포함되며, 이 규칙에 의해 생성되지 않는 것은 비문이 된다는 문법 모델이다. 다만

---

2   **역주** Phrase Structure Rules, 문장의 구조를 만드는 규칙

인간이 반드시 이 문법을 사용해 말을 하는 것은 아니라고 설명한다. 구 구조 규칙은 그림 10-10과 같이 α→β라는 형태를 갖는다.

▼ 그림 10-10 구 구조 규칙의 예와 생성되는 문장의 예

구 구조 규칙의 예

S →NP + VP
NP →N
NP →DET + N
NP →DET + AP + N
AP → A
VP →V
VP →V + NP
VP → V + P + NP
N → I, man, Ellie, radio, cake
DET → the, a, an
V → eat, eats, ate, listen, listens, listened, smile, smiles, smiled
A→ old, pretty
P → to

S : Sentence (문장)
N: Noun (명사)
NP : Noun Phrase (명사구)
V : Verb (동사)
VP : Verb Phrase (동사구)
P : Preposition (전치사)
A: Adjective (형용사)
AP : Adjective Phrase (형용사구)
DET : Determiner (한정사)

생성되는 문장의 예

Ellie smiles.
Ellie ate the cake.
Ellie ate the pretty cake.
Ellie ate the old cake.
The man smiles.
The man listened to Ellie.
The man listened to the radio.
The old man listened to the radio.
⋮

이것은 다시 쓰기 규칙이라고도 할 수 있는데, /α/라는 문자열을 /β/로 다시 쓸 수 있다는 것을 의미한다. 즉, 다시 쓰기 규칙에 의해 무수한 문장이 생성되는 획기적인 언어 산출 모델이다. 그림의 예에서는 **시작 기호** S를 우변에 있는 **비단말 기호** NP+VP로 다시 쓴 다음, 다시 비단말 기호로 작성하거나, 비단말 기호를 **단말 기호** I, man 등으로 다시 씀으로써 문장이 생성된다. 구 구조 규칙에 의해 만들어진 문장들은 트리 구조로 표현할 수 있다(그림 10-11).

▼ 그림 10-11 구 구조 규칙에 의해 생성된 문장을 나타내는 트리 구조

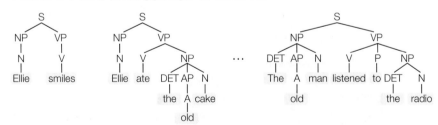

촘스키는 구 구조 규칙이 생성하는 문장의 구조를 **심층 구조**, 수동태 변형이나 부정 요소 삽입 등의 **변형 규칙**이 생성하는 문장의 구조를 **표층 구조**라고 불렀다 (그림 10-12).

▼ 그림 10-12 변형 생성 문법에서의 심층 구조와 표층 구조

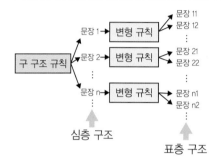

같은 형태의 문장이라도 의미가 다른 경우를 트리 구조로 표현해 보면, 그림 10-13과 같이 표층 구조가 같아도 심층 구조가 다름을 나타낼 수 있다. 이를 **구문 트리**라고도 한다. 그러나 앞서 언급했듯 변형 생성 문법에서는, 그림 10-10과 같은 구 구조 규칙에서도 "Ellie listens to the old cake."처럼 문법은 옳으나 의미는 옳지 않은 문장도 생성된다.

문장을 이해할 때도 변형 생성 문법을 적용할 수 있다. 다시 쓰기 규칙에서 우변 쪽으로 향하는 화살표를 좌변 쪽으로 바꾸어 가다듬어 가다가 최종적으로 기호 S로 정리되면, 문장(글의 짜임)을 문법적으로 이해했다고 할 수 있다.

▼ 그림 10-13 표층 구조와 심층 구조(한글의 경우)

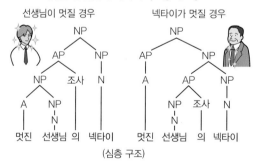

10.5 의미론적 언어 산출 및 이해 모델

변형 생성 문법을 중심으로 한 언어 이해 모델은 통사론적 모델이라, 의미론적 측면에는 그다지 초점을 두지 않았다. 이에 미국의 언어학자 필모어는 의미론의 관점에서 **격 문법**을 제안했다. 격 문법의 특징은 다음과 같다.

(1) 동사를 중심으로 격(case)이 의미 관계를 형성한다.

(2) 격에는 **표층격**과 **심층격**이 있다. 표층격은 격조사로 대표되는 격, 심층격은 동사에 대한 각 표층격에 역할을 주는 것이며 동작주격, 대상격, 장소격, 도구격, 시간격 등이 있다.

(3) 어떤 격을 취할 수 있는가는 동사에 따라 다르다.

(4) 격은 심적 사전 속의 각 동사에 대해 **격 프레임**으로 유지되고 있다.

(5) 심층격에는 **선택 제한**이라는, 격이 취하는 항목에 대한 의미적 제약이 있다.

예를 들어 표 10-2와 같이 '먹다'라는 동사에서 동작주격은 사람을 포함한 동물이나 식충 식물, 대상격은 음식이라는 격 관계를 갖는다.

▼ 표 10-2 격 문법에서 격 프레임의 예

동사	표층격	심층격	선택 제한
먹다	이/가, 은/는	동작주격	사람을 포함한 동물, 식충 식물, …
	을/를	대상격	음식, …
	에	시간격	
	서, 에서	장소격	
	…	…	…
자다	이/가, 은/는	동작주격	사람을 포함한 동물, …
	에	시간격	
	서, 에서	장소격	
	…	…	…

이와 같이 동사에 대한 격 관계의 틀이 격 프레임이다. '먹다'의 경우 격 프레임은 동작주격이 사람을 포함한 동물이나 식충 식물에 한하며, 일반 식물이나 무생물은 제외된다. 이것이 선택 제한이다. 입력된 문장 중 동사에 주목하여 격 프레임이 분석된다면 의미 처리가 됐다고 볼 수 있다. 그림 10-14는 격 구조와 거기에서 생성되는 문장의 예다.

▼ 그림 10-14 격 구조와 생성되는 문장의 예시

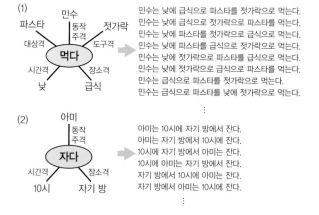

(1)

민수는 낮에 급식으로 파스타를 젓가락으로 먹는다.
민수는 낮에 급식으로 젓가락으로 파스타를 먹는다.
민수는 낮에 파스타를 젓가락으로 급식으로 먹는다.
민수는 낮에 파스타를 급식으로 젓가락으로 먹는다.
민수는 낮에 젓가락으로 파스타를 급식으로 먹는다.
민수는 낮에 젓가락으로 급식으로 파스타를 먹는다.
민수는 급식으로 파스타를 젓가락으로 먹는다.
민수는 급식으로 파스타를 낮에 젓가락으로 먹는다.

(2)

아미는 10시에 자기 방에서 잔다.
아미는 자기 방에서 10시에 잔다.
10시에 자기 방에서 아미는 잔다.
10시에 아미는 자기 방에서 잔다.
자기 방에서 10시에 아미는 잔다.
자기 방에서 아미는 10시에 잔다.

한글이나 일본어의 유형은 **교착형**으로 분류할 수 있다. 교착형 언어는 단어에 조사 등의 부속 요소가 붙어 글이 구성되므로 어순의 제약이 덜하다. 이 때문에 어순에 관한 자유도가 큰 격 문법이 적용되기 쉽다.

미국의 AI 연구자 생크는 문장을 개념 수준으로 파고들어 그림 10-15와 같은 개념의 관계 표현을 제안했다. 이것이 **개념 의존 이론**이다. 언어 종류나 구조에 관계없이 하나의 뜻을 가진 채 명확히 기술되는 것이 특징이다. →와 ⟷ 등의 기호를 이용하여 개념을 관계 구조로 표현하는데, 표기 방법의 예가 표 10-3에 나타나 있다. 예를 들어 그림 10-15 첫 번째 줄의 문장은 개념 의존 이론에서 두 번째 줄과 같이 표현된다. 여기서 P는 과거 시제를 의미하며(미래일 경우는 F), O는 행위와 대상의 관계, R은 받는 사람의 관계, D는 행위의 방향을 나타낸다.

❤ 그림 10-15 개념 의존 이론에 의한 문장 표기의 예

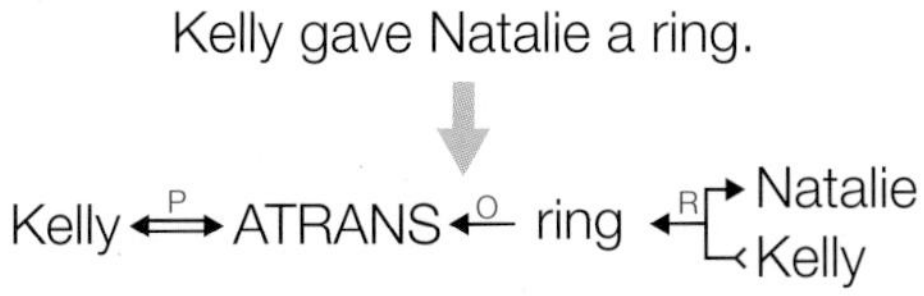

Kelly gave Natalie a ring.

Kelly ⟷ᴾ ATRANS ←ᴼ ring ←ᴿ┌→ Natalie
                                   └→ Kelly

❤ 표 10-3 표기 방법의 예

표기	의미
PP ⟷ᴾ ACT	행위와 주체의 관계
ACT ←ᴼ PP	행위와 대상의 관계
ACT ←ᴿ┌ PP └ PP	물건의 소유가 인도인에서 수취인으로 이동
ACT ←ᴰ┌ LOC └ LOC	ACT가 시작점에서 끝점까지 작동
O ←ᴵ ⇕	대상에 대해 도구를 사용
⋮	⋮

ACT는 표 10-4와 같이 기본 동사 11개로 구성된다. 이 이론은 문장의 의미를 적은 수의 구성 요소로 표현할 수 있지만, 복잡한 문장의 의미를 표현하려고 하면 상당히 구조가 복잡해진다.

▼ 표 10-4 ACT를 구성하는 기본 동사

명칭	예	의미
ATRANS	추상적 객체를 이동하다	give
PTRANS	객체의 물리적 위치를 이동하다	go
PROPEL	객체에 물리적 힘을 가하다	push
MOVE	생체의 일부를 움직이다	kick
GRASP	동작주체가 객체를 잡다	clutch
INGEST	동물이 객체를 체내에 넣다	eat
EXPEL	객체를 동물의 체내에서 배출하다	cry
MTRANS	정보를 전달하다	tell
MBIILD	사고를 통해 새로운 정보를 생성하다	decide
SPEAK	음성을 내다	say
ATTEND	자극에 감각기관을 집중시키다	listen

10.6 튜링 머신과 오토마톤

영국의 수학자 튜링이 고안한 **튜링 머신**은 언어 이해의 기초가 되는 특정 문자열 인식 등을 자동으로 계산하는 수학적 장치 모델이다. 이 모델은 1936년에 제안되어 현재 컴퓨터의 기본 메커니즘으로 자리잡았다. 튜링 머신은 그림 10-16과 같이 셀로 구분된, 길이가 무한한 테이프와 테이프에 한 글자를 읽고 쓸 수 있는 헤드 및 본체로 구성된다. 본체와 헤드는 일체형이다. 헤드는 한 스텝당 테이프의 한 셀만 스캔하여 다음 규칙에 따라 동작한다.

[1] 현재 스캔하고 있는 셀의 문자를 읽는다.

[2] 읽어들인 문자와 현재 상태에 기입할 문자, 테이프의 이동 방향, 다음 상태를 결정한다.

[3] 헤드는 테이프의 좌우 1셀만큼만 움직인다.

▼ 그림 10-16 튜링 머신

간단해 보이는 튜링 머신이 현재 컴퓨터의 기본 모델이구나.

이러한 규칙은 **5개 요소**, 즉 q_i, p_j, p_k, q_m, X로 표현된다. q_i는 내부 상태, p_j는 테이프의 문자, p_k는 기입 문자, q_m는 다음 상태, X는 이동 동작을 나타낸다. X는 R(헤드를 오른쪽으로 1셀 이동), L(헤드를 왼쪽으로 1셀 이동), S(이동하지 않고 멈춤), 세 가지 값을 취한다. 튜링 머신은 적용할 수 있는 5개 요소가 없으면 동작을 멈춘다. 처리 상태 q_Z에 도달하여 정지했을 경우 문자열을 처리했다고 본다. 예를 들어 /aaabbb/라는 의미의 문자열 /$a^i b^i$/, ($i \geq 1$)을 처리하는 튜

링 머신을 생각해 보자. /a/를 찾을 때마다 짝이 되는 /b/의 존재를 확인하면
되므로, 그림 10-17과 같은 5개 요소를 주면 처리할 수 있다.

▼ 그림 10-17 /aᵇ/를 처리하는 5개 요소

$(q_0, \_, \_, q_0, R)$ …①
(q_0, a, A, q_1, R) …②
(q_0, B, B, q_3, R) …③
(q_1, a, a, q_1, R) …④
(q_1, b, B, q_2, L) …⑤
(q_1, B, B, q_1, R) …⑥
(q_2, a, a, q_2, L) …⑦
(q_2, A, A, q_0, R) …⑧
(q_2, B, B, q_2, L) …⑨
(q_3, B, B, q_3, R) …⑩
$(q_3, \_, \_, q_Z, S)$ …⑪

이 튜링 머신의 동작을 시간순으로 나열하면 그림 10-18과 같이 나타난다.

▼ 그림 10-18 /aᵇ/를 처리하는 동작

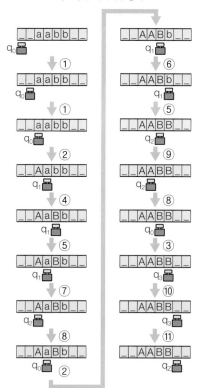

동작을 시작할 때의 헤드 상태는 q_0으로 먼저 읽은 셀이 블랭크(␣)이기 때문에 규칙 ①이 적용되고 그 셀에 블랭크(␣)를 기입해 헤드 상태를 q_0으로 한 뒤 오른쪽으로 움직인다. 이후에도 규칙에 따라 동작한다. 일반적으로 튜링 머신 TM은 다음과 같이 표현된다.

$$TM=(Q, \Sigma, \Gamma, \delta, q_0, ␣, Z)$$

여기서 Q는 상태의 집합, Σ는 읽어들이는 문자의 집합, Γ는 테이프에 기입하는 문자의 집합, δ는 상태 전이함수, Z는 처리 상태의 집합이다. 튜링 머신은 여기에서 언급한 기호열의 식별 외에 사칙연산 등도 해낼 수 있다.

이 튜링 머신의 상태 변화를 아크와 노드를 이용해 표현한 것이 그림 10-19다. 이와 같이 입력에 대응하여 상태가 변화하고, 변한 상태를 신호로 출력하는 처리 장치 모델을 **오토마톤**(automaton)이라고 한다. 특히 상태의 수가 유한개인 자동 기계를 **유한 오토마톤**이라고 부른다. 예를 들어 $/a^i b^i/(i \geq 1)$를 처리하는 유한 오토마톤은 그림 10-20과 같다. 오토마톤에서 특정 상태와 특정 입력에 대해 다음으로 전환할 상태가 고유하게 결정되는 경우, 이를 **결정성 오토마톤**이라고 한다. 또 특정 상태와 특정 입력에 대해 다음으로 전환해야 할 상태가 여럿 있는 경우는 **비결정성 오토마톤**이라고 한다.

▼ 그림 10-19 상태 전이 　　　　　　▼ 그림 10-20 $/a^i b^i/$를 처리하는 오토마톤

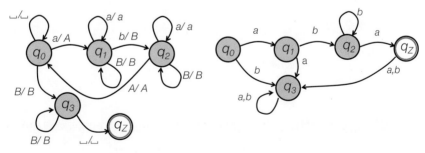

10.7 형식 문법

컴퓨터에서 처리가 이루어질 때 언어를 문자열 또는 기호열의 집합으로 간주하고, '닫힌 구문 규칙'과 같은 특정한 법칙에 의해 만들어지거나 처리할 수 있는 언어를 **형식 언어**라 하며, 형식 언어를 만드는 규칙을 형식 문법이라 한다. **형식 문법** FG는 다음과 같이 표현된다.

$$FG = (S, N, T, P)$$

여기서 S는 시작 기호의 집합, N은 비단말 기호의 집합, T는 단말 기호의 집합, P는 생성 규칙의 집합이다.

형식 언어에는 0유형, 1유형, 2유형, 3유형의 네 클래스가 있다. **0유형 언어**는,

$$\alpha \rightarrow \beta \quad (\alpha \in V^{+} \quad \beta \in V^{*})$$

의 다시 쓰기 규칙에 의해 생성되는 언어로, α 라는 기호열을 β 로 대체함으로써 생성된다. 여기서 V^{+}는 임의의 길이의 기호열 집합, V^{*}는 V^{+}에 빈 단어 ϕ를 더한 것이다. 0유형 언어는 **구문 구조 언어**라고도 하며 튜링 머신에 의해 처리할 수 있다.

1유형 언어는,

$$a_1 A \alpha_2 \rightarrow a_1 \beta a_2 \quad (A \in N \quad \beta \in V^{+})$$

의 다시 쓰기 규칙과 조건으로부터 생성되는 언어다. 즉, 어떤 문맥에서만 기호열을 바꿀 수 있기 때문에 1유형 언어를 **문맥 의존 언어**라고도 하며, **선형 구속 오토마톤**으로 처리된다. 선형 구속 오토마톤은 테이프의 길이가 입력 문자열의 길이와 선형 관계에 있는, 무한하지 않은 튜링 머신이다. 예를 들어 $/a^i b^j a^i/$

$(i \geqq 1)$는 1유형 언어다. 어떤 언어가 1유형 언어라면 그 언어는 0유형 언어에도 속한다.

2유형 언어는,

$$A \rightarrow \beta \quad (A \in N \quad \beta \neq \phi)$$

의 다시 쓰기 규칙으로부터 생성되는 언어다. 우변은 공백 이외의 어떤 기호라도 좋다. 그래서 2유형 언어는 **문맥 자유 언어**라고도 하며, **비결정성 푸시다운 오토마톤**에 의해 처리된다. 푸시다운 오토마톤은 기억 장치를 갖춘 오토마톤으로, 10.6절의 문자열 $/a^i b^i/$ $(i \geqq 1)$을 처리하기 위해 a의 출현 수를 세어 기억하고, 그 수만큼 b의 출현 수를 센다. 이 정보를 푸시다운 스택에 저장하거나 꺼내어 상태 간 전환에 사용한다. 간단히 말해 a가 출현할 때마다 봉투에 돌을 1개씩 넣고, b가 출현할 때마다 봉투에서 돌을 1개씩 꺼내어 같은 숫자인지 확인하는 기구다. 어떤 언어가 2유형 언어라면 그 언어는 1유형 언어에도 속한다.

3유형 언어는,

$$A \rightarrow aB \text{ 또는 } A \rightarrow a \quad (a \in T \quad A, B \in N)$$

의 다시 쓰기 규칙으로부터 생성되는 언어이며, **정규 언어**라고도 한다. 바꿔 말해 유한 오토마톤에서 처리되는 언어라고 할 수 있다. 상태를 전환하기 위해 하나의 비단말 기호로 대체되거나 하나의 단말 기호로 대체되어 종료되기 때문이다. 예를 들어 $/a^i/$ $(i \geqq 1)$는 3유형 언어다. 어떤 언어가 3유형 언어라면 그 언어는 2유형 언어에도 속한다.

그림 10-21에 나타낸 형식 언어의 상호관계에서 알 수 있듯이, 표현 패턴이 가장 많은 0유형 언어를 처리할 수 있는 튜링 머신을 가장 강력한 장치로 볼 수 있다.

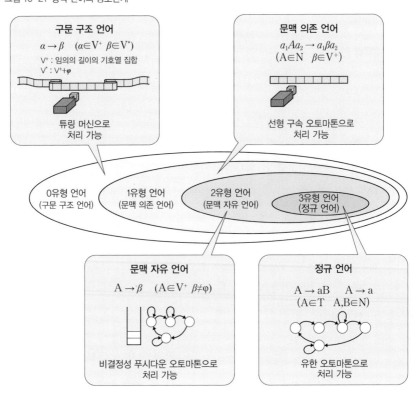

형식 문법과
처리 장치 모델의 관계는
이렇구나!

10.8 컴퓨터를 통한 자연어 처리

컴퓨터에서 자연 언어(자연어) 처리를 한다면 그 순서는 일반적으로 그림 10-22 와 같지만, 애플리케이션의 목적에 따라 해석 결과는 다르다. 가나(히라가나 나 가타가나 같은 일본의 음절문자)와 한자는 전후 맥락을 고려하여 타당한 한 자-가나의 혼용 문장으로 변환되어야 하고, 기계 번역을 하거나 대화를 이해 한다면 의미까지 추출해야 한다.

▼ 그림 10-22 일반적인 자연어 처리 블록도

문자열 → 형태소 해석 → 구문 해석 → 의미 해석 → 해석 결과

형태소는 언어적으로 의미를 갖는 최소의 단위로, 언어의 가장 작은 단어라고 할 수 있다. **형태소 해석**은 입력된 언어를 형태소 사전을 이용하여 문자열을 형 태소로 분할한 후 타당한 형태소의 열로 변환해 출력하는 처리다.

예를 들어 '그는 구두를 산다'라는 문자열을 생각해 보자. 먼저 이 문자열을 형 태소 사전을 이용하여 형태소 분할한다. 분할 결과로 얻은 각 형태소로 그림 10-23의 '그는 구두를 산다'와 같이 연결된 형태인 **단어 레티스**를 형성한다.

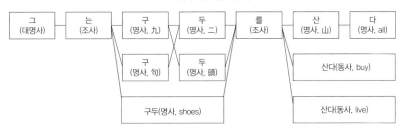

다음으로, 타당한 형태소열을 선택할 수 있는데, 크게 휴리스틱한 방법과 통계적 방법이 있다. 휴리스틱한 방법에는 사전 항목과 대조하여 가장 길게 문자열이 일치하는 것을 선택하는 **최장 일치법**, 문장 중의 단어 수가 최소가 되는 것을 선택하는 **단어 수 최소법** 등이 있다. 통계적 방법은 대용량 자연어 데이터를 통해 형태소 연결의 타당성을 평가할 수 있다는 것을 전제로 사용된다. 특히 최근에는 통계적 방법이 주류를 이루는데, 레티스상에서 각 형태소 간 접속 출현 확률을 신문기사 등 대량의 기존 텍스트 데이터베이스에서 추출한 뒤 아크에 기록하는 것이다.

여기에서는 형태소 2개의 연접(2-gram)으로 설명한다. 그림 속에는 기술되어 있지 않지만, 각각의 아크는 연접된 형태소의 출현 확률을 가지고 있다. 일반적으로 n개의 연접 빈도를 **n-gram**이라고 한다. n값이 클수록 언어로서의 타당성은 높아지지만, 전체 텍스트 데이터 안에서 찾을 수 있는 가능성은 희박해진다. 이어서 레티스의 문두에서 문미까지, 모든 형태소열에 대해 2-gram 출현의 동시 확률을 구하고, 그 값이 최대인 경로(이 그림의 예에서는 빨간선)를 최적 형태소열로 한다. 실제 계산할 때는 레티스 내 형태소열의 수가 방대해지므로 동적 계획법 등으로 계산량을 줄이면서 최적해를 구한다. 동적 계획법은 최적화 문제를 여러 개의 부분 최적화 문제로 분할하여 푸는 방법으로, 여기서는 상세하게 설명하지 않는다.

구문 해석에서는 형태소끼리의 문법적 연결 타당성을 평가한다. 평가 방법에는 구 구조 규칙에 따라 구문 트리(10.4절 참조)를 사용하여 문장의 구조를 검사하는 **의존적 구조 해석법**이 있다. 예를 들어 그림 10-24(1)의 형태소열을 얻었고, 그림 10-24(2)와 같은 구 구조 규칙이 주어졌다고 하자. 이 형태소열에 대해 순차적으로 그림 10-24(2)의 규칙을 반대로 적용해 나간다. 먼저 '그(N)'는 NP→N의 우변에 해당하므로 좌변으로 치환해 NP가 되고 '는(P)'과 결합한다. 그러면 NP→NP+P의 우변이 되므로 좌변으로 치환되어 NP가 된다. '구두(N)'도 이와 마찬가지 방법으로 NP로 대체된다. 이처럼 역으로 적용하는 것을 반복하여 최종적으로 S로 대체되면 구문 해석에 성공한 것이다. 이 과정은 그림 10-24(3)과 같은 구문 트리로 표현할 수 있다.

▼ 그림 10-24 구 구조 규칙을 이용한 구문 해석의 예

(1)

그 (명사)	는 (조사)	구두 (명사)	를 (조사)	산다 (동사)

(2)

S→NP+VP
NP→N
NP→NP+P
NP→DET+N
NP→DET+AP+N
VP→NP+V

N→그, 구두
V → 사다
P→는, 를

S: Sentence (문장)
N: Noun (명사)
NP: Noun Phrase (명사구)
V: Verb (동사)
VP: Verb Phrase (동사구)
P: Particle (조사)
A: Adjective (형용사)
AP: Adjective Phrase (형용사구)
DET: Determiner (한정사)

(3)

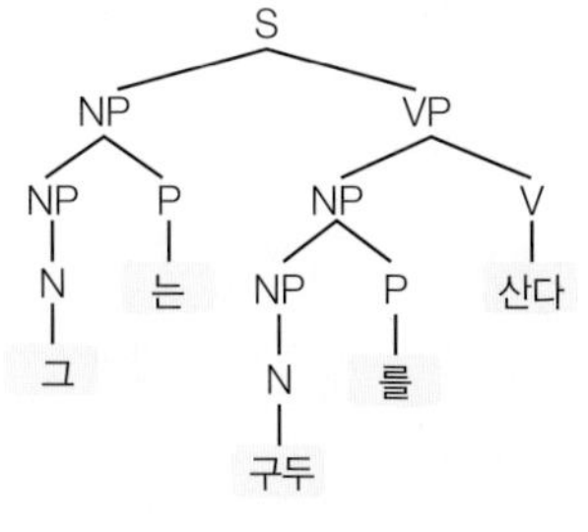

의미 해석에서는 구문 해석의 결과, 문법적으로 옳다고 평가된 구문이 의미상으로도 올바른지를 평가한다. 평가 방법에는 의미 네트워크(6.2절 참조)를 이용하는 방법, 격 문법(10.5절 참조)에 의한 방법 등이 있다.

앞에서 본 n-gram에 의한 형태소 해석에서 n의 값이 커지면 기존의 표현을 참조하는 구문 해석이나 의미 해석을 더 쉽게 해낼 수 있을 것이다. 최근에는 기계 번역을 중심으로 기계 학습(15.8절 참조)을 이용한 자연어 처리가 확산되고 있다.

11장

정동

1장에서도 소개했듯이, 인지과학의 창시자 중 한 사람인 가드너는 감정과 정동을 인지과학 범위에 포함하지 않았다. 정동은 주관적인 면이 크다는 이유로 인지과학에서 다루지 않는 경우가 많다. 그러나 정동은 우리의 행동을 이끄는 원동력이 되거나, 사물의 인지나 반응에 커다란 영향을 주는 등 중요한 심적 활동이다.

이 장에서는 정동의 발생과 인지 메커니즘 모델, 정동에 의해 일어나는 신체적 변화를 살펴본다.

11.1 정동과 인지

분노나 슬픔과 같은 정동(情動)[1]은 우리에게 어떤 의미일까? 그림 11-1은 정동에 관한 주요 이론을 나타낸 것이다.

▼ 그림 11-1 정동에 관한 이론

감정 인지설	감정 충동론	정동 사회 구성론
외부 자극에 대해 유익성을 평가하고 그 결과로 인해 정동이 생긴다.	감정 시스템은 동물이 진화 과정에서 획득한, 생존을 위한 소프트웨어다.	정동은 사회생활 속에서 가치관을 표현하거나 행동을 제어하는 기능을 한다.

행동주의가 한창일 무렵, 어떤 학자들은 정동을 내적 작용이라며 중요하게 여기지 않고, 오히려 우리의 사고와 행동을 방해한다는 정동 유해설을 주장하기도 했다.

하지만 행동주의가 쇠퇴하고 인지과학이 흥할 무렵, 미국의 심리학자 아놀드 등은 강한 감정을 일으키는 이미지를 인식하기 힘들 정도로 짧은 시간 동안 보여주어도 말초 신경계가 반응하는 것을 실험으로 확인했다. 이 실험을 통해 외부 자극이 자신에게 유익한지 아닌지에 대한 평가는 무의식적으로 이루어지고, 그 결과로 정동이 생긴다는 **감정 인지설**을 제안했다.

이와 관련해 일본의 인지심리학자 도다는 **감정 충동론**을 주장했다. 감정을 주관하는 시스템은 동물이 진화하는 과정에서 생존에 유익하기 때문에 획득하게 된 소프트웨어라고 설명한 것이다.

---

1 **역주** 심리생리학적 상태를 가리키는 정신분석학 용어로 기분, 정서 등의 감정과 내부에서 일어나는 무의식적인 진행 과정을 아우르는 개념이다.

미국의 심리학자 에크먼도 자극에 대한 반응이 즉각적으로 작용한다는 **정동 진화론**의 입장을 취했다. 이처럼 정동이란 인간 및 생물이 타고난 것으로, 외부 자극에 대해 반응하는 양식이라는 생각이 널리 퍼졌다.

하지만 정동이 사회생활 속에서 가치관을 표현하거나 행동을 제어하는 기능이라 주장하는 **정동 사회 구성론**도 있다.

정동이 어떻게 해서 발생하는지에 대해서는 몇 가지 설이 있는데, 먼저 "슬퍼서 우는 것이 아니라 울어서 슬픈 것이다."라는 말로 알려진 **제임스-랑게 이론**이다. 그림 11-2와 같이 자극이 입력되면 말초 신경계가 반응하고 생리적 변화가 일어나면서 대뇌 피질에서 정동이 생긴다는 것으로, **말초 기원설**이라고도 한다. 다만 반증 사례로 말초 신경계와 뇌를 연결하는 경로를 차단해도 감정을 보이는 동물 실험이 있다.

▼ 그림 11-2 제임스-랑게 이론

생리적 변화가 일어남으로써 대뇌 피질에서 정동이 발생한다.

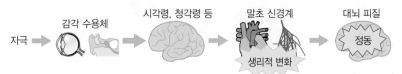

자극 → 감각 수용체 → 시각령, 청각령 등 → 말초 신경계 / 생리적 변화 → 대뇌 피질 / 정동

캐논-바드 이론은 그림 11-3과 같이 자극이 시상을 흥분시키고, 이곳을 중추로 말초 신경계가 반응해 생리적 변화를 일으키며, 동시에 대뇌 피질에서 정동으로 이어진다는 이론이다. 즉, 시상에서 감정을 인지하고 그 후에 생리적 변화를 일으킨다는 이론으로, **중추 기원설**이라고도 한다.

▼ 그림 11-3 캐논-바드 이론

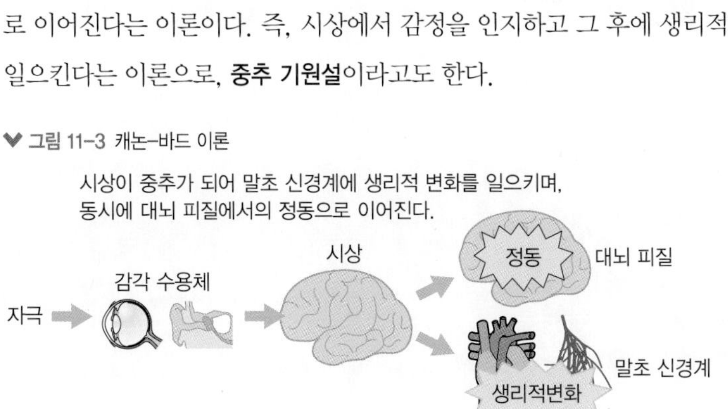

시상이 중추가 되어 말초 신경계에 생리적 변화를 일으키며,
동시에 대뇌 피질에서의 정동으로 이어진다.

자극 → 감각 수용체 → 시상 → 정동 / 대뇌 피질
시상 → 생리적변화 / 말초 신경계

이에 대해 미국의 사회심리학자 샥터와 싱어는 그림 11-4와 같이 생리적 변화와 그 변화 원인에 대한 인지가 양쪽에서 정동으로 이어진다는 **두 요인 정서 이론**을 제창하고, 생리적 각성 조건을 마련한 실험으로 이를 확인했다.

그 후 정동에 관한 많은 뇌과학 연구가 이어지면서 대뇌 변연계, 그중에서도 편도체가 자극에 대한 상황 인지에 중요한 역할을 하며, 시상하부나 뇌간을 통해 신체적 변화를 일으킨다는 것이 밝혀졌다(15.5절 참조).

▼ 그림 11-4 두 요인 정서 이론

생리적 변화와 그 변화를 일으키는 원인에 대한 인지가 모두 정동으로 이어진다.

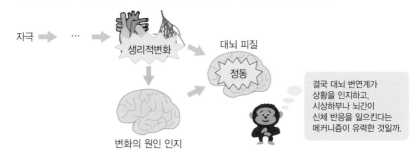

11.2 정동에 의한 신체적 변화와 측정 지표

앞서 설명한 바와 같이, 자극에 대한 정동 반응으로 신체적 변화를 일으키는 데는 편도체가 중요한 역할을 한다. 정동에 의한 신체적 변화에는 자발적 반응과 비자발적 반응이 있다. 자발적 반응은 손을 드는 등 신체 동작, 목소리를 키우거나 높이는 운율 변화 등 자신의 의사와 관련이 있다. 비자발적 반응은 혈압이 상승하거나 땀이 나는 등 자신의 의사와 무관한 자율 신경계의 반응이다. 표정 변화, 목소리 떨림 등 성질 변화도 이에 속한다. 여기에서는 주로 비자발적 반응에 대해 소개한다.

일본의 인지심리학자 오히라 등은 감정을 유발하는 사진을 본 실험 참가자의 뇌 활동을 측정하여 편도체의 활동이 피부 전기 반응, 부신 피질 자극 호르몬의 수치 변화와 상관관계가 있음을 발견했다. 여기서 부신 피질 자극 호르몬은 강한 스트레스를 받을 때 분비되는 체내 물질이다.

우리가 주의를 기울이는 시각적 공간을 **유효 시야**라고 하는데, 불쾌한 감정을 일으키는 사진이 유효 시야를 축소시킨다는 실험 결과가 있다. 일본의 심리학자 노바타 등은 그림 11-5와 같이 유쾌한 사진, 불쾌한 사진, 중립적인 사진을 실험 참가자에게 보여준 다음, 짧은 시간(500밀리초, 3000밀리초) 후에 사진과 같은 크기의 직사각형을 보여주었다.

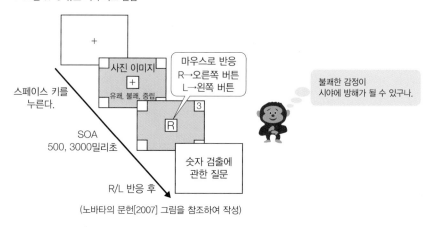

▼ 그림 11-5 유효 시야 축소 실험

(노바타의 문헌[2007] 그림을 참조하여 작성)

직사각형의 가운데에는 알파벳 R이나 L이 적혀 있고, 한쪽 구석에는 숫자가 써 있었다. 실험 참가자에게 R과 L 중 어느 쪽 글자가 쓰여 있었는지, 숫자는 무엇이었는지를 물어보니, 그림 11-6과 같이 유쾌함을 일으키는 사진이나 특별한 감정을 일으키지 않는 사진보다 불쾌감을 일으키는 사진을 보여주었을 때 수치를 식별하는 확률이 낮았다. 특히 500밀리초 이후에 보여주었을 때 식별 확률이 크게 저하되었다. 불쾌감을 일으키는 부분을 중심으로 주의가 집중된 결과, 유효 시야가 축소되었기 때문이다.

▼ 그림 11-6 유효 시야 축소 실험 결과

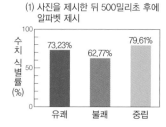

(1) 사진을 제시한 뒤 500밀리초 후에 알파벳 제시

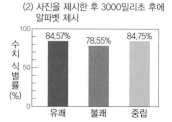

(2) 사진을 제시한 후 3000밀리초 후에 알파벳 제시

(노바타의 문헌[2007] 데이터를 바탕으로 작성)

앞절에서도 언급한 에크먼 등은 감정 진화론의 입장에서 각 정동에 대응하는 얼굴 표정에 특정한 패턴이 있다고 생각했다. 그래서 얼굴 사진을 이용한 판정 실험을 하고, 이를 통해 분노, 두려움, 슬픔, 행복, 놀람, 혐오라는 여섯 종류의 **기본 정동**과 표정을 구분했다. 그 후 이 기본 정동과 표정을 정동의 지표로 널리 사용하게 되었다. 하지만 이 지표에 주관성이 포함되었을 경우를 배제할 수 없다는 비판이 제기되었고, 결국 **안면 근전도**라고 불리는 객관적 지표가 등장했다.

이러한 지표들이 등장했어도, 정동과의 대응이 정확한지에 대한 의문은 사라지지 않았고, 계속해서 다른 신체 지표와 정동에 대한 연구가 이루어졌다. 미국의 심리학자이자 신경과학자인 배럿은 심박수나 혈압이 감정 측정의 지표가 될 수 있다고 생각했고, 에크먼 등은 심박수와 함께 체온, 발한에 초점을 맞추어 기본 정동의 표정을 짓는 실험 참가자들의 생리적 지표 변화를 측정했다. 그림 11-7(1), (2)는 감정별 심박수와 체온의 측정 결과다.

▼ 그림 11-7 정동과 생리적 변화

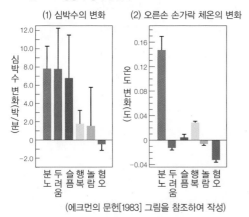

(에크먼의 문헌[1983] 그림을 참조하여 작성)

이 결과로부터 그림 11–8과 같은 결정 트리로 감정의 세 가지 서브 그룹을 구별할 수 있었다.

▼ 그림 11–8 감정 식별을 위한 결정 트리

11.3 정동 모델

앞서 우리는 인지 과정을 설명하기 위해, 감각 수용체를 통해 입력된 정보에 기억 정보를 더하여 인지 및 판단을 수행하고 이것이 행동으로 이어진다는 정보 처리 모델을 가정했다. 이 과정에 정동이라는 심적 활동이 관여하고 있음은 말할 필요도 없다. 그렇다면 정동은 정보 처리 모델에 어떤 식으로 포함되는 것일까?

미국의 인지심리학자 바우어는 지식 네트워크 속에 감정 노드가 존재한다고 생각했다(그림 11-9). 이 **감정 네트워크 모델**에는 감정 노드와 관련이 있는 사건들이 링크되어 있다. 기쁜 사건이 발생하면 그림 11-9의 1번 아크에 의하여 기쁨의 감정 노드가 활성화되고, 기쁨의 감정 노드와 2, 3번 아크를 통해 다양한 지식으로 확산된다. 그러나 기쁨의 감정 노드는 **감정가**(어느 정도의 유쾌함을 느끼는지, 또는 불쾌감을 느끼는지를 나타내는 양)가 반대 방향인 감정 노드를 억제하는 것이 특징이다. 그림에서 점선으로 된 아크는 억제를 의미한다. 이 그림에서 3번 아크는 2번 아크보다 약하다.

▼ 그림 11-9 감정 네트워크 모델의 일부

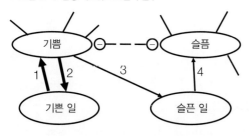

감정 네트워크 모델을 이용하면 현재 감정과 같은 감정을 가진 저장 정보를 검색하기 쉬워지는데, 이를 **감정 일치 효과**라고 한다. 즉, 기쁨으로부터 기쁜 일의

링크가 연결되는 것처럼, 현재의 감정 노드가 활성화되면 아크로 연결된 같은 감정의 사건이 활성화되어 감정가가 반대인 감정 노드를 억제하는 것이다.

바우어는 실험 참가자가 '기쁨'이나 '슬픔'을 느끼도록 유도한 다음, 어린 시절의 사건들을 떠올려 쓰도록 지시했다. 다음 날 그것을 유쾌한 것과 불쾌한 것으로 분류하는 실험을 했다. 그 결과 그림 11-10과 같이 행복한 감정을 느낀 실험 참가자들은 불쾌한 기억보다 유쾌한 기억을 더 많이 검색했다. 기억할 때의 감정과 회상할 때의 감정이 같으면 검색이 용이해지는 현상을 **감정 상태 의존 효과**라고 부른다. 즉, 어떤 감정을 경험했을 때 이 감정이 부호화된 정보(기억)와 노드로 연결되면, 이후 그 감정을 활성화할 경우 해당 기억을 검색하기 쉬워진다고 설명할 수 있다.

❤ 그림 11-10 어린 시절 사건의 검색 수

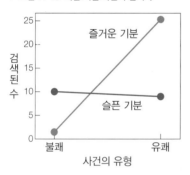

(바우어 문헌[1981]의 그림을 참조하여 작성)

반면, 감정 네트워크 모델로는 설명되지 않는 경우도 있다. 부정적 감정에 감정 일치 효과가 반드시 나타나지는 않는다거나, 자신과 관련한 정보를 처리할 때 이러한 효과가 더 쉽게 나타나는 등의 경우다. 이에 대해 오스트레일리아의 사회심리학자 포가스는 **정서 주입 모델**을 제안했다.

이 모델에 의하면 그림 11-11과 같이 정보를 처리할 때 대상이나 상황의 특성에 따라 네 가지 유형의 전략을 취할 수 있다. 첫째는 직접 접근 전략으로, 과거의 경험에 의해 판단하는 가장 단순한 전략이다. 둘째는 동기 충족 전략으로,

특정 명확한 목표나 동기가 있을 때 그 충족을 우선시하는 전략이다. 이 두 가지는 감정 유입이 거의 필요하지 않다. 셋째는 휴리스틱 전략으로, 목표가 단순하거나 전형적일 때 간단하고 제한된 정보를 이용하는 전략이다. 이 전략은 감정이 유입되기 쉽다. 넷째는 실질적 전략으로, 목표가 복잡할 때 새로운 정보를 도입하고 감정의 영향도 함께 이용하여 광범위하게 기존 정보를 분석하는 것이다. 이 두 가지는 감정이 많이 쓰이는 전략이라고 할 수 있다.

❤ 그림 11-11 정서 주입 모델

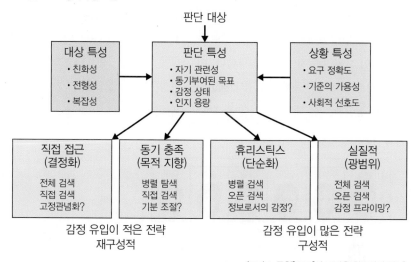

(포가스 문헌[1995]의 그림을 참조하여 작성)

11.4 / 표정 인지

얼굴의 표정 및 감정을 인식하는 데는, **표정 인지 카테고리설**이나 **표정 인지 차원설**이 있다.

표정 인지 카테고리설은 에크만의 6가지 기본 표정 패턴으로 대표되는 가설로, 기본 감정이 존재하고 그것들이 서로 차이가 나도록 진화해 왔으며, 인종에 관계없이 보편적인 것이라고 설명한다. 이 가설에 의하면 그림 11-12처럼, 인간은 기본 감정에 대응하는 표정 카테고리를 항상 가지고 있으며, 그중에서 상대의 표정이 어디에 해당하는지를 검색하고 판단한다.

▼ 그림 11-12 표정 인지 카테고리설

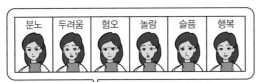

| 분노 | 두려움 | 혐오 | 놀람 | 슬픔 | 행복 |

가지고 있는 표정 카테고리 중에서 상대의 표정이 어느 것에 해당하는지를 검색하여 판단한다.

하지만 이 가설에 대한 비판이 두 가지 있는데, 먼저 6가지 감정에 대응하는 단어가 없는 부족이 있다는 것, 6가지 기본 표정은 자연발생적인 것이 아니라 연극에서 무언의 대사를 표현할 때와 같이 특별한 장면에서 사용되는 것이라는 비판이다.

표정 인지 차원설은 표정에 기본 카테고리가 존재하는 것이 아니라 몇 가지 특징을 축으로 하는 공간에 연속적으로 위치한다고 설명한다. 캐나다의 심리학자 러셀 등은 그림 11-13과 같이 '유쾌-불쾌', '각성-진정'의 두 축으로 이루어진 공간상에 표정을 위치시킨다. 그래서 상대의 심리 상태를 모니터할 때 얼마나 행복한가, 얼마나 흥분하고 있는가의 여부를 나타내는 축을 사용해 판단한다. 두 축으로 형성되는 네 개의 사분면은 각각 흥분, 스트레스, 우울, 휴식이며, 이 속에 다양한 표정이 연속적으로 자리 매김한다고 설명한다.

▼ 그림 11-13 표정 인지 차원설

'유쾌-불쾌' '각성-진정'의 두 축에 의한 공간 중 어디에 상대의 표정이 자리 매김되는지를 판단한다.

1990년에 들어섰을 무렵부터 얼굴 표정 분석과 인식, 합성 연구에 컴퓨터를 이용한 접근 방법과 MEG 및 fMRI를 이용한 뇌신경 활동 측정 방법(15.7절 참조)을 활발히 사용했다. 컴퓨터에 의한 연구에는 3차원 컴퓨터 그래픽을 이용해 표정 모델을 구축하거나 **모핑** 기술을 이용하여 얼굴 표정을 합성/분석하거나, 딥러닝 등의 기계 학습(15.8절 참조)으로 얼굴 표정을 학습하여 식별하는 시도 등이 있다. 모핑 기술은 하나의 얼굴 이미지에서 다른 얼굴 이미지로 연속적으로 매끈하게 변형시켜 나가는 기술이다. 이때 단지 픽셀 값을 선형으로 보간(補間)[2]하는 것만으로는 이미지가 흐릿해지므로 대응점을 찾아 위치를 보간 이동하거나 보간 변형을 함께 고려하는 작업도 행해야 한다. 다수의 얼굴 이미지 데이터를 모핑에 의해 변환하며 중간 얼굴을 계속 만들어 나가면, 중간 표정의 얼굴 이미지가 된다. 이 중간 얼굴 이미지와 각종 표정 이미지의 차이를 봄으로써 표정을 인지시키는 특징량을 찾아낼 수 있다.

---

2 역주 점으로 이루어진 데이터들 사이의 중간 값을 추정하는 것

표정 인지에는 동적인 요인도 관여한다. 일본의 인지과학자 가마치 등은 진지한 얼굴에서 각 감정의 표정으로 변화하는 모핑 영상의 변화 속도를 3단계로 바꾸어 가며 실험 참가자로 하여금 어떤 표정인지 답하게 했다. 그 결과 그림 11-14와 같이 속도가 감소할수록 슬픔의 정답률은 향상되는 한편, 행복이나 놀라움의 정답률은 감소하는 등 속도에 따라 정답률이 변화함을 확인했다. 이 실험 결과는 저자들이 1992년에 측정한 감정 음성의 지속 시간과도 통하는 바가 있어 흥미롭다.

▼ 그림 11-14 표정 변화 속도와 정답률

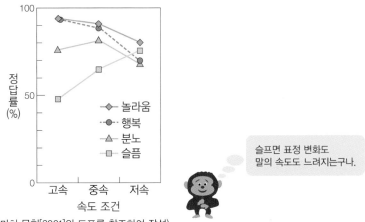

(가마치 문헌[2001]의 도표를 참조하여 작성)

얼굴 표정에는 눈이 중요한 역할을 한다고 하는데, 정말 그럴까? 그림 11-15(1)~(4)의 얼굴들에 그려진 눈은 각각 기쁨, 분노, 슬픔, 놀람 등을 드러내는 것처럼 보이지만, 눈썹과 입을 제거하면 사실 모두 같은 눈이다. 이처럼 눈썹과 입이 눈의 표정을 이끌어 내고 있음을 알 수 있으며, 표정을 정의하는 것은 눈보다 눈썹이나 입일 가능성이 높다.

♥ 그림 11-15 얼굴 표정에서 눈썹과 입의 중요성

12^장

사회적 인지

지금까지는 주로 사물을 대할 때의 심적 활동 과정을 살펴보았는데, 대상이 사람일 경우에는 대상도 심적 활동을 하기 때문에 사물을 대할 때와는 다른 관점에서 관찰해야 한다. 우리는 얼굴, 태도, 생활 환경과 같은 다양한 정보로 다른 사람을 인지하고, 자신의 태도를 결정한다. 거기에 제3자가 있으면 그와의 관계에 의해서도 태도가 달라진다. 집단 안에 있으면 또 다른 다이나믹이 작용한다.

이 장에서는 이처럼 타인에 대한 인지에 대해 논의해 보겠다.

12.1 대인 인지

지금까지 사물에 대한 인지 과정과 메커니즘을 주로 살펴보았는데, 이 장에서는 타인과의 관계에 대한 인지를 살펴보고자 한다. 우리는 처음 보는 사람일지라도 생김새나 말투, 직업 등 다양한 정보를 통해 대략적인 인물상을 찾아낼 수 있다. 만나본 적이 없어도 사진이나 들리는 정보로 어느 정도 인물상을 그려낼 수 있는데, 이렇게 인물상을 구축하는 과정을 **인상 형성**이라고 부른다.

인상 형성에 대해, 미국의 사회심리학자 앤더슨은 **가중 평균 모델**을 제안했는데, 성격을 표현하는 여러 단어의 선호도를 이용하는 모델이다. 그 후 역시 미국의 사회심리학자 칼스톤은 인상 형성을 설명하기 위해 성격뿐 아니라, 외모나 행위와 감정 반응 등도 고려하는 **연합 모델**을 제안했다. 이 모델은 그림 12-1과 같이 시각 시스템, 언어 시스템, 행위 시스템, 감정 시스템의 네 가지 기본 처리 시스템이 인상을 형성한다고 가정한다.

그림 12-1에서 가로축은 구체적인지, 추상적인지를 나타낸다. 세로축은 공적 자기를 향하고 있는지, 사적 자기를 향하고 있는지를 가리킨다. 공적 자기는 타인에게 보이는 자기 자신, 사적 자기는 타인에게 보이지 않는 자기 자신이다. 시각 시스템은 시각적 외모, 언어 시스템은 성격 특성, 행위 시스템은 행동 반응, 감정 시스템은 감정 반응에 대한 정보를 각각 처리한다. 또한, 여러 시스템이 동시에 관여하기도 한다. 예를 들어 외모에 대한 시각 시스템, 대화를 통한 언어 시스템이 관여하면서 다양한 인상을 추측하고 인상 형성을 촉진한다. 즉, 시각 시스템이 구체적인 초기 인상을 형성한 후 상호작용에 의해 언어 시스템이 관여하면서 오른쪽으로의 추상적 인상을, 아래쪽으로의 사적 자기 인상을 형성한다.

▼ 그림 12-1 연합 모델

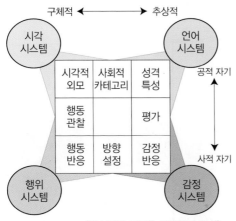

(칼스톤의 모델을 참조하여 작성)

미국의 사회심리학자 피스크 등은 여기에 시간축에서 바라보는 사고가 필요하다며 **연속체 모델**을 제안했다. 그림 12-2와 같이 우선 인종, 나이, 외모, 분위기 등으로 상대를 분류하고 자신이 관심을 가질지 말지를 판단한다. 만약 관심이 있으면 특징이나 정보에 의해 어떤 카테고리로 분류할지를 정하고, 그 카테고리에 따라 감정과 인지 여부를 판단한다. 카테고리화에 성공하지 못하면 카테고리화 과정을 다시 하고, 다른 카테고리로 분류한다. 그래도 일치하지 않으면 단편 정보에 따라 감정과 인지 여부를 판단한다. 이와 같이 최초로 카테고리화를 실시하고, 그 후에 그 카테고리 특성에 들어맞는지 아닌지를 검증해 가는과정을 따른다.

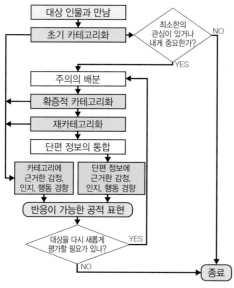

(피스크 등의 모델을 참조하여 작성)

우리는 각자 **개인 공간(대인 거리)**을 가지고 있다. 눈에 보이지 않는 자기 자신의 영역이다. 미국의 문화인류학자 홀은 상대와의 관계에 따라 그림 12-3과 같이 대인 거리가 달라진다고 했다. 또 일본의 퍼포먼스학자 사토 아야코는 약 7년에 걸쳐 남녀 약 900명을 대상으로 일본인의 개인 공간에 대한 실험을 실시했다. 그림 12-3에서 알 수 있듯이 대인 거리는 성별과 나이에 따라 다르다. 또 미국인은 일본인에 비해 짧은 경향이 있다. 하지만 사회적, 공식적 거리는 미국인이 더 길다.

2020년 COVID-19 팬데믹 시기에 제안된 **소셜 디스턴싱**은 여기서 말하는 사회적 거리의 동명사형이다. 대인 거리의 영역은 완전한 원형이 아니라 앞쪽이 크고 좌우 측면, 뒷면의 순서로 작아지는 달걀형 형태를 만든다. 인간이 아닌 로봇일 경우에는 대인 거리가 달걀형이 아니라 원형에 가깝다는 연구 보고도 있다.

❤ 그림 12-3 개인 공간(대인 거리)

	홀	사토 아야코
친밀한 거리 (intimate distance)	~45	남성 60 여성 58
개인적 거리 (personal distance)	45~120	남성 72 여성 69
사회적 거리 (social distance)	120~350	남성 89 여성 107
공식적 거리 (public distance)	350~	남성 108 여성 118

단위 cm

대인 거리는
달걀형 영역을 형성

상대방과의 관계에 따라
대인 거리가 달라지네!

12.2 얼굴의 기억과 인지

우리는 가족, 부모, 형제, 친구, 이웃뿐 아니라 이전부터 접해온 동급생, 선생님, 동료, 상사, 부하 등을 기억하고, 정치인, 연예인, 학자, 작가 얼굴도 기억한다. 그리고 다양한 각도에서 보이는 각 개인의 얼굴과 여러 표정까지 기억하고 있다. 얼굴을 이렇게 식별하기 위해서는 단지 2차원 이미지로만 얼굴을 파악하는 것이 아니라 얼굴 특유의 여러 요인을 함께 이용한다고 여겨진다. **얼굴 공간 모델**이라고 불리는 다차원 심리 공간이 있고 여기에 얼굴을 고정시킨 모델로 기억한다고 보는 연구자도 많다. 얼굴 정보를 기억하는 데는 기억의 용량이 상당히 많이 사용된다고 본다.

일본의 인지심리학자 요시카와 등은 얼굴의 기억 표상에 관해 '이미지 기억', '구조적 특징 기억', '시각 및 의미 연합'의 세 가지 변수가 있다고 했다. 이미지 기억은 얼굴의 방향, 부위별 움직임, 주름의 움직임 등 시각적 변화에 영향을 미치는 요인을 말하고, 구조적 특징 기억은 부위별 위치 관계 등 시각적 변화에 영향을 주지 않는 요인을 말한다. 그리고 시각 및 의미 연합은 시각적 표상과 이름, 성격 등이 연합되어 인식률에 영향을 주는 요인이다.

인간이 얼굴을 인지하기 위해서는 단계별로 먼저 얼굴이라는 인지가 필요하고, 누구의 얼굴인지 식별하는 과정이 필요하며, 얼굴 표정 및 감정을 인지해야 한다. 얼굴 인지에는 다른 물체의 인지와는 다른 특유의 착안 요소가 있는데, 단순히 눈이나 입 등 부위별 특징뿐 아니라 **전체 처리 전략**, 즉 부위별 배치에 중점을 두고 처리한다는 것이다. 전체 처리는 그림 12-4와 같이 1차 처리와 2차 처리로 나뉘며, 1차 처리는 각 부위가 올바른 위치에 있는지 확인하는 것을 중심으로 얼굴임을 인지하는 과정이고, 2차 처리는 각 부위 배치의 미묘한 차이를 중심으로 개인성을 인식하는 과정이다.

▼ 그림 12-4 얼굴 인지 2단계설

(1) 1차 처리	(2) 2차 처리
각 부위별 위치가 올바른지를 중심으로 확인	각 부위별 배치의 미묘한 차이에 따른 개인성 인식

얼굴을 기억한다는 건
앞에서 보이는 얼굴의 이미지뿐
아니라 여러 각도에서 보이는
이미지나 표정 등을 기억하는 거구나!

영국 심리학자 브루스 등의 **얼굴 인식 모델**(그림 12-5)에서는 얼굴 인식, 인물 동정, 표정 분석 등의 과정이 각각 독립된 단위로 도출되며, 얼굴 패턴이 입력 되면 얼굴 인식 단위에 저장되어 있는 여러 얼굴 패턴과 비교하는 과정을 거친 다. 이때 먼저 시각 기관을 통해 입력된 얼굴에서 2단계의 특징을 추출하는 구 조적 부호화 과정을 수행한다. 1단계는 시점 중심 분석으로 그 결과는 표정 분 석과 음성 분석에도 활용된다. 2단계는 표정과 무관한 분석으로 방향에 따른 시각적 처리에 사용된다. 얼굴 인식 단위에서는 저장된 기존 얼굴의 구조적 코 드와 입력된 얼굴에서 인코딩된 구조적 코드와의 유사도를 조사해 입력된 얼굴 이 특별한 사람인지, 최근에 만난 사람인지 등을 식별한다.

❤ 그림 12-5 브루스 등의 얼굴 인식 모델

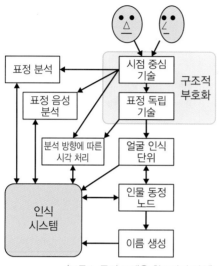

(브루스 등의 모델을 참조하여 작성)

영국의 심리학자 앨리스는 그림 12-6의 얼굴 인식 모델을 제안했다. 이 모델에서는 먼저 1차 부호화 처리로 얼굴인지 아닌지를 판정한 다음, 얼굴이라고 판단되면 물리적 분석을 수행하고 메모리 패턴과 대조하면서 얼굴을 등록한다.

❤ 그림 12-6 앨리스의 얼굴 인식 모델

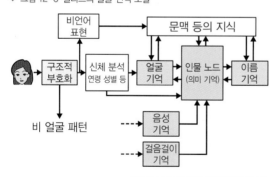

(앨리스의 모델을 참조하여 작성)

그 외 현재는 3차원 측정을 통해 얻은 신체적 특징 중 몇 가지 매개변수와 얼굴 민감도를 측정하여 얻은 심리적 인상량 간 관계를 모델링하려는 시도도 진행 중이다.

12.3 사회적 추론

사회적 상황에 대한 인간의 추론을 **사회적 추론**이라고 한다. 사회적 추론에 영향을 미치는 요인에는 **고정관념, 확증 편향** 등이 있다. 고정관념은 예를 들면 '독일 사람들은 융통성이 없다', '아이들은 순수하다', 'B형은 독특하고 틀에 맞추기 어렵다'와 같이 어떤 카테고리에 대한 고정적인 이미지를 말한다(그림 12-7).

▼ 그림 12-7 고정관념

고정관념은 인지를 왜곡하는 등 사람들의 인상 형성에 적지 않은 영향을 미친다. 미국의 심리학자 달리 등은 실험 참가자에게 초등학교 4학년 여자 아이의 비디오를 보여주며 한 그룹에는 이 아이가 높은 사회적, 경제적 배경을 가지고 있다고 설명했고, 다른 그룹에는 낮은 사회적, 경제적 배경을 가지고 있다고 설명했다. 이어서 이 아이의 학력 테스트 장면을 보여주었을 때, 사회적, 경제적 배경이 높다는 설명을 들은 그룹이 다른 그룹보다 아이의 학력을 더 높이 평가하는 것으로 나타났다. 즉, 같은 행동이라도 고정관념에 의해 다르게 판단을 내리는 경향이 있다는 것이다.

고정관념은 어떻게 형성될까? 인지심리학자 하코다 등은 그 과정을 다음과 같이 설명했다(그림 12-8).

(1) **카테고리화 효과**: 집단 내 특징 차이를 고려하여 카테고리화를 진행한다. 이때 같은 카테고리에 속하는 요소 간 유사성을 과대평가하는 **동화 효과**와 다른 카테고리에 속하는 요소 간 차이를 강화하는 **대비 효과**가 고정관념화를 촉진한다.

(2) **내부 집단과 외부 집단의 차별화**: 자신이 소속된 내부 집단을 외부 집단보다 높게 평가하거나 선호도가 증가하는 내부 집단 편향이 고정관념화를 조장한다.

(3) **착오상관**: 특별한 관계가 없는 두 가지 현상에 상관이 있거나 실제 관계 이상으로 강한 상관이 있다고 생각한다. 예를 들어 특정한 소집단이 특이한 행동을 취했을 때, 그 집단과 행동에 강한 상관관계가 있다고 착각하는 것이다. 빈도가 적어 기억에 남기 쉽고 상관관계가 높아진다는 설이 있다.

❤ 그림 12-8 고정관념의 형성 과정

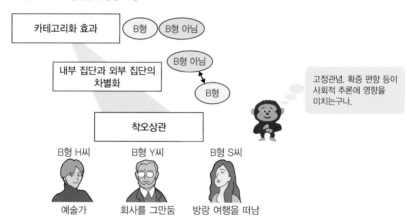

일반적으로 고정관념은 편견으로 이어질 만한 부정적 뉘앙스를 동반하는 경우가 많다. 그래서 고정관념 억제 이론도 생겨났다. 그중 하나는 미국의 사회심리학자 디바인에 의한 분리 모델이다. 이 모델은 고정관념과 사회적 타당성에 대한 개인적 신념이 분리되어야 한다는 것으로, 고정관념 억제가 작용할 때까지 두 단계가 필요하다고 본다. 첫 번째 단계에서는 편견이 강하든, 강하지 않든 자동적으로 똑같은 정도의 고정관념이 활성화된다. 그 후 편견이 강하지 않은 사람은 고정관념을 억제해야 한다고 여겨 두 번째 단계인 자동적 고정관념 형성 과정을 막고 평등성을 고려하면서 고정관념을 부정하게 된다.

또한, 우리는 어떠한 결과가 나오기를 기대하는 가설이 있을 경우, 적절한 데이터나 사례를 수집하기보다 확증을 더 높이려고 애쓰는 경향이 있는데, 이것이 바로 확증 편향이다(그림 12-9). 예를 들어 '거울이 깨지면 불행이 온다'는 소문을 들으면, '그러고 보니 거울이 깨진 날에 여러 안 좋은 일이 있었어'라고 생각하기 쉽지, '거울이 깨진 덕분에 좋은 일이 생겼어'라고 생각하지는 않는다는 것이다. 7.4절의 웨이슨의 선택 과제에서, 규칙을 따르는 일종의 확증 편향으로 인해 U와 6을 선택하는 경향이 있었던 것도 이러한 맥락이다. 확증 편향은 유사 과학을 낳는 온상이 되기 쉽다는 지적도 있다.

▼ 그림 12-9 확증 편향

기대를 갖는 가설에 대해 반례를 찾아내는 것보다
기대에 부합하는 데이터를 모아 확증을 더욱 강화하려고 한다.

12.4 태도의 변화

우리가 어떤 행동을 할 때는 대상을 향한 감정적 심리 상태, 인지, 지각, 경향 등이 기저에 있다. 이를 바탕으로 하는 행동을 **태도**라고 한다. 태도는 어떤 정당을 지지하거나 당근을 싫어하는 등 우리가 흔히 볼 수 있는 인간 행동의 결정 요인이 된다. 태도는 꾸준하고 안정적이지만 시간이 흐르면서 주어진 정보에 따라 변화될 수도 있다.

태도의 변화에 대해 미국의 심리학자 페티 등은 **정교화 가능성 모델**을 제안했다. 이 모델은 그림 12-10과 같이 태도의 변화로 이어지는 두 가지 루트를 제안하는데, 정보를 정밀하게 분석하는 **중심 루트**와 관련 단서로 판단하는 **주변 루트**다. 정보를 적극적으로 정교화하려는 동기가 있는지 없는지에 따라 태도에 차이가 생긴다는 것이다.

예를 들어 중심 루트의 경우, 처리하려는 동기나 능력이 태도를 변화시킨다. 정보의 특성에 따라 인지 구조가 호의적으로 변하면 호의적으로, 비호의적으로 변하면 비호의적으로 태도를 바꾼다는 것이다. 만일 동기나 능력이 없다면 필수적이지 않은 주변 요소(전문가 의견, 다수의 주장 등)만 가지고 큰 고민 없이 태도를 바꾼다.

새 스마트폰으로 교체할 때를 생각해 보면 이해하기 쉽다. 중심 루트는 스마트폰의 본질적인 특징이나 특성으로 판단하는 것이다. 예를 들어 CPU 성능, 해상도, 크기와 무게, 배터리의 지속 시간, 메모리 용량 등에 높은 관심과 의미를 둘 경우 이 정보가 스마트폰에 대한 신념이나 태도에 영향을 준다. 주변 루트는 스마트폰이 가지고 있는 감성이나 감정적 광고가 주는 재미, 마음에 드는 네이밍 등을 중요하게 여기는 경우다. 본질적인 특성에는 큰 관심이 없거나 중요하지 않다고 생각해서 주변 정보만으로 간단히 신념이나 태도를 바꾼다.

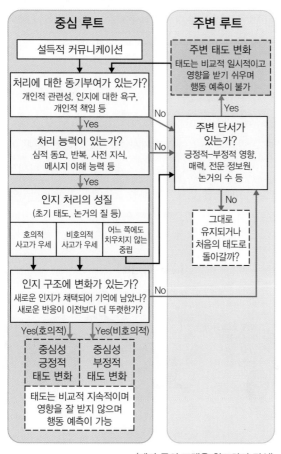

(페티 등의 모델을 참조하여 작성)

미국의 사회심리학자 하이더는 인간 관계의 안정 상태와 불안정 상태를 놓고 **균형 이론**을 제기해 왔다. 인간 관계는 불안정 상태가 오래 지속되지 않고 결국 안정 상태로 이동한다는 것이다. 일반적으로 어떤 사람(P)과 다른 사람(O), 대상(X)이 있을 때 셋의 관계는 호불호를 고려해 조합을 짜 보면 아홉 가지가 나온다. X는 사물이든 사람이든 상관없으며 +가 호감을 가진 상태, −가 혐오감을 가진 상태라고 하자. 셋의 관계를 표시하는 세 부호의 곱이 플러스인 경우

(그림 12-11(1))를 셋이 평형 상태에 있고 안정적인 것으로 간주한다. 예를 들어 자신이 어떤 정치가를 좋아하지 않고(−), 다른 사람도 그 정치가를 좋아하지 않을 때(−), 자신과 다른 사람의 마음이 맞는다면(+) 안정 상태에 있는 것이다. '적의 적은 우리 편'이 이런 상황이다.

반면, 세 부호의 곱이 마이너스인 경우(그림 12-11(2)) 셋은 불안정 상태에 있다고 하며, 이러한 상태는 오래 가지 않고 안정 상태로 이동하여 균형 상태를 유지하려는 힘이 작용한다고 한다. '중이 미우면 가사(袈裟)[1]도 밉다'는 것이 이런 상황이다. 나와 상대, 그리고 대상(물)이 있을 때 관계를 안정시키기 위해서는 상대나 대상(물)에 대한 나의 태도를 변화시키거나, 경우에 따라서는 타인에게 태도를 바꾸도록 압력을 가하는 것이 필요할 수도 있다.

❤ 그림 12-11 균형 이론

(1) 안정 상태

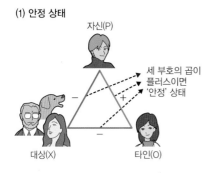

자신(P)

세 부호의 곱이
플러스이면
'안정' 상태

대상(X)　　타인(O)

(2) 불안정 상태

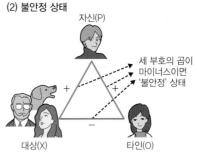

자신(P)

세 부호의 곱이
마이너스이면
'불안정' 상태

대상(X)　　타인(O)

불안정 상태는 오래가지 않고,
결국 안정 상태로 이동

1　역주 어깨에서 겨드랑이로 걸쳐 입는 승려들의 옷

12.5 집단의 영향

사회적 영향에는 **사회적 촉진**과 **사회적 억제** 작용이 있다. 예를 들어 입시학원에 다니는 수험생이 주위에 있는 수험생의 영향으로 학습 성적이 올라갈 수 있는데 이것이 사회적 촉진이다. 미국의 심리학자 자이언스는 어떤 숙련된 과제를 수행하려는 사람이 다른 이의 존재에 의해 활동에 대한 **생리적 각성 수준**이 높아지고 결과적으로 우성 반응이 촉진된다는 **우성 반응설**을 주창했다. 이는 이후 다른 사람이 자신의 작업을 평가하지 않을까 걱정하는 요인이 되기도 한다고 지적했다.

반대로, 프랑스의 농업기술자 링겔만은 여러 사람이 밧줄을 끌어당기는 힘을 압력계로 측정하는 실험을 했는데, 한 명으로 시작해 인원수를 조금씩 늘려가며 당기는 힘을 측정해 각 사람이 내는 힘을 계산했다. 그 결과 두 명이 되면 한 명일 때의 93%의 힘을 썼고, 세 명이 되면 85%, 8명일 때는 49%로, 사람이 많아질수록 개인이 발휘하는 힘은 점점 떨어졌다(그림 12-12). 이는 **사회적 태만**이라고 불리는 억제 현상으로, 개인에 대한 사회적 압력이 분산되어 있기 때문에 생겨난다고 할 수 있다. 주된 원인은 집단 내 각자의 목표가 명확하지 않고 성취도를 이해하기 어렵다는 것이다.

▼ 그림 12-12 사회적 태만

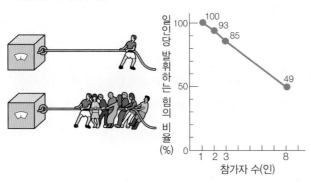

이와 유사한 사회적 억제 효과로 **방관자 효과**가 있다. 다수의 사람이 있는 가운데 어떤 사고가 발생하여 도움이 필요한 경우, 도울 수 있는 일정 수의 사람이 존재하면 각 사람들의 도움 행동은 억제되는 것을 말한다. 미국의 심리학자 라타네 등은 방관자 효과의 요인이 주위 사람의 평가를 걱정하거나, 주위 사람 역시 무반응한 것에 영향을 받아 책임감이 분산되기 때문이라고 했다.

그 밖에 개인이 집단으로부터 받는 영향으로 **동조**가 있다. 미국의 심리학자 애쉬는 다음과 같은 실험을 했다. 종이 한 장에 선분 X를 하나 그리고, 다른 종이에 각각 길이가 다른 선분 A, B, C, 세 개를 그린다. 이 중 선분 B만 선분 X와 같은 길이다. 실험 참가자는 한 명씩, 다른 실험 참가자가 보는 앞에서 "선분 X와 같은 길이의 선분은 A, B, C 중 어느 것인가?"라는 질문에 답하게 된다. 실험 참가자는 일곱 명인데 이 중 S씨 외의 여섯 명은 사전에 협의된 가짜 참가자이고, S씨는 마지막에 대답하도록 순서가 정해져 있다. S씨 외의 여섯 명은 선분 B를 선택하지 않고 X와는 길이가 명백히 다른 선분 C를 선택했다. 그러자 S씨는 이상하다고 생각하면서도 분명히 다른 길이의 선분 C를 택했다. 123명에게 실험한 결과 그중 94명이 다른 길이의 선분 C를 골랐다(그림 12-13).

▼ 그림 12-13 동조

가짜 실험 참가자 6명이 C를 뽑자,
진짜 실험 참가자는 이상하다고 생각하면서도 C를 뽑았다.

이처럼 집단의 대다수가 같은 행동을 취하면(**집단의 통일성**), 본의 아니게 자신의 행동이나 태도가 그와 같은 방향을 향하기 쉽다. 이것이 동조다. 동조는 겉으로 나타나지만 속으로는 받아들이지 않는 경우도 많은데, 이 경우 **인지 불협화**가 생길 수 있다.

미국의 사회심리학자 페스팅어는 우리가 결정한 것에 부정합이나 모순(인지 불협화)이 있을 경우, 이를 해소하도록 행동을 바꾸거나 태도를 바꾸게끔 움직인다는 **인지 불협화 이론**을 주창했다. 그 방법에는 ① 행동을 바꾼다, ② 불협화를 일으킬 정보를 회피한다, ③ 새로운 정보를 찾는다, ④ 정보의 중요성을 낮춘다 등이 있다(그림 12-14). 예를 들어 거금을 주고 구입한 가방을 보고 타인이 다른 가방을 사는 것이 좋겠다고 말했을 경우 인지 불협화가 생기는데 이때 ① 구입한 가방을 사용하지 않는다, ② 구입하지 않은 가방의 광고를 무시하거나 비판적인 타인을 피한다, ③ 구입한 가방에 관한 좋은 정보를 수집한다, ④ 가방은 중요하지 않다고 생각한다 등의 방법을 찾게 된다.

❤ 그림 12-14 인지 불협화 이론

구입 행동 | 자기 인지
갖고 싶던 가방을 살 수 있었다.

타자 인지
이 가방이 더 멋있어.

불협화

인지 불협화

행동이나 태도의 변화
- 구입한 가방을 사용하지 않는다.
- 구입하지 않은 가방의 광고를 무시한다.
- 구입한 가방에 비판적인 타인을 피한다.
- 구입한 가방에 관한 좋은 정보를 수집한다.
- 가방은 중요하지 않다고 생각한다.

memo

13장

커뮤니케이션

이 책에서는 컴퓨터 내부의 정보 처리에 빗대어 이야기하고 있다. 컴퓨터가 다른 컴퓨터와 정보를 교환하는 것처럼 우리도 다른 사람과 소통하면서 새로운 정보를 받아들이고 처리하며 또다시 다른 사람에게 정보를 넘겨준다.

이 장에서는 인간과 인간 사이의 정보 전달을 다루고, 언어적 채널과 비언어적 채널의 역할, 설득력에 관여하는 요소, 전송 내용이 어떻게 왜곡되는지를 알아보겠다. 그리고 네트워크의 확장을 살펴보며 커뮤니케이션의 본질에 대해 살펴보자.

13.1 커뮤니케이션의 비언어적 채널

인간 대 인간의 의사소통에서, 말하는 이가 듣는 이에게 전달하는 정보는 **언어 정보**와 **비언어 정보**로 나뉜다. 언어 정보는 말하는 이의 구체적인 의도를 전달하는 언어로 된 정보이며, 비언어 정보는 언어 정보의 미세한 뉘앙스를 언어 이외의 수단으로 표현하거나 태도, 감정, 신체 상태 등을 전달하는 것이다. 비언어 정보는 음성의 강약, 높낮이 등의 운율을 이용하거나 얼굴 표정, 시선, 손가락에 의한 제스처 등의 신체 동작을 매체로 활용한다. 즉, 그림 13-1과 같이 의사소통에는 언어 정보로서 언어의 채널, 비언어 정보로서 운율과 신체 동작 등 세 가지 채널[1]이 존재하는 것이다. 비언어 정보인 운율과 신체 동작은 언어 정보를 수식하고 의사소통을 생생하게 만드는 역할뿐만 아니라 최소의 노력으로 최대의 결과를 얻으려는 행동의 경제 원칙에 기여한다.

▼ 그림 13-1 커뮤니케이션의 세 가지 채널

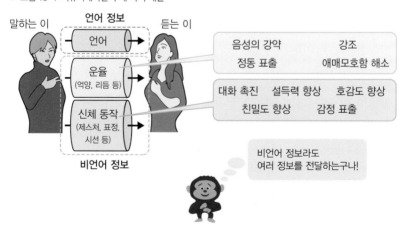

---

1   역주 앞에서부터 언어, 반언어(준언어), 비언어라고 한다. 운율은 언어의 성격을 반(半)은 가지고 있다 하여 반언어라 하는데, 여기에서는 넓은 의미로 반언어와 비언어를 모두 비언어(언어가 아닌 것)로 설명했다.

음성의 운율에는 강약, 음높이, 리듬, 간격이 있다. 음성 파형의 각 진폭, 기본 주파수, 시간 구조, 묵음 구간은 물리량을 지닌다. 우리는 의사소통할 때 이들을 잘 사용하여 음성에 음영 처리를 하면서 효율적으로 상대에게 의사를 전달한다. 예를 들어 중요한 부분은 진폭을 크게 하여 말의 속도를 떨어뜨리거나, 중요 문구 직전에 간격을 두어 주의를 기울이게 한다. 어떤 부분을 두드러지게 하면 그 부분을 강조해 전달할 수 있다. 반대로, 중요하지 않은 부분은 진폭을 작게 하고, 말의 속도를 빠르게 하며 힘을 뺀다. 이와 같이 말하는 이는 최소한의 노력을 가지고 효율적으로 자신의 의도를 전달한다. 한편, 듣는 이도 운율을 이용하여 말하는 이가 강조해서 전하고 싶은 중요한 부분과 중요하지 않은 부분을 효율적으로 식별하면서 듣는다.

운율은 기쁨이나 분노 등 말하는 이의 정동을 표출하는 데도 기여한다. 듣는 이도 말하는 이의 정동을 쉽게 파악할 수 있다. 필자도 차분한 목소리와 감성적인 목소리 사이의 운율 성분 교환 실험을 연구했는데 그 결과, 분노 표현에는 시간 구조가 크게 기여하고, 환희와 비애 표현에는 기본 주파수가 크게 기여했다.

또한, 운율은 애매모호함을 해소하는 역할도 한다. 예를 들어 10.4절에서 다룬 '멋진 선생님의 넥타이' 구문 트리의 차이와 같이 억양이나 간격 등 운율을 적절히 활용해 읽으면 구분해서 표현할 수 있다. 운율이 글의 구조를 쉽고 효율적으로 전달하는 역할을 하고 있음을 보여주는 실험도 많다.

'A사는 순조로운 실적을 올린 B사를 흡수할 계획을 세운 C사를 비판하는 D사에 동조한 E사와 비밀유지계약을 맺었다'라는 글이 전광판에 흐를 때, 글 앞머리부터 소리내어 읽다 보면 도중에 읽고 있는 내용이 달라진다는 것을 깨닫고는 읽던 것을 멈추고 잠시 생각하게 된다. 이를 **가든 패스문**이라고 한다(그림 13-2).

일본의 음성학자 이치카와 아키라 등은 이 가든 패스문을 사용하여 문장의 이해도와 운율의 관계를 조사하는 실험을 했다. 이 실험에서 실험 참가자 그룹 A, B에 대해 A그룹에는 문자로 가든 패스문을 보여주고, B그룹에는 억양과 단어 사이의 운율을 적절히 붙인 음성으로 가든 패스문을 들려주었다.

A사는 순조롭게 실적을 올린 B사를 흡수할 계획을 세운 C사를 비판하는 D사에 동조

끝까지 봐야
문장의 의미를 알 수 있겠군!

그 후 내용에 관한 이해도를 측정한 결과, 그림 13-3과 같이 문자로 본 A그룹의 평균 정답률이 13.9%인데 반해, 음성으로 들은 B그룹의 평균 정답률은 66.7%에 이르렀다. 이처럼 음성의 운율은 문장의 애매모호함을 제거하고 적은 노력으로 효율적으로 문장을 이해하는 데 도움이 된다.

그 밖에 대화를 촉진하기 위한 끄덕임, 설득을 위한 시선과 몸짓, 호감 및 친밀감 향상을 위한 표정, 감정 표현 등 의사소통에서의 신체 움직임과 그 역할에 대한 연구가 많다.

❤ 그림 13-3 가든 패스문의 이해도 측정 실험 결과

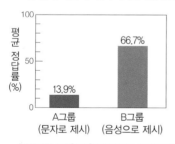

(이치카와 문헌[2011]의 데이터를 기초로 작성)

13.2 설득적 커뮤니케이션

일본의 사회심리학자인 이마이는 대인 커뮤니케이션의 목적이 다섯 가지, 즉 ① 자신의 생각을 표현하는 것, ② 다른 사람으로부터 정보를 얻는 것, ③ 타인에 대한 태도를 바꾸는 것, ④ 대인 관계를 구축하는 것, ⑤ 문제를 해결하기 위해 협력하는 것이라고 설명했다. 이러한 목적을 달성하는 데 설득적 커뮤니케이션은 큰 역할을 한다. 이마이에 따르면 설득적 커뮤니케이션을 위해서는 메시지에서 중요한 역할을 하는 요인이 필요한데 하나는 발신자 측 요인, 나머지는 수신자 측 요인이다(그림 13-4).

▼ 그림 13-4 설득적 커뮤니케이션의 성립 요인

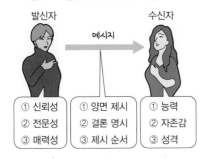

(1) 발신자 측 요인

① **신뢰성**: 일관된 언행, 객관적 태도, **양면 제시**(장점과 단점을 모두 제시하는 것) 등에 의해 형성된다. 신뢰성은 시간이 지남에 따라 저하되거나 증가하는 **슬리퍼 효과**가 나타날 수 있다. 예를 들어 신용도가 낮은 사람이 "A 회사는 파산할 수도 있다."라고 말하면 이를 믿기 어렵지만, 시간이 지남에 따라 누가 말했는지는 중요하지 않고 정보 내용의 신뢰도만 증가할 수 있다는 것이다.

② **전문성**: 해당 영역에 대한 고도의 전문 지식, 기술, 경험이 있는 정도에 따라 형성된다.

③ **매력성**: 성별, 외모, 온화함, 상호 유사성 등을 바탕으로 형성된다. 또, 자기에게 호의를 가지고 있을 경우에는 이 요인이 높아진다는 보고도 있다(**호의의 보답성**). 특히 나를 처음부터 높게 평가하는 사람보다 처음에는 낮게 평가했지만 시간이 지남에 따라 높게 평가해 주는 사람에게 더 높은 호감도를 가지게 된다는 실험 결과도 있다(그림 13-5). 높은 평가 자체보다 높은 평가로의 변화율이 중요하다는 것을 나타낸다고 할 수 있는데, 미국의 사회심리학자 아론스 등은 이러한 현상을 **호의의 획득-상실 효과**라고 불렀다.

❤ 그림 13-5 호의의 획득-상실 효과

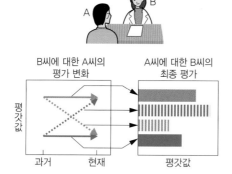

시간이 지남에 따라 자신을 호의적으로 평가하는
상대에게 더 큰 호감을 갖는다.

(2) 수신자 측 요인

① **능력**: 미국의 임상심리학자 로즈 등은 일반적으로 낮은 IQ를 가진 사람이 설득당할 가능성이 더 높다고 말한다. 높은 IQ를 가진 사람은 어떤 문제도 거부할 수 있는 능력이 있기 때문이다.

② **자존감**: 또한, 로즈 등은 자존감이 중간 정도인 사람이 가장 설득당하기 쉽고, 자존감이 낮거나 높은 사람은 설득당하기 어렵다고 한다. 자존감이 낮

은 사람은 메시지를 무시하거나 내용을 이해하지 못할 수 있고, 자존감이 높은 사람은 다른 사람의 영향을 잘 받지 않는다는 점을 근거로 들었다.

③ **성격**: 미국의 커뮤니케이션 학자인 펄로프는 일이나 사물에 집중하는 자신의 태도를 항상 확인하거나 통제하는 등 폐쇄적인 특성을 가진 사람들이 더 설득당하기 쉽다고 말한다.

(3) 메시지 요인

① **양면 제시**: 좋은 점만 말하는 것이 아니라 좋은 점과 불리한 점을 함께 말하는 편이 더 설득력이 있다(그림 13-6).

② **결론 명시**: 수신자가 취하길 바라는 태도를 분명히 제시하면 설득에 도움이 될 수 있다.

③ **제시 순서**: 시간적으로 먼저 제시한 정보에 응하기가 쉽다(초두 효과).

▼ 그림 13-6 단면 제시와 양면 제시

단면 제시

이 청소기는 무게가 1.8kg으로 가벼워서 한 손으로 쉽게 조작할 수 있습니다. 흡입력 또한 650W로 상당히 강하고, 쓰레기를 쉽게 처리할 수 있습니다. 게다가 교체 노즐이 세 가지가 붙어 있어 저렴하지요.

좋은 점만 나열한다.

양면 제시

이 청소기는 무게가 1.8kg으로 가벼워서 한 손으로 쉽게 조작할 수 있습니다. 흡입력 또한 650W로 상당히 강하고 쓰레기를 쉽게 처리할 수 있습니다. 하지만 파워가 강력한 만큼 소음이 56dB로 약간 큰 것이 단점입니다.

좋은 점과 나쁜 점을 모두 말한다.

성실함이 느껴지고, 안도감이 든다.

양면 제시가 더 설득력이 있는 건가.

13.3 커뮤니케이션의 변용

정보는 전달 과정에서 변하는 경우가 있다. 필자는 그림 13-7과 같은 실험을 한 적이 있다. 어떤 문장을 A씨가 B씨에게 구두로 전하고, B씨가 다음 사람 C 씨에게 구두로 전하는 이 과정을 총 6명이 계속해서 진행하면 내용이 어떻게 바뀌는지 조사하는 실험이었다. 대학생 24명을 6명씩 네 그룹으로 나눠서, 각 그룹의 맨 앞사람에게 문장을 보여주고 그룹 멤버들이 차례로 구두로 전달하게 했다. 그룹의 맨 뒷사람은 들은 내용을 종이에 적었다. 문장은 '8월 셋째 주 화요일 저녁, 호주의 산악 지대에 거대한 운석으로 보이는 것이 빨갛게 타면서 떨어지는 것을 보았다는 정보가 산악인을 통해 전해져서 다음날 아침 일찍 지질학 전문가 5명이 현지에 확인하러 간 결과, 운석이 떨어진 흔적은 발견되지 않았다'는 내용이었다.

❤ 그림 13-7 커뮤니케이션의 변용 실험

실험 결과, 네 그룹의 여섯 번째 사람이 받아쓴 글들은 다음과 같았다(원문 그대로 옮김).

1그룹: 8월 셋째 주 토요일에 호주의 산악지대에 운석으로 보이는 것이 충돌했다.

2그룹: 8월 3일 화요일에 호주의 산악인이 운석을 발견했다.

3그룹: 8월 3일경에 호주에 운석이 떨어져서 아무것도 발견되지 않았다.

4그룹: 8월 13일 금요일에 운석이 떨어졌다.

미국의 심리학자 올포트와 포스트먼은 이러한 의사소통의 변용 과정이 평준화, 강조, 동화라는 특징을 보인다고 밝혔다(그림 13-8).

평준화는 단순화라고 할 수 있는데, 세세한 부분들이 생략된 채 요약된 형태의 글이 되는 것이다. 앞의 예에서도 모든 그룹이 적은 문장은 원래 문장에는 있었던 형용사구나 부사구 등 세세한 묘사 부분이 사라져 매우 단순한 문장이 되었다.

강조는 어떤 특징적인 부분이 더욱 강해질 수 있는 것으로, 앞의 예 중 1그룹에서는 '떨어졌다'는 표현이 '충돌했다'와 같이 강해지고 있다.

동화란 구성원들이 지닌 주관적, 감정적 사고로 내용을 왜곡시키는 것을 말한다. 앞의 예 중 2그룹에서는 운석을 발견하고 싶다는 생각이 '운석을 발견했다'는 잘못된 내용으로 변용되었으며, 4그룹에서는 '8월 셋째주 화요일'이 '8월 13일 금요일'이라는 내용으로 바뀌었는데, 이 그룹 멤버에게 운석 낙하가 불길하다는 감정적인 생각이 있었기 때문에 그 점이 작용한 것으로 보인다.

▼ 그림 13-8 커뮤니케이션의 변용 과정에서 나타나는 특징

커뮤니케이션의 변용에는 몇 가지 패턴이 있을까?

평준화
세세한 부분은 생략되고 요약된다.

강조
특징적인 부분이 더욱 강화된다.

동화
각자 지닌 주관적, 감정적 사고로 내용이 왜곡된다.

일본의 사회심리학자 기노시타는, 실제 상황에서는 앞의 실험처럼 통제된 환경과 달리, 정보를 주는 사람과 받는 사람의 관계를 비롯해 많은 요인이 존재한다고 생각했다. 그래서 더 큰 커뮤니케이션 시스템 안에서 정보를 전달하는 도중 발생하는 노이즈, 에러 등의 요인이 어떻게 작용하는지를 담은 모델을 제안했다(그림 13-9).

이 모델을 보면 시스템을 구성하는 각 장치의 내부 외에도 장치 간 관계에서 변형 요인이 발생한다. 예를 들어 비유와 과장 같은 상대와의 친밀한 관계에 의한 왜곡, 저항치의 누적에서 오는 단순화 등 다단 연결에 의한 변형의 축적, 네트워크가 연결되면서 입력되는 여러 정보의 정합을 취한 결과로부터 변형되는 것도 요인이 될 수 있다. 이 모델은 커뮤니케이션 과정을 정보 처리 시스템으로 모델화하여 실제 상황에서의 커뮤니케이션이 왜곡되어 **유언비어**(루머)에 이르는 요인을 파악하는 데 도움을 준다.

▼ 그림 13-9 루머 전파의 정보 처리 모델

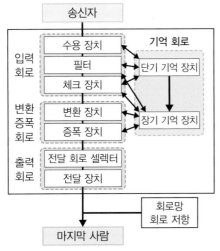

(기노시타의 모델을 참조하여 작성)

13.4 인터넷 커뮤니케이션

1980년대 이후 인터넷을 통해 전 세계가 연결되면서 커뮤니케이션이 크게 바뀌고 있다. **소셜 네트워킹 서비스**(Social Networking Service, SNS)의 보급으로 텔레비전, 라디오, 신문 등의 단방향 통신에서 쌍방향 통신으로 전환되었고, 전화 등 음성 중심 커뮤니케이션에서 텍스트 중심 커뮤니케이션으로 이동했으며, 우편 등 특정 수신자를 향한 전달에서 불특정 수신자를 향한 전달로 큰 변혁을 가져왔다. 이러한 인터넷 커뮤니케이션은 발신자와 수신자가 시공간의 제약을 받지 않는다는 커다란 장점이 있다. 인터넷 커뮤니케이션의 또 다른 특성은 다음과 같다(그림 13-10).

(1) **개인에 의한 정보 전달**: 누구나 쉽게 정보를 전달할 수 있다.

(2) **링크의 복잡성**: 인터넷 특유의 개인과 타인 간 연결이 복잡하다.

(3) **확산성**: 공유 및 리트윗 기능에 의해 포스트가 확산된다.

(4) **익명성**: 본인을 밝히지 않고 닉네임이나 가명으로 게시할 수 있다.

(5) **감정 전달의 어려움**: 대면 커뮤니케이션과 달리 비언어적 정보 전달이 어렵고, 얼굴 표정 이모티콘이나 기호를 사용해도 미묘한 감정 전달이 어렵다.

(6) **다중 채널 대화**: 이미지, 동영상 첨부 등 다중 채널로 의사소통할 수 있다.

▼ 그림 13-10 인터넷 커뮤니케이션의 특징

개인에 의한
정보 전달

시간 제약 없음

공간 제약 없음

확산성

익명성

다중 채널로
대화

감정 전달의
어려움

링크의
복잡성

따라서 커뮤니케이션 특성에도 큰 변화가 보인다. 예를 들어 (2) 링크의 복잡성이나 (3) 확산성에 의해 표면적으로는 1대 1 커뮤니케이션처럼 보이지만 실제로는 1대 다수로 연결되는 구조 때문에 **프레임 다중화**나 커뮤니케이션 변용이 발생하기도 한다.

프레임 다중화는 한 사람에게 복수의 커뮤니케이션 공간이 동시에 공존하는 상황을 말한다(그림 13-11). 예를 들어 시내에서 스마트폰을 사용할 경우, 사용자는 통화 상대와의 관계와 다른 행인들과의 관계라는 두 개의 대인 공간을 가지게 된다. 이 경우 이중 프레임을 가지지만 대화 상대라는 프레임에 의식을 더 집중하게 되고, 다른 프레임에 있는 행인은 의식하지 않을 것이다. SNS에서도 회사 관계, 친구 관계, 학교 관계, 고향 관계, 이웃 관계, 친척 관계가 동시에 공존하여 프레임 다중화 구조를 만드는 경우가 많다. 같은 게시물을 공유하면서 친구들의 의외의 면모를 알 수 있기도 하다.

한편, 게시하는 동안 다른 프레임에는 집중하지 못하여 태도가 일관되지 않고 관계를 해치거나 정보 유출 문제로 이어질 수도 있다. (4) 익명성으로 인해 일부 과격한 발언, 무책임한 발언, 차별적 발언, 대인 커뮤니케이션에서 하기 힘든 감정의 고조 등도 보이며, 상대의 의견을 받아들여 타협점을 찾기보다 논쟁을 절제하는 데 중점을 두기 쉽다.

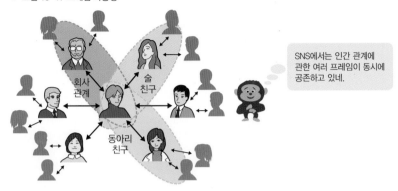

SNS에서는 인간 관계에
관한 여러 프레임이 동시에
공존하고 있네.

회사
관계

술
친구

동아리
친구

이와 같이 상대가 보이지 않기 때문에, 목소리가 큰 소수파 **노이즈 마이너리티**, 침묵하는 다수파 **사일런트 메이저리티**, 특정 개인을 집중적으로 공격하는 **스케이 프고팅**(scapegoating) 같은 독특한 역학이 생기기도 한다(그림 13-12). 특히 노 이즈 마이너리티는 많은 숫자가 아닌데도 목소리가 커서 인터넷에서 다수의 의 견인 것처럼 착각을 일으킬 수 있다.

❤ 그림 13-12 인터넷 커뮤니케이션에서 볼 수 있는 특유의 역학

노이즈 마이너리티
목소리 큰 소수파

사일런트 메이저리티
침묵하는 다수파

스케이프고팅
특정 개인을 집중 공격

memo

14장

착각

지평선 근처의 달은 커 보이는데, 머리 위의 달은 크다는 느낌이 들지 않는다. 펜의 일부를 손가락으로 가볍게 쥐고 위아래로 흔들면 흐늘흐늘 부드러워 보인다. 이처럼 우리 주변에는 많은 착시 현상이 존재한다. 같은 도형이 조건에 따라 다르게 보이는 메커니즘을 밝혀 낸다면 인지 과정을 규명하는 데도 기여할 수 있을 것이다.

이 장에서는 착시뿐만 아니라 잘 알려지지 않은 현상이나 작품을 소개하면서 지각의 과정 중 발생하는 흥미로운 착각에 대해 알아본다.

착각은 실제의 물리적 상황과 다르게 느껴지는 지각 현상이다. 그림 14-1과 같이 시각상의 착각인 착시, 청각상의 착각인 착청, 체성 감각의 착각 등이 있다. 단, 착각을 공식적으로 분류하고 있지는 않다.

▼ 그림 14-1 착각의 종류

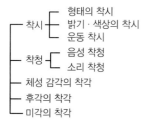

착시에는 형태의 착시, 밝기·색상의 착시, 운동 착시 등이 있다. 형태의 착시에는 형태 자체의 착시, 크기의 착시, 선분 관련 착시 등이 있으며, 일본의 지각심리학자 기타오카에 의하면 이런 착시의 최소한 몇몇은 지각의 항상성(3.3절 참조)에 기인한다고 한다.

그림 14-2는 **셰퍼드 착시**라고 불리는 착시 현상이다. (1)의 책 표지와 (2)의 책 표지는 크기와 모양이 똑같다. 그런데 그렇게 보이지 않는 이유는 (2)가 입체적으로 다르게 표현되어 더 긴 깊이로 느껴지기 때문이다. 형태 항상성에 의한 복원 효과로 인해 (1)보다 수직으로 더 길어 보이는 것이다. 또한, 가로세로 방향과 관련한 이방성[1]도 어느 정도 관련이 있다. (3)은 (1)의 3차원 표현을 바꾸지 않고 (2)의 각도에 맞추어 회전만 시킨 것인데도 형태 항상성으로 인해 (1)과 같은 대상으로 인식된다.

---

1 역주 방향에 따라 물체가 달라 보이는 현상

▼ 그림 14-2 형태의 착시

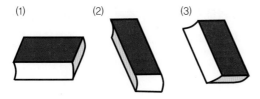

(1)   (2)   (3)

그림 14-3은 크기 항상성에 의해 생기는 착시의 예다. (1)과 같이 배경 없을 때는 두 사람이 같은 크기로 보이지만, (2)와 같이 깊이 지각을 유발하는 배경과 함께 주어질 경우 크기 항상성으로 인해 상대적으로 다른 크기로 보인다. 이를 **회랑 착시**라고 부르기도 한다. 배경 깊이에 의한 도형 착시는 선 원근법뿐 아니라 3.5절에서 설명한 질감의 기울기, 또는 대소 원근법에 의해서도 발생할 수 있다.

▼ 그림 14-3 크기의 착시

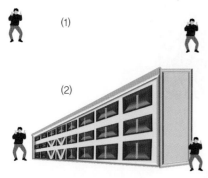

(1)

(2)

그림 14-4는 선분·곡선의 착시다. (1)은 **포겐도르프 착시**로, 검은색 직사각형 뒤에 있는 직선이 위아래 두 개로 어긋나 있는 것처럼 보인다. 이는 예각을 과대평가하는 특성 때문이다. (2)와 (3)은 각각 **체르너 착시**, **프레이저 착시**로, 짧은 대각선이 전체의 기울기에 영향을 준다. 전자는 예각을 실제보다 크게 보고, 후자는 예각을 실제보다 작게 보는 착각에서 기인한다. (4)는 프레이저 착시를 동심원화한 프레이저의 소용돌이 착시로, 동심원인데도 나선형으로 보인다. 기타 오카에 따르면 다른 기울기 착시 도형도 동심원에서 소용돌이 착시가 생긴다고

한다. (5)는 카페월 착시로, 흰색 사각형과 검은색 사각형 사이에 생기는 **모서리 효과**가 회색 직선을 사이에 두고 강하게 드러나 각 직선이 수평임에도 그렇게 보이지 않는다. 회색 직선을 제거하면 착시량이 크게 줄어든다. 이 착시보다 앞서 발표된 **뮌스터베르크 착시**는 끼워진 직선이 회색이 아니라 검은색인데 이 경우 착시량이 약간 적다.

▼ 그림 14-4 선분 · 곡선의 착시

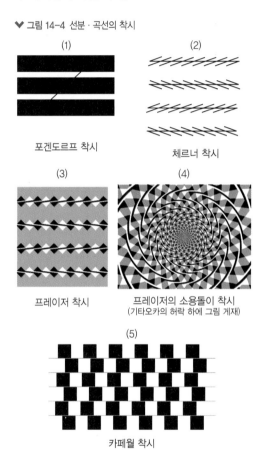

(1)

포겐도르프 착시

(2)

체르너 착시

(3)

프레이저 착시

(4)

프레이저의 소용돌이 착시
(기타오카의 허락 하에 그림 게재)

(5)

카페월 착시

기울기 착시는 문자열에서도 생길 수 있다. 그림 14-5는 'ワガチーム'이라는 문자열과 역순으로 된 문자열을 반복한 것이다. 각 글자에 포함된 가로선이 순차적으로 내려가고 또 올라가기 때문에 텍스트 전체가 경사진 듯 느껴진다. 일

본의 수리과학자 스기하라에 따르면 명조체에서는 이러한 착시가 적어진다고
한다.

▼ 그림 14-5 문자열에서의 기울기 착시

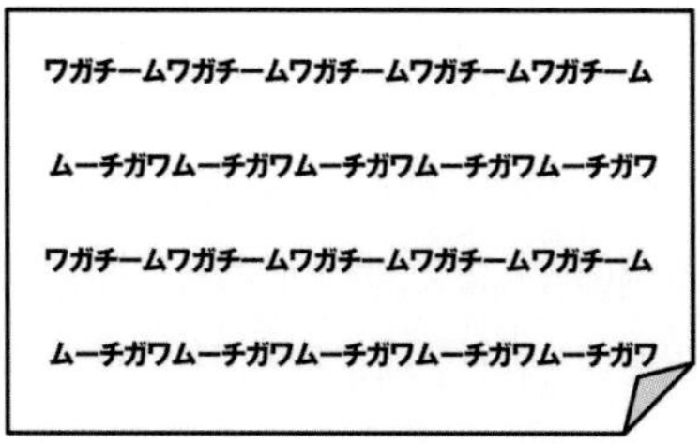

ワガチームワガチームワガチームワガチームワガチーム

ムーチガワムーチガワムーチガワムーチガワムーチガワ

ワガチームワガチームワガチームワガチームワガチーム

ムーチガワムーチガワムーチガワムーチガワムーチガワ

14.2 밝기 · 색상의 착시

그림 14-6(1)의 각 사각형은 농도가 다르다. 그런데 그림 14-6(2)와 같이 연결해 보면 가운데 있는 사각형의 오른쪽 경계(B)는 점점 밝아 보이고, 왼쪽 경계(A)는 점점 어두워 보인다. 이로 인해 가운데 사각형 내부에 마치 그레이디언트가 있는 듯 보이는데, 이러한 현상을 **슈브뢸 착시**라고 한다.

▼ 그림 14-6 슈브뢸 착시

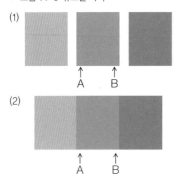

그림 14-7(1)은 짙은 회색 영역, 엷은 회색 영역, 그리고 농도가 그림 14-7(2)의 실선 부분처럼 일정하게 변하는 영역, 이렇게 세 개를 연결한 것이다. 그런데 연결 부위에 희미하게 밝은 회색의 세로 띠와 어두운 회색의 세로 띠가 보인다. 이 띠를 **마하의 띠**라고 한다. 실제로는 이런 띠가 존재하지 않는데도, 가운데 영역 경계 부분의 농도가 급변하는 듯 보여 마치 그림 14-7(2)의 점선처럼 색이 변하는 듯 느껴진다. 이 현상은 **측면 억제**라는 메커니즘에 따른 것이다. 즉, 시신경 세포가 빛의 자극을 받으면 주변 세포의 활동을 억제하고 자극 강도의 차이가 두드러져 경계가 뚜렷이 감지된다.

♥ 그림 14-7 마하의 띠

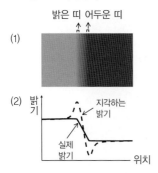

그림 14-8은 밝기의 착시 예다. (1)의 A는 B보다 밝아 보이지만, 실제로는 (2)에서 보듯 A, B가 같은 밝기다. 이 현상은 **밝기의 항상성**이라는 시각 특성과 관련이 있다. 예를 들어 우리는 백지를 햇빛에서 보든, 그늘에서 보든, 같은 흰색으로 느낀다. 이것이 밝기의 항상성이다. 물리적으로 햇빛 아래의 백지는 그늘의 백지보다 명도가 더 높기 때문에, 햇빛 속 백지 이미지가 망막에 반사되면 더 밝고 하얗게 보여야 한다. 이 착시는 **밝기의 대비**와도 관련이 있다.

♥ 그림 14-8 밝기의 착시

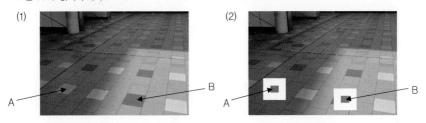

그림 14-9에서는 (2)보다 (1)의 사각형 안 원이 밝게 보이지만, 사각형 안 두 원은 농도가 같다. 즉, (1)의 원은 짙은 회색 바탕의 영향을 받아 밝게 보이고, 반대로 (2)의 원은 옅은 회색 바탕의 영향으로 어둡게 보인다. 이것이 밝기의 대비다.

(3)과 (4)는 같은 농도의 회색 원에 각각 짙은 회색과 연한 회색으로 줄무늬를 그린 것인데, (3)의 원보다 (4)의 원이 희미하게 느껴진다. 즉, 원의 밝기가 줄

무늬의 밝기에 영향을 받아 더 밝거나 어둡게 느껴지는 것이다. 이것이 **밝기의 동화**라는 현상이다.

▼ 그림 14-9 대비와 동화

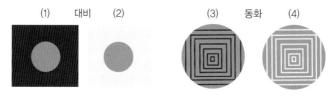

대비와 동화는 색깔에서도 발생한다. 그림 14-10의 (1), (2)에서 양배추와 포도는 서로 같은 색이지만 (a)와 (b)가 각각 달라 보인다. **문커 착시**라는 현상을 이용한 것으로, **색의 대비**와 **색의 동화**의 시너지 효과 덕분이다.

호주의 시각심리학자 앤더슨은 대상 도형과 지면이 같은 층에 존재한다고 지각될 때 대비가 일어나고, 대상 도형과 지면이 다른 층에 존재한다고 지각될 때 동화가 일어난다고 분석했다. 그림 14-10(3)의 회색 도형도 줄무늬 색에 따라 빨간색에 가까운 색으로 보이거나 파란색에 가까운 색으로 보이는 등 문커 착시와 같은 현상이 나타난다.

▼ 그림 14-10 색의 착시

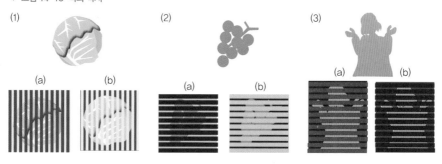

14.3 운동 착시

운동 착시에는 시계열상의 출현과 소실이 일으키는 가현 운동(3.2절에서 설명), 흘러내리는 폭포를 계속 보다가 폭포수 주변의 벽을 보면 벽이 상승하는 것처럼 보이는 **운동 잔효** 등이 있다. 여기에서는 정지 도형이 움직이는 것처럼 보이는 착시를 소개하겠다.

지각심리학자 기타오카에 따르면 이런 유형의 착시에는 점점 확대되는 착시, 회전하는 착시, 흔들리는 착시 등 여러 종류가 있는데, 이는 주변시(2.3절 참조)나 미세한 안구 운동 등의 요인 때문이다. 특히 검은색, 회색, 흰색의 밝기가 차이나는 패턴을 주변시로 보면 착시가 발생하기 쉽다.

그림 14-11은 기타오카가 발표한 착시 그림 중 **시마시마가쿠가쿠 착시**의 하나로, 이름은 '간가제'라고 한다. 확대되는 듯 움직이는 것처럼 보이는 이유는 서로 다른 간격으로 촘촘히 그려진 흑백 패턴에 대한 주변시 때문이다.

▼ 그림 14-11 확대되는 착시

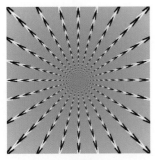

간가제
(기타오카의 허락 하에 그림 게재)

그림 14-12는 회전하는 착시의 예다. (1)은 기타오카의 **뱀 회전 착시** 그림인데 무심코 보고 있으면 도형이 회전하는 듯 보인다. 반복해서 원형으로 배열된 검은색, 회색, 흰색의 특정한 순서 패턴을 주변시를 통해 인지한 결과다. (2)는 **핀나 착시**라고 불리는 도형을 필자가 수정한 것으로, 중심의 +를 바라보면서 눈을 가까이하거나 멀리하면 링이 회전한 것처럼 보인다. 역시 검은색, 회색, 흰색의 특정 조합 패턴이 주변시에서 움직임을 지각시킨다. 선으로만 이루어진 이런 종류의 회전 착시도 있을 수 있다.

▼ 그림 14-12 회전하는 착시

(1)

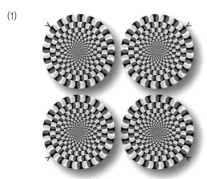

뱀 회전 착시
(기타오카의 허락 하에 그림 게재)

(2)

핀나 착시를 필자가 수정한 것

그림 14-13은 흔들리는 착시의 예다. (1)은 중앙 구체가 흔들려 보이는 기타오카의 Out of focus(구체판) 착시 그림, (2)는 전체 그림을 볼 때 흰색 띠의 각

교점에 희미한 회색 반점이 나타나는 **헤르만 격자**, (3)은 회색 띠 교점의 흰색 동그라미가 검은색으로 반짝거리며 변해서 **반짝이는 격자**라고 불리는 착시 그림이다.

❤ 그림 14-13 흔들리는 착시

(1)

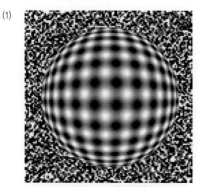

Out of focus(구체판)
(기타오카의 허락 하에 그림 게재)

(2)

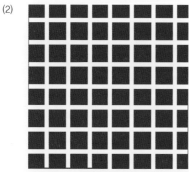

헤르만 격자

(3)

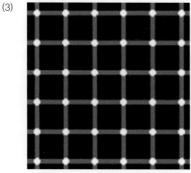

반짝이는 격자

(1)에서는 공간 주파수가 다른 두 패턴이 서로 다른 방향으로 조합되어 겉보기 이동 방향과 속도 사이의 차이가 발생하여 파동을 느끼게 한다. 특히 중심구에서는 중간의 저주파 부분과 주변의 고주파 부분의 주파수 차이가 변동을 증폭시킨다. (2)에서는 주변시 상태에서 상하 좌우의 흰색 띠가 측면으로 압박하며 교차점이 검게 인지된다. 이 현상은 특정한 교차점을 집중해서 바라볼 때는 발생하지 않는데, 많은 시각 세포가 중심와에 모여 있어서 측면 억제의 영향을 크게 받지 않기 때문이다. (3)에서는 수직, 수평의 띠가 회색이고 격자점에 흰색 원이 배치되어 있으므로 헤르만 격자에서 보이는 회색 반점이 밝기의 대비 효과로 인해 검은색에 가까운 색으로 인지된다.

이 외에도 정지 도형이 움직이는 것처럼 보이는 착시들이 많이 제시되고 있으나 아직까지 착시를 일으키는 메커니즘이 완전히 밝혀지지는 않았다.

시각에 의한 착각(착시)과 마찬가지로 청각에 의한 착각을 **착청**이라고 한다. 착청은 음성에 대한 착청과 소리에 대한 착청이 있다. 음성에 의한 착청은 언어 지식을 바탕으로 한 하향 처리가 영향을 주는 것이 많다.

문장을 말하는 음성을 중간중간 무음 구간으로 대체해 토막토막 끊어지는 음성으로 바꾸면 무슨 말인지 알아듣기 어렵지만, 무음이 아닌 백색 소음으로 바꾸면 무슨 말인지 알 수 있다. 이를 **연속청 효과**라고 한다. 게슈탈트 특성(3.2절 참조) 및 언어적 맥락에 의한 **음운 보완 효과**가 생기기 때문에 발생하는 현상으로, 청각에 도움이 되는 연속 요인이다.

필자가 그림 14-14(1)의 '세계 곳곳에서 노력하고 있습니다'라는 원 음성을 군데군데 무음으로 대체한 음성(2)을 준비해 학생 51명에게 들려주었더니, 39.2%가 알아들었다. 무음 부분을 백색 소음으로 대체한 음성(3)을 다른 학생 37명에게 들려주었더니, 정답률은 51.4%였다. 일본의 청각심리학자 가시노는 노이즈로 인한 중단 시간이 200~300밀리초 이하이면 연속청 효과가 생긴다고 했다.

▼ 그림 14-14 연속청 효과

(1) 원 음성

(2) 군데군데 무음으로 대체

(3) 군데군데 백색 소음으로 대체

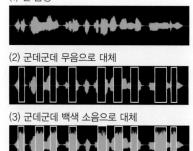

이와 같은 효과는 시각에서도 관찰된다. 그림 14-15(1)은 무엇을 표현하는지 알기 어렵지만, 그림 14-15(2)는 'HAPPY'라고 쓰여 있음을 알 수 있다. 일본의 시각심리학자 나카야마 등은 차폐 도형이 앞쪽으로, 피차폐 도형이 뒤쪽으로 지각되는 것이 포인트라고 말한다. 그림 14-15(1)에서는 'HAPPY'라는 피차폐 도형 위에 차폐 도형이 겹쳐 있으나 배경과 똑같은 흰색이기 때문에 차폐 도형이 아닌 배경으로 인식되기 쉽다. 따라서 차폐 도형이 제대로 된 형태로 지각되지 않는다. 그러나 그림 14-15(2)처럼 차폐 도형에 배경과 다른 색이 채워져 있으면 색이 채워진 도형의 운곽선을 차폐 도형이라고 해석하여 피차폐 도형은 뒤쪽에 위치한 것으로 지각된다. 따라서 앞쪽 차폐 도형에 의해 가려졌던 차폐 부분이 보완되어 피차폐 도형의 'HAPPY'라는 글자가 지각된다.

▼ 그림 14-15 시각을 돕는 연속 요인

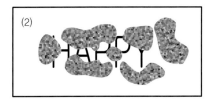

앞서 말한 연속청 효과의 경우도 무음으로 치환한 경우에는 그 부분이 배경음과 구별되지 않아 전체가 정리된 음성으로 지각되지 않지만, 백색 소음으로 치환한 경우에는 배경음에서 분리된 차폐 음성으로 받아들여져 피차폐 음성이 지각된다. 또한, 문장을 말할 때 문장 중간에 클릭음이 들리게 하면 어절을 구분하는 위치로 지각되기 쉽다. 이는 우리가 문장을 들을 때 음소나 음절 단위가 아니라 어절 단위로 정리하여 인지할 가능성이 높다는 것을 시사한다.

소리의 착청으로는 청각의 게슈탈트 특성 중 하나인 **음맥 분응** 현상이 있다. 그림 14-16과 같이 A라는 단음과 B라는 단음이 교대로 반복될 때, (1)과 같이 A, B의 음의 높이(기본 주파수)가 비슷하면 'ABABA'처럼 A와 B가 교대로 들리지만, (2)와 같이 A, B의 음의 높이가 차이가 나면 교대로 들리지 않고 'AAAA'와 'BBB'처럼 두 개의 음렬로 나누어져 들린다.

❤ 그림 14-16 음맥 분응

(1) A와 B의 음높이가 비슷하면 'ABABA'라고
    교대로 들린다.

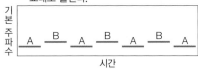

(2) A와 B의 음높이가 차이가 크면 'AAAA'라는
    연속된 소리와 'BBB'라는 연속된 소리
    두 개가 각각 나누어져 들린다.

이는 시각의 게슈탈트 특성 중 근접 요인과 동일한 현상이다(그림 14-17). 그밖에 소리가 계속 상승하는 것처럼 들리는 무한 음계도 잘 알려진 착청이다.

❤ 그림 14-17 시각에서의 근접 요인

(1) 각 직선이 한 그룹으로 보인다.

(2) 각 직선이 상하의 두 그룹으로 보인다.

청각에서도 게슈탈트 특성을 찾을 수 있구나!

14.5 체성 감각의 착각

시각이나 청각 외에도 착각 현상이 있다. 바로 체성 감각에 관한 착각인데 이 중 **아리스토텔레스의 착각**이 많이 알려져 있다. 그림 14-18처럼 오른손 또는 왼손의 검지와 중지를 교차시킨 뒤 눈을 감은 상태에서 검지의 안쪽과 중지의 바깥쪽 사이에 연필을 넣어보면 마치 연필이 두 자루인 듯 느껴진다.

이유를 살펴보면, 우리는 두 손가락으로 물건을 잡을 때 보통 손가락의 순서를 유지하면서 손가락 안쪽, 바깥쪽, 옆을 이용해 물건을 잡으며, 이 일상적인 동작이 주는 촉감을 기억한다. 그런데 오른손의 중지가 검지의 왼쪽 아래에 위치한 상태에서 검지의 바깥쪽과 왼쪽을 지나 중지의 오른쪽과 안쪽으로 이어지는 연필의 촉감은 그동안 기억한 것과 완전히 다른 형태다. 따라서 연필이 하나라고 인지되지 않는 것이다.

비슷한 현상으로 **비틀린 입술 착각**이란 것도 있다. 입술을 다문 상태에서 수직으로 세운 펜을 입술에 대면 곧게 서 있다고 느끼지만, 그림 14-19와 같이 손으로 윗입술을 오른쪽으로 아랫입술을 왼쪽으로 틀어서(반대도 마찬가지) 수직으로 세운 펜을 입술에 대면 펜이 하나로 느껴지지 않거나 비스듬히 기울어져 있다고 느낀다.

▼ 그림 14-18 아리스토텔레스의 착각　　▼ 그림 14-19 비틀린 입술 착각

또 피부 감각의 착각은 그림 14-20과 같이 철망을 양손 사이에 두고 문지르면 매끈매끈하고 부드러운 촉감을 느끼는 **벨벳 핸드**, 그림 14-21과 같이 물고기 뼈 형상의 금속이나 목재의 세로축을 검지의 안쪽을 이용해 위아래로 움직이면 같은 높이임에도 세로축이 오목하게 들어간 것처럼 느껴지는 **피시본 촉감 착각** 등이 있다.

벨벳 핸드는 철망 부분을 손바닥이 통과할 때 금속과의 마찰 촉감이 얻어지는데, 그곳을 통과하면 양손이 다시 밀착되어 움직임이 느껴지지 않기 때문에 마찰이 제로가 되어 생기는 현상이다.

피시본 촉감 착각은 일본의 촉각연구자 나카타니 등에 따르면, 모양을 인지하는 과정이 피부 표면의 기계적 변형과 촉각 신호 처리의 두 단계로 나뉘어져 있기 때문이다. 즉, 첫 번째 기계적 변형 단계에서는 요철 부분 모두 같은 응력으로 지각되지만, 이어지는 촉각 신호 처리 단계에서 뼈에 해당하는 영역에만 촉각이 있고 세로축 부분에선 촉각이 인지되지 않기 때문에 오목한 것으로 해석된다는 것이다.

▼ 그림 14-20 벨벳 핸드   ▼ 그림 14-21 피시본 촉감 착각

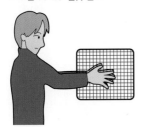
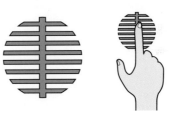

체성 감각과 시각의 상호작용에 대한 착시로 **크기-무게 착각** 또는 **샤르팡티에 효과**라는 현상이 있는데, 무게가 같을 때 부피가 클수록 더 가볍게 간주된다는 것이다. 예를 들어 같은 무게의 쇳덩어리와 스티로폼 덩어리를 각각 좌우의 손으로 잡으면 쇳덩어리가 더 무겁게 느껴진다(그림 14-22). 이 현상은 **기대 모델**로 설명할 수 있다. 크기가 큰 물체를 보면 어느 정도 무게가 있을 거라고 추측하지만 실제로 들면 처음에 예측한 것과 차이가 나므로 더 가볍게 느껴진다는 것이다.

또 나무로 된 명함집을 두 개 준비한 뒤, 위쪽 상자에는 명함을 가득 넣고 아래쪽 상자에는 10장만 넣어 둔다(내용은 안 보임). 먼저 두 상자를 손가락으로 들어보고, 이어서 위쪽 상자만 들면 두 상자를 들었을 때보다 더 무겁다고 느낀다. 이 현상은 **용적–무게 착각** 또는 **코셀레프 착각**으로 불린다(그림 14–23). 위쪽 상자만 들 때는 부피가 절반이므로 무게도 절반일 거라고 추측하지만, 실제로는 생각보다 훨씬 무겁기 때문에 더 무겁다고 느끼는 것이다. 이것도 기대 모델로 설명할 수 있다.

▼ 그림 14-22 크기-무게 착각

▼ 그림 14-23 용적-무게 착각

(1)

(2)

15장

뇌

어느 저명한 뇌과학자는 "우리는 뇌다."라고 말한 바 있다. 사람이 사람과 이야기하는 것은 뇌와 뇌가 이야기하는 것이며, 이렇게 책을 쓰고 있는 필자도 뇌이고 읽는 여러분도 뇌다. 즉, 뇌가 뇌를 향해 책을 쓰고 있는 것이다.

이 장은 지금까지 다루어 온 다양한 인지 기능과 뇌 부위 사이의 관계를 알아본다. 또 뇌 내 신경망의 공학 모델인 딥 뉴럴 네트워크에 대해서도 설명한다. 이 책의 마지막 장에서는 뇌와 뇌에서 일어나는 여러 인지 기능이 얼마나 뛰어난지를 보여주고 싶다.

인간의 심적 활동을 논할 때, 그 처리를 담당하는 뇌에 대해 생각해 보는 것은 당연하다. 그림 15-1과 같이 뇌와 **척수**는 **중추 신경계**에 속하며, 중추 신경계와 **말초 신경계**를 합쳐서 **신경계**라고 한다.

▼ 그림 15-1 인간의 신경계

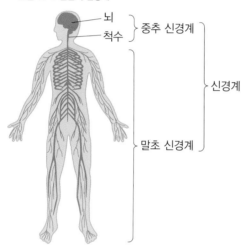

인간의 뇌는 그림 15-2와 같이 크게 **대뇌, 간뇌, 소뇌, 뇌간**으로 나뉜다. 대뇌는 거의 대칭인 **우반구**와 **좌반구**가 **뇌량**이라는 다리로 연결되어 있다. 우반구와 좌반구는 기능이 다르다. 우반구는 좌반신을 지배하고 좌반구는 우반신을 지배한다. 이를 **교차 지배**라고 한다. 두 지배력은 뇌량과의 연계를 통해 이루어지며 교차는 **시상**에서 일어난다.

일본의 뇌과학자 구보타는 좌우 뇌 기능 테스트 결과나 실어증 관련 데이터 등을 바탕으로 좌뇌가 언어 우위에 있다고 말한다. 또 뇌량이 약 2억 개의 신경

섬유를 가지고 있는 것으로 보아, 상당량의 정보가 좌뇌와 우뇌 사이에서 교환되고 있음을 알 수 있다.

▼ 그림 15-2 인간 뇌의 단면도

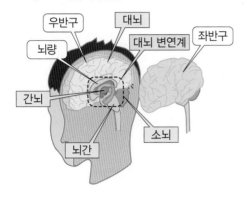

평균 2.5mm 두께의 회색 표피 부분은 **대뇌 신피질**로 불리며 정신 기능의 많은 부분을 담당한다. 뇌에는 **뇌구**라는 많은 주름이 있으며, 이 주름이 표면적을 증가시켜 준다. 구(홈, 주름)와 구 사이의 융기된 대뇌 신피질 부분은 **뇌회**라고 한다.

대뇌 신피질은 전두엽, 측두엽, 후두엽, 두정엽으로 나뉜다. 전두엽과 두정엽은 **중심구**이라고 하는 큰 뇌구로 구분되고, 측두엽과 두정엽은 **외측구**라고 하는 큰 뇌구로 구분된다. 대략적으로 말하면 측두엽, 후두엽, 두정엽은 외부 정보 처리, 전두엽은 그 정보나 기억 정보를 바탕으로 사고, 판단, 추론, 감정 억제 등의 행동 프로그램을 담당하는 영역이다(그림 15-3).

대뇌는 부위에 따라 다른 기능을 담당하고 있지만(**기능 국소화**), 각 부위는 서로 연관되어 있으며 완전히 독립적인 기능을 하는 것은 아니라고 알려져 있다. 그 사례가 15.4절에서 언급하는 연합 영역이다.

▼ 그림 15-3 대뇌 신피질

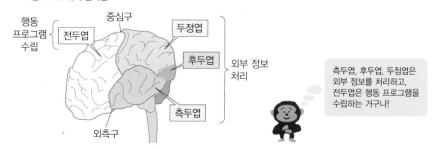

▼ 그림 15-3 대뇌 신피질

행동
프로그램 수립 —— 전두엽
중심구
두정엽
후두엽 —— 외부 정보 처리
측두엽
외측구

측두엽, 후두엽, 두정엽은 외부 정보를 처리하고, 전두엽은 행동 프로그램을 수립하는 거구나!

대뇌 안쪽의 **편도체**나 **해마, 대상회**를 포함하며, 간뇌나 뇌간을 둘러싼 영역을 **대뇌 변연계**라고 한다. 대뇌 변연계는 감정, 기억과 관련되어 있다.

간뇌는 시상, **시상하부**로 구성되어 있으며 뇌간과 일체화되어 있다. 시상은 후각을 제외한 감각 정보를 대뇌 피질에 전달하고, 시상하부는 자율 신경이나 호르몬을 조절하는 역할을 한다.

소뇌는 대뇌로부터의 지령을 받아서 손발, 손가락 등 신체 각 운동기관의 운동 기능을 조정하거나, 평형 감각을 유지하는 것으로 알려졌다. 그러나 최근에는 여러 신경 부위와 결합하여 인간 특유의 고차적 기능을 지지해 주고, 감정 조절에도 관여한다는 것이 밝혀졌다.

뇌간은 호흡이나 심장 박동, 대사, 체온 조절 등 생명 활동의 기본 기능을 맡고 있으며, 시각 정보, 청각 정보를 대뇌 피질에 전달하는 중계 기능도 한다. 또 정동에서의 신체 반응에 크게 관여하는 것으로 밝혀졌다.

이상의 뇌 기능과 활동 부위의 관계를 설명하면 그림 15-4와 같다.

▼ 그림 15-4 뇌 기능의 대략적인 분담

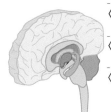

〈대뇌 신피질〉
주로 사고, 감각, 기억

〈대뇌 변연계〉
주로 감정, 기억

〈간뇌, 소뇌, 뇌간〉
주로 감각 정보를 대뇌 피질에 전달, 자율신경이나
호르몬 조절, 호흡이나 대사 조정, 정동의 조정이나
신체 반응 환기, 운동 기능 조정, 평형 감각 유지

15.2 감각과 뇌

앞 절에서는 측두엽, 후두엽, 두정엽이 외부 정보 처리를 담당하고 있다고 설명했다. 외부 정보는 눈, 귀 등 감각 수용체에서 입력되어 대뇌 피질의 **시각 영역**, **청각 영역, 후각 영역, 미각 영역, 체성 감각 영역**으로 보내진다. 시각 영역은 후두엽, 청각 영역과 미각 영역은 측두엽 부근, 체성 감각 영역은 중심구를 따라 존재한다(그림 15-5).

▼ 그림 15-5 감각 영역

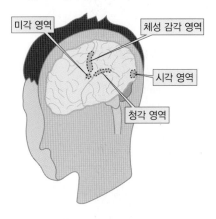

후각 영역은 대뇌 변연계 부근에 위치하므로 이 그림에서는 보이지 않는다. 이부위들을 총칭하여 **감각 영역**이라고 부른다. 감각 정보는 이 감각 영역에서 처리되어 감각으로 받아들여지는데, 우리는 마치 눈이나 귀, 혀에서 감각을 얻는 것처럼 착각한다. 이러한 현상을 **감각의 투영**이라고 한다.

시각 수용체에서 입력된 시각 정보는 그림 15-6과 같이 시신경을 통해 후두엽에 있는 시각 영역 V1으로 전송되고, 국소적인 색깔, 모양, 깊이, 움직임과 같은 기본 정보를 추출한 다음 주변의 V2로 전달된다. V2에서는 V1에서 오는 단편 정보를 처리하며 대상물의 기울기와 색, 모양, 깊이 등을 검출한다. 그 후 두 루트로 나뉘어 정보가 전달되는데, 첫 번째 루트는 두정엽으로 향하는 **배측 시각 경로**(V2-V3-V5)라고 불리는 경로로, 이 루트로 전달되는 정보는 행동을 위해 이용된다. 두 번째 루트는 측두엽으로 향하는 **복측 시각 경로**(V2-V4)라고 불리는 경로로, 입력 정보가 무엇인지를 인지하는 데 사용된다. V4에는 색깔 식별 세포가 있어서 색깔의 항상성과 관련한 특성을 나타낸다. V5에는 움직이는 광자극에 반응하는 세포가 있어서 움직임의 방향과 속도 등을 파악한다.

❤ 그림 15-6 시각 정보의 고차 처리

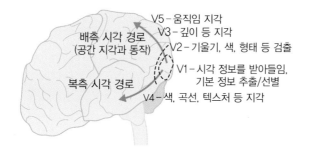

청각 수용체에서 입력된 청각 정보는 청신경을 통해 청각 영역으로 보내진다. 전송 도중에 좌우 정보가 도달하는 시간의 차이나 강도의 차이에 따라 음원의 위치를 특정하거나, 주파수 분석을 통해 음률과 음운을 파악한다.

음성 언어의 경우 언어 영역으로 보내져 인식 처리가 이루어진다. 그림 15-7과 같이 언어와 관련한 중추는 두 가지가 있는데, 하나는 전두엽 좌측에 있는 **브로카 영역**, 다른 하나는 측두엽 청각 영역 주변의 **베르니케 영역**이다.

베르니케 영역은 음성 언어를 비롯하여 시각 정보로 입력된 문자 언어의 언어적 의미를 이해하는 역할을 담당한다. 또 음악에 대한 인지도 이루어진다고 알려져 있다. 브로카 영역은 음성 언어를 구사하거나 문장을 쓰는 등 언어를 표현하는 데 중요한 역할을 한다. 그러므로 말하거나 필기하는 것처럼 운동 중추와도 관계가 있다. 이와 같은 이유로 베르니케 영역은 감각성 언어 영역, 브로카 영역은 운동성 언어 영역이라고도 한다.

베르니케 영역과 브로카 영역은 모이랑(angular gyrus)을 지나는 **활 신경 다발**로 연결되어 있다. 그러나 이 부위에서 어떻게 음성 언어를 처리하는지는 아직 자세히 알려진 바가 없다. 앞으로 밝혀질 내용이 기다려지는 부분이다.

▼ 그림 15-7 음성 언어 이해와 표출에 관여하는 부위

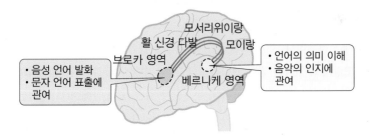

모서리위이랑
활 신경 다발   모이랑
브로카 영역

· 음성 언어 발화
· 문자 언어 표출에
  관여

베르니케 영역

· 언어의 의미 이해
· 음악의 인지에
  관여

15.3 기억과 뇌

4.4절에서 언급했듯이 장기 기억은 서술적 기억과 절차적 기억으로 나뉜다. 서술적 기억은 언어로 표현할 수 있는 지식에 대한 기억을 말하며, 이와 관련한 부위는 해마와 대뇌 피질이다.

해마는 측두엽 안쪽에 있어서 밖에서 보이지 않는다. 해마에 손상을 입은 환자가 옛날 일은 기억하지만 최근 일은 기억하지 못하는 점이 발견되면서 해마에 대한 연구가 시작되었다. 이후 수많은 증례나 동물 실험을 통해 해마가 기억의 정착화를 담당하고 있다는 점이 보고되었다. 감각 수용체를 통해 입력된 정보는 각 감각 영역에서 처리된 후 해마에 수집되어 시간 및 공간에 따라 정리된다. 이후 장기간 기억하기 위한 취사 선택이 이루어진다.

미국의 생리심리학자 올톤은 생쥐 실험을 통해 해마를 파괴하면 사건이 발생한 시간적 맥락에 따라 기억하는 것이 불가능하다는 것을 확인했다. 일본의 뇌과학자 와타나베는 해마를 파괴한 쥐로 방사형 미로 실험을 진행하여 해마가 공간 정보에 대한 기억을 조절한다는 사실을 확인했다. 이런 실험들은 해마가 시간적 단서와 공간적 단서를 기억한다는 것을 보여준다. 취사 선택된 정보는 측두엽의 신피질로 보내지고 그곳에서 장기간 기억으로 자리잡는다는 사실도 밝혀졌다.

에피소드 기억의 경우 미국의 신경해부학자의 이름을 따서 **파페츠 회로**라고 부르는 '해마→뇌활→유두체→시상전핵→대상회→해마'의 대뇌 변연계 루프가 시간, 공간, 그리고 정동까지 포함한 기억의 과정에 중요한 역할을 할 가능성이 크다는 것도 밝혀졌다(그림 15-8).

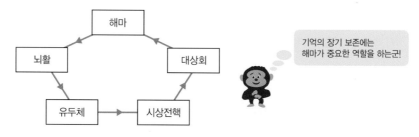

▼ 그림 15-8 파페츠 회로

해마

뇌활

대상회

유두체

시상전핵

기억의 장기 보존에는 해마가 중요한 역할을 하는군!

절차적 기억은 수영이나 못질처럼 언어로 표현하기 어려운 기억을 말하며, 이와 관련한 부위는 **대뇌 기저핵**과 소뇌다. 대뇌 기저핵은 그림 15-9와 같이 간뇌를 에워싸듯이 존재하는 부위로 선조체, 담창구, **시상하핵**, 흑질 등으로 이루어지는데(그림에서 시상하핵과 흑질은 보이지 않는다), 특히 선조체가 행동에 대한 기억을 담당하는 것으로 알려져 있다. 선조체는 피각과 꼬리핵으로 구성되어 있으며, 피각은 운동 기능을, 꼬리핵은 감각 정보에 기반한 외부의 인지를 담당한다. 단, 일상적인 기능을 습득할 때는 이러한 감각 정보와 운동 패턴의 연계뿐만 아니라 보상과 운동 패턴 간의 연계도 고려해야 한다.

▼ 그림 15-9 대뇌 기저핵

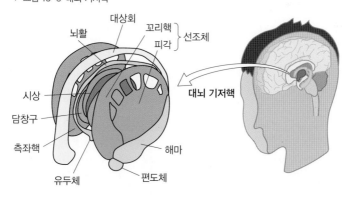

대상회

꼬리핵

피각

선조체

뇌활

시상

담창구

측좌핵

유두체

편도체

해마

대뇌 기저핵

보상에 따라 학습이 진행되는 강화 학습에서는 **흑질 치밀부 도파민 세포**가 기대한 보상과 실제로 얻어진 보상의 차이에 따라 흥분하여 선조체, 담창구에 작용하고, **대뇌 피질·기저핵 루프**에 행동 프로그램이 축적되게끔 한다(그림 15-10).

❤ 그림 15-10 대뇌 피질·기저핵 루프

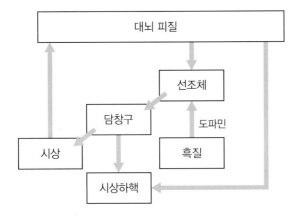

15.4 사고와 뇌

대뇌 피질에는 담당하는 기능이 정해져 있는 부위 외에도 **연합 영역**이라고 부르는 영역이 있다. 이 중 **전두 연합 영역, 측두 연합 영역, 두정 연합 영역**으로 구성된 세 연합 영역이 중요한 역할을 한다(그림 15-11).

이 연합체는 각 부위에서 처리해야 할 정보를 다양하게 통합하여 인간 특유의 고도의 활동으로 연결시킨다. 전두 연합 영역은 다른 부분의 정보를 통합하여 생각과 행동으로 이어주는 역할을 한다. 측두 연합 영역은 시각 영역이나 청각 영역에 입력된 감각 정보를 통합해 대상물의 인식 및 베르니케 영역에서의 언어 이해로 연결시킨다. 두정 연합 영역은 공간 정보와 체성 감각 정보를 통합해서 공간과 위치에 대해 인식하고 동작으로 연결시킨다.

▼ 그림 15-11 연합 영역

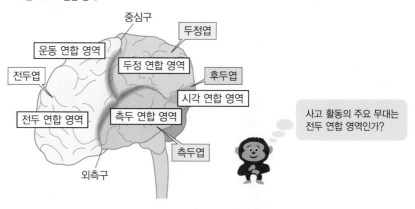

고도의 활동에서 사고를 다루는 영역은 뇌에서 가장 발달한 전두 연합 영역이다. 전두 연합 영역이 손상된 환자는 논리성이 필요한 과제나 창의성이 필요한 과제를 해결하기 어렵다고 한다. 전두 연합 영역은 감각 수용체에서 입력된 정보나 기억한 지식을 통합하여 추론이나 문제 해결, 창조 같은 생각을 하는 중요한 곳이다. 또 감정을 억제하고 이성을 담당하는 곳도 바로 이 전두 연합 영역이다. 인간의 전두 연합 영역이 대뇌에서 차지하는 비율은 30%로, 원숭이가 12%, 개가 7%인 것에 비해 인간은 전두 연합 영역의 발달이 두드러진다. 최근 붐이 일고 있는 두뇌 트레이닝은 전두 연합 영역의 단련을 목적으로 한 트레이닝 프로그램이다.

미국의 신경과학자 왈츠 등은 전두 연합 영역이 손상된 환자 그룹 A, 측두 연합 영역이 손상된 환자 그룹 B, 건강한 실험 참가자 그룹 C에 조금 복잡한 연역 및 귀납 추론 과제를 내고 정답률을 조사했다. 단, 그룹 간에 IQ는 차이가 없도록 구성되었다. 그 결과 그림 15-12와 같이 연역 추론 과제의 정답률이 그룹 A는 20%, 그룹 B는 87%, 그룹 C는 86%로 나타났다. 귀납 추론 과제의 경우 그룹 A 11%, 그룹 B 89%, 그룹 C 86%였다. 그 외에 PET(15.7절 참조)를 사용하여 연역 추론에서는 좌측 전두 연합 영역의 하부가, 귀납 추론에서는 좌측 전두 연합 영역의 상부가 활성화되는 것을 확인한 연구도 있다. fMRI(15.7절 참조)를 이용한 일부 연구는 연역 추론의 경우 우측 전두 연합 영역의 하부, 귀납 추론의 경우 좌측 전두 연합 영역의 상부가 활성화된다고 주장하기도 했다.

▼ 그림 15-12 뇌 손상 부위와 연역·귀납 추론 과제 성적

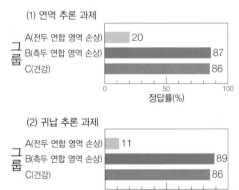

(왈츠 등의 문헌[1999]을 참조하여 작성)

규칙에 따라 판단하는 과제로 **위스콘신 카드 분류 과제**가 있다(그림 15-13). 모양, 색깔, 수에 따라 카드를 분류하는 과제인데, 전두엽이 손상된 환자는 성적이 저조하다.

▼ 그림 15-13 규칙에 따른 판단과 위스콘신 카드 분류 과제

모양, 색깔, 수에 따라 카드를 분류하게 한다.

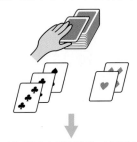

전두엽이 손상된 환자는 성적이 저조

또 전략적으로 의사 결정하는 과제로 **아이오와 도박 과제**가 있다(그림 15-14). 고위험, 고수익의 조건으로 두 카드 더미가 있고, 저위험, 저수익의 조건으로 두 카드 더미가 있어 총 네 개의 카드 더미 중에서 카드를 뽑아가는 과제다. 미국의 신경과학자 베차라 등은 이 과제를 통해 전두엽 피질 내부에 손상을 입은 환자가 좋은 전략을 세우지 못하고 의사 결정을 잘 내리지 못했다는 결과를 보고한 바 있다.

▼ 그림 15-14 전략적 의사 결정과 아이오와 도박 과제

고위험, 고수익의 두 더미와
저위험, 저수익의 두 더미에서
카드를 선택하게 한다.

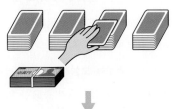

전두엽 피질 내부가 손상된 환자는 성적이 저조

15.5 정동과 뇌

여기서는 욕구와 정동을 유발하고 반응을 유발하는 뇌의 부위를 살펴보겠다. 15.1절에서 언급한 바와 같이 주로 대뇌 변연계가 욕구나 정동에 관여한다(그림 15-15). 우리가 살아가는 데 필요한 식욕, 수면욕, 성욕과 같은 본능적인 욕구를 창출하는 장소는 시상하부다. 또한, 두려움처럼 본능에 가까운 정동은 편도체가 담당하고 있다. 욕구는 정동 발현의 에너지원이다.

▼ 그림 15-15 대뇌 변연계

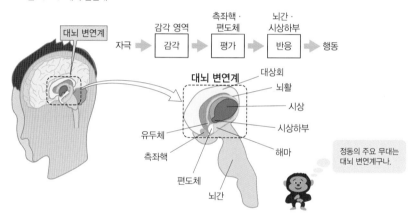

정동은 입력된 자극에 대한 평가, 반응, 행동의 과정이라고 할 수 있다. 대뇌 변연계는 감각 수용체로부터 감각 영역을 통해 정보를 전달받고 평가한다. 정동에는 희로애락이라는 말로 대표되는 것 이상으로 여러 종류가 있는데, 크게 유쾌-불쾌 두 가지로 나눌 수 있다. 유쾌와 관련한 회로는 **보상계**, 불쾌와 관련한 회로는 **혐오계**라고 불린다. 평가 과정에서는 **측좌핵**과 편도체가 중요한 역할을 하며 보상과 혐오에 대해 판단한다. 특히, 보상계에서는 측좌핵이 활동하는 것으로 알려져 있다.

그림 15-16은 일본의 인지신경과학자 무라카가 유쾌, 중립, 불쾌 장면을 실험 참가자에게 보여주었을 때 측좌핵의 활동을 fMRI(15.7절 참조)를 사용하여 작성한 것이다.

▼ 그림 15-16 유쾌/중립/불쾌 자극에 대한 측좌핵의 활동

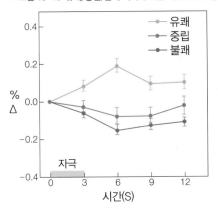

(무라카미 문헌[2010]의 그림을 참조하여 작성)

정동에 관한 평가에 이어 그 결과에 대한 신체 반응이나 행동 반응에 관여하는 것이 뇌간과 시상하부다. 시상하부는 내분비계나 자율 신경계를 제어해 신체의 항상성 유지에 큰 역할을 하는데, 스트레스는 혈압 상승, 심장 박동 증가 등 다양한 스트레스 반응을 일으킨다. 그 후 뇌의 각 부위는 평가 결과에 따라 활성화되며 신체 반응과 행동 반응을 일으키게 된다.

평가와 반응, 행동의 과정을 제어하는 회로는 그림 15-17과 같이 '편도체→시상배내측핵→전두엽 안와피질 후방→대상회→편도체' 루프이며 발견자의 이름을 따서 **야코브레프**(Yakovlev) **회로**라고 부른다. 야코브레프 회로와 파페츠 회로는 둘 다 변연계에 있는 편도체와 해마를 통해 정보를 주고받는다. 이는 정동계와 기억계가 서로 깊이 관련되어 있다는 것을 의미한다. 우리도 정동의 강인한 경험일수록 잊기 어렵고 기억에 오래 남는다는 것을 경험을 통해 알고 있다.

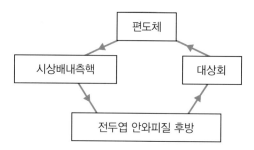

▼ 그림 15-17 야코브레프 회로

편도체

시상배내측핵

대상회

전두엽 안와피질 후방

그 밖에 최근의 연구를 통해 대뇌 기저핵이 정동에 크게 기여하는 것이 알려졌다. 15.3절에서 설명한 바와 같이, 대뇌 기저핵은 변연계의 안쪽에 있으며 선조체, 담창구, 시상하핵 등으로 구성된다. 주된 역할은 운동 기능이지만, 단순한 손발의 운동이 아니라 감각 정보나 편도체로부터 평가 결과를 받아 혐오계 자극에 대한 회피 행동 등에 관여하고 있다.

뇌의 각 부위가 정동에 어떻게 관여하는지는 아직 충분히 명확하지 않다. 단순히 한 부위가 독립적으로 일하는 것이 아니라, 여러 부위가 서로 작용하여 복합적으로 정동 평가나 반응 처리를 하고 있다. 향후 연구의 전개가 기다려지는 부분이다.

15.6 뇌의 신호 전달

2.2절에서 언급했듯이 신경 활동에서 신호 처리의 중심은 뉴런이다. 뉴런은 뇌의 신호 처리를 담당하는데 이런 뉴런이 인간의 뇌에 수천억 개가 있다. 그림 15-18과 같이 뉴런이 연결되어 여러 뉴런의 신호를 받는 패턴을 **수렴**이라 하고, 결합을 통해 여러 뉴런으로 신호를 보내도록 하는 패턴을 **발산**이라고 한다. 뇌에 있는 수많은 뉴런이 수렴과 발산의 패턴으로 연결되어 복잡한 신경망을 형성하고, 각각 신호 전달을 반복하여 정보를 처리한다.

▼ 그림 15-18 신경 결합의 수렴과 발산

(1) 신경의 수렴　　　　　　　　　　(2) 신경의 발산

뇌 안에 있는 엄청나게 많은 뉴런의 수렴과 발산이 신경 회로망을 만드는 거구나.

뉴런으로 전달된 신호는 신경 말단에 도달하여 다음 뉴런으로 전달된다. 이때 뉴런 사이의 결합부가 시냅스다. 시냅스를 확대하면 그림 15-19와 같이 두 뉴런 사이(시냅스 전막과 시냅스 후막)에 약간의 틈이 있다. 이 간격을 **시냅스 간격**이라고 한다. 시냅스 전세포의 활동전위가 신경 말단에 도달하면 Ca채널이 열리고 Ca^{2+}가 유입된다. 그런 다음 시냅스 소포에서 **신경전달물질**(아세틸콜린, 도파민, 세로토닌, 노르아드레날린 등)이 방출된다. 신경전달물질은 수용체와

결합하여 시냅스 후막의 막전위를 변화시켜 활동전위를 생성한다. 이것이 **시냅스 후전위**다. 이런 식으로 전기 신호 배턴이 화학 물질로, 화학 물질이 다시 전기 신호로 연결되며 전송이 계속된다.

❤ 그림 15-19 뉴런과 뉴런 사이의 신호 전달 구조

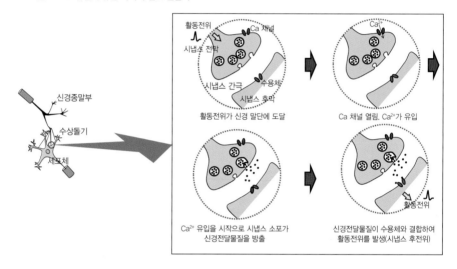

2.2절에서 이전 시냅스 말단에 도달한 신호의 합이 특정 임곗값을 초과하면 다음 시냅스의 활동전위가 된다고 설명했다. 여기서 합산되는 신호는 두 가지로, 먼저 **공간적 가중**, 즉 여러 다른 시냅스들로부터 입력되는 신호들과 **시간적 가중**, 즉 동일한 시냅스에서 짧은 시간 동안 시간차를 두고 여러 번 입력되는 신호들이 있다(그림 15-20).

❤ 그림 15-20 신호의 계산

(1) 공간적 가중

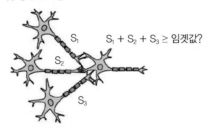

S_1

$S_1 + S_2 + S_3 \geq$ 임곗값?

S_2

S_3

(2) 시간적 가중

$S_{t1} + S_{t2} + S_{t3} \geq$ 임곗값?

$S_{t3}S_{t2}S_{t1}$

공간적 가중은 이전 시냅스로부터 특정 시간 t에 동시에 입력되는 신호 S_1, S_2, ..., S_n이 있을 때 이들을 더한 값을 임곗값과 비교하는 것이다. 임곗값보다 신호 S_1, S_2, ..., S_n의 합이 크면 다음 뉴런을 활성화하고, 작으면 다음 뉴런을 활성화하지 않는다. 강도가 높은 신호의 경우 하나의 시냅스로부터 여러 개의 신호가 높은 빈도로 나타날 때가 있는데 이 경우에도 위와 마찬가지로 시간적 가중을 통해 단위 시간에 차례로 입력되는 신호 S_{t1}, S_{t2}, ..., S_{tn}에 대해 $S_{t1} + S_{t2} + ... + S_{tn}$의 값을 임곗값과 비교하고 활성화 여부를 판단한다.

15.7 뇌신경 활동 측정

뇌신경 활동을 측정하는 기술, 즉 뇌신경 활동에 따른 신호를 추출하는 기술은 그림 15-21과 같이 전극을 뇌에 직접 삽입하여 측정하는 **침습형** 방식과 체외에서 간접적으로 측정하는 **비침습형** 방식이 있다.

▼ 그림 15-21 뇌신경 활동 측정법

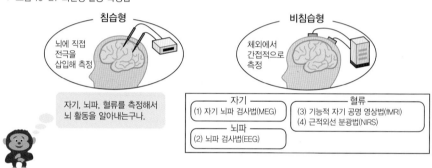

침습형 방식은 신경세포 자체에서 신호를 직접 측정하기 때문에 고속, 고정밀 측정이 가능하지만 인체에 해를 끼칠 수 있으므로 특정한 임상 상황을 제외하고는 인체에 사용할 수 없다. 비침습형 방식은 침습형 방식보다 안전성이 높기 때문에 인체를 이용한 연구가 많이 이루어지고 있다. 다음은 주요 비침습형 측정 방식이다.

(1) **자기 뇌파 검사법**(MEG, Magnetoencephalography): 뉴런이 활성화되었을 때 전위차에 의해 전류가 발생하는데 이때 오른나사 방향으로 발생하는 자기장이 초전도 소자에 의해 감지된다(그림 15-22).

❤ 그림 15-22 자기 뇌파 검사법의 원리

뉴런이 작동할 때 전류가 발생하고
이때 오른나사 방향으로 발생하는 자기장을 초전도 소자로 검출

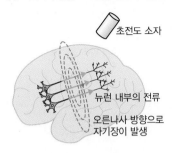

초전도 소자

뉴런 내부의 전류

오른나사 방향으로
자기장이 발생

(2) **뇌파 검사법**(EEG, Electroencephalogram): 뉴런의 활동전위의 시간적 변화가 두피의 여러 전극을 사용해 뇌파로 기록된다(그림 15-23). 뇌가 쉬고 있을 때는 뇌파의 주파수 성분 중 8~13Hz의 α 파가 우세하고, 뇌가 활동 중일 때는 13Hz 이상의 β 파가 우세해진다.

❤ 그림 15-23 뇌파 검사법의 원리

뉴런의 활동전위를 두피에 여러 전극을 연결하여 기록

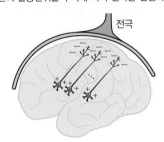

전극

(3) **기능적 자기 공명 영상법**(fMRI, functional Magnetic Resonance-Imaging): 자기장 이 발생하면 수소 원자핵이 일정한 방향으로 향하게 된다. 여기에 전파가 가해지면 원자핵이 다른 일정한 방향을 가리키고 전파가 중단되면 원래 방향으로 돌아간다(그림 15-24). 이때 발생하는 미세전류(**MR 신호**)는 뇌신경 이 활동할 때 증가한다. 자기 민감도가 높은 디옥시헤모글로빈의 농도가 뇌

의 활동에 따라 변하기 때문이다. 이를 **BOLD 효과**라고 하며 이 효과를 사용하여 이미지를 만드는 검사법이다.

❤ 그림 15-24 기능적 자기 공명 영상법의 원리

자기장 속에 있는 수소 원자핵은 특정 주파수 전파가 가해지면 다른 일정한 방향을 가리키는데 이때 발생하는 미세전류(MR 신호)가 디옥시헤모글로빈의 농도로 인해 변한다는 사실을 이용하여 혈류의 정도를 측정

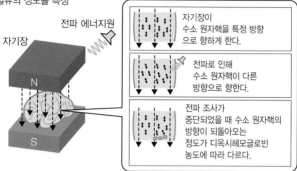

[4] **근적외선 분광법**(NIRS, Near-Infrared Spectroscopy): 혈액 속 헤모글로빈이 적외선을 흡수하는 성질을 이용하여 뇌가 활동할 때의 혈류 변화를 측정한다. 즉, 뇌의 활동으로 혈액량이 증가하면 헤모글로빈 농도가 상승하고 검출되는 적외선의 양이 감소한다(그림 15-25).

❤ 그림 15-25 근적외선 분광법의 원리

혈액 속 헤모글로빈이 적외선을 흡수하는 성질을 이용하여 혈류의 정도를 측정

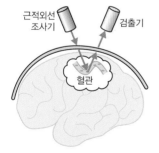

그 밖에 **PET**(Positron Emission Tomography)라는 혈류량 측정법도 있다. PET는 종양 세포가 정상 세포에 비해 많은 포도당을 소비하는 성질을 이용한다. 포도당과 유사한 약물에 미약한 방사능을 방출하는 양전자 핵종을 혼입한 뒤 체내에서 변화하는 상태를 γ선 검출기로 관측하는 것이다. 트레이서에 ^{15}O를 사용하면 뇌혈류 측정에도 이용할 수 있다.

이러한 뇌신경 활동 측정 기술의 보급과 발전으로 뇌와 인지 기능 간의 관계가 많이 밝혀졌다. 그러나 뇌 연구는 아직 초기 단계로 종종 불분명하므로, 더 많은 진전이 필요한 분야다.

15.8 딥러닝

최근 다양한 분야에서 AI, **기계 학습**으로 예측하고 판단하는 사례가 급증하고 있다. AI 기술의 핵심은 **딥러닝**이다. 딥러닝은 **뉴럴 네트워크**(neural network, 신경 회로망)가 발전한 것이다. 뉴럴 네트워크는 뇌의 신경망을 컴퓨터에 구현한 유사 모델로, 인간의 뇌가 판단을 처리하는 형태와 유사하다. 기본 구성 요소는 앞 뉴런에서 뻗어져 나온 축삭이 시냅스에 결합하는 상태를 모델화한 것인데, 이를 **퍼셉트론**이라고 한다(그림 15-26).

▼ 그림 15-26 뉴런과 시냅스의 활성화

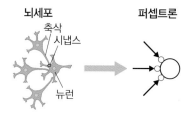

뉴럴 네트워크는 입력층과 출력층 사이에 중간층을 여러 개 가지고 있다. 이때 그림 15-27과 같이 중간층이 여러 층으로 되어 있는 것을 **딥 뉴럴 네트워크**라고 한다. 층이 많기 때문에 여러 번 판단과 보정을 반복하게 되고, 시냅스 강도 조절 메커니즘처럼 가중치가 조정되어 결국 높은 수준의 정밀도를 얻을 수 있다. 대상 패턴에 관한 신호는 입력층을 통해 입력된다.

❤ 그림 15-27 뉴럴 네트워크를 다층화한 딥 뉴럴 네트워크

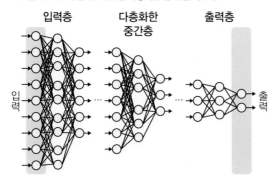

예를 들어 문자 이미지와 사진은 메시로 분할된 픽셀의 음영 정보가 입력되고, 오디오는 주파수 성분의 강도 같은 패턴 전체의 신호가 입력된다. 각 층의 원과 화살표는 노드와 신호를 가리킨다. 각 뉴런은 연결된 이전 뉴런으로부터 모든 신호를 수신하고 최종 입력값을 계산한다. 최종 입력값은 일반적으로 들어온 값의 가중 합에 바이어스를 더한 값이다(그림 15-28).

❤ 그림 15-28 출력값 계산

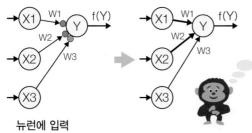

뉴런에 입력

$$Y = \alpha + W1 \cdot X1 + W2 \cdot X2 + \cdots + Wn \cdot Xn$$
$$\alpha: \text{바이어스}$$

시냅스 결합의 강도를 가중치로 놓고, 입력 신호에 따라 가중치를 자동으로 조절해서 출력이 바르게 나오도록 하는 원리구나.

바이어스는 활성화를 촉진하거나 억제하기 위한 상수다. 그런 다음 최종 입력 값에서 출력 신호의 값을 계산하고 다음 뉴런으로 보낸다. 출력 신호는 활성화 함수를 사용해 계산하는데 그림 15-29(1)과 같이 **계단 함수**나 그림 15-29(2)의 **시그모이드 함수**가 사용되어 왔지만, 최근에는 더 안정되게 학습이 이루어지

는 ReLU 함수(그림 15-29(3))가 사용되곤 한다. 출력층은 판단이나 인식의 결과를 출력하는 층이다. 이와 같이 각 뉴런이 시냅스 결합을 이루는 원리로 학습을 진행한다.

▼ 그림 15-29 활성화 함수의 예

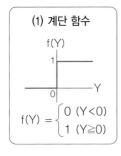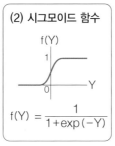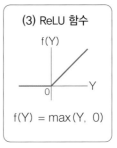

필기한 숫자를 인식하는 과정을 예로 들면 다음과 같다. 먼저 그림 15-30(1)과 같이 2라고 쓴 숫자 이미지의 각 픽셀 값을 입력한다. 최종적으로 출력층에서 2에 대응하는 출력이 최대가 되도록 각 뉴런의 가중치를 결정한다. 다음으로 그림 15-30(2)와 같이 3이라고 쓴 별도의 숫자 이미지에 대해서는 3에 대응하는 출력이 최대가 되도록 가중치를 결정한다. 이때의 가중치는 이전에 입력한 2라는 숫자 이미지에 대해 여전히 2가 나오도록 유지하면서 변경된다. 이러한 방식으로 모든 이미지의 가중치가 자동으로 조정되면 학습된 딥 뉴럴 네트워크가 만들어진다. 이 학습된 네트워크를 사용하면 그림 15-30(3)과 같이 새롭게 입력한 또 다른 숫자 이미지를 인식할 수 있다.

▼ 그림 15-30 딥 뉴럴 네트워크를 이용한 필기 숫자 이미지의 인식

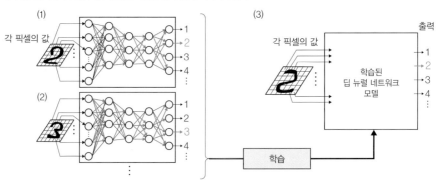

ㄱ

가능도 089

가든 패스문 255

가설 추론 155

가시광선 046

가언 삼단 논법 153

가중 평균 모델 236

가지돌기 042

가청범위 050

가현 운동 069

간상세포 046

간섭설 108

감각 038

감각기관 038

감각 뉴런 042

감각량 026

감각 영역 289

감각의 투영 289

감쇠 모델 116

감쇠설 108

감정가 227

감정 네트워크 모델 227

감정 상태 의존 효과 228

감정 인지설 220

감정 충동론 220

개념 139

개념 의존 이론 207

개념 주도적 처리 064

개인 공간 238

게슈탈트 특성 068

게이트 제어 이론 054

게임 트리 160

격 문법 205

격 프레임 205

결정성 오토마톤 211

결합 탐색 120

경험설 202

계단 함수 309

계열 위치 곡선 100

계열 재생 101

고실계 050

고정관념 243

고정 자세 179

골지 건기관 055

골지 소체 055

공간적 가중 302

공간적 맥락 효과 065

공간 지각 078

공간 필터 059

공동 운명의 요인 070

공명 현상 056

공허 시간 086

과분극 043

교차 지배 286

교착형 207

구 구조 규칙 202

구문 135

구문 구조 언어 212

구문 해석 217
구성주의 023
귀납 추론 153
균형 이론 247
그림과 배경의 분화 071
극한법 039
근육 방추 055
근적외선 분광법 306
근접 요인 068
기능적 고착 179
기능적 자기 공명 영상법 305
기대 모델 283
기동전위 043
기본 정동 225
기본 주기 076
기본 주파수 050, 076
기저막 050

ㄴ

내관법 023
내장 감각 038
내장 통각 039
냉각 052
노이즈 마이너리티 265
노이즈 제거 059
뇌 286
뇌파 검사법 305
누적 용량 모델 088

뉴럴 네트워크 308

ㄷ

다속성 의사 결정 171
다속성 태도 모델 171
다중 자원 모델 118
단기 기억 024
단순 세포 047
단어 길이 효과 099
단어 레티스 215
단어 수 최소법 216
단어 우위 효과 200
달팽이관 038
대뇌 변연계 288
대뇌 신피질 287
대비 효과 244
대인 거리 238
던커의 촛불 문제 179
덮어쓰기 가설 122
데이터 주도적 처리 064
도식 모델 088
동시 마스킹 050
동조 250
동형 문제 157
동화 효과 244
두 요인 정서 이론 222
등감곡선 051
등산법 147

딥 뉴럴 네트워크 308
딥러닝 308

ㄹ

랑비에결절 042
로고젠 198
루친스의 물병 문제 179
루트 맵 083
루피니 소체 052
리허설 094

ㅁ

마스킹 050
마이스너 소체 052
마이크 어레이 126
마하의 띠 272
만다라트 189
말초 기원설 221
말초 신경계 286
망각 곡선 106
망막 046
매거진 효과 056
메르켈 소체 052
멘탈 로테이션 084
명시적 기억 103
명제 132

명제 표상 132
모낭 수용체 053
모델 029
모델화 021
모델 휴먼 프로세서 033
모서리 효과 270
모핑 231
문맥 변화 모델 088
문맥 의존 언어 212
문맥 자유 언어 213
문자 언어 192
문제 공간 146
뮌스터베르크 착시 270
미각 039
미니 맥스법 161
미분 필터 059
미세 구조 061
미스 디렉션 117
미엘린수초 042

ㅂ

반응 024
반짝이는 격자 277
반행동주의 024
발견적 방법 146
밝기의 대비 273
밝기의 동화 274
밝기의 항상성 273

방관자 효과 250
뱀 회전 착시 276
베르니케 영역 290
베버의 법칙 039
베이지안 추정 모델 087
벨벳 핸드 283
변별역 039
변형 083
변형 생성 문법 202
변화의 간과 121
보상계 298
보편 문법 202
복합 세포 047
부하 이론 116
부호화 094
분할적 주의 117
브라운-피터슨법 097
브로카 영역 290
비결정성 오토마톤 211
비결정성 푸시다운 오토마톤 213
비언어 정보 254
비틀린 입술 착각 282
빔 포밍법 126

사일런트 메이저리티 265
사회적 억제 249
사회적 촉진 249

사회적 추론 243
사회적 태만 249
삼단 논법 152
상태 전이도 090
상호작용 활성화 모델 199
색의 대비 274
색의 동화 274
샘플링 154
생득설 202
생리적 각성 수준 249
생산적 사고 178
샤르팡티에 효과 283
서베이 맵 083
서술적 기억 103, 292
선언 삼단 논법 153
선택적 주의 114
선택 제한 205
선형 구속 오토마톤 212
선호 모델 171
성도 061
셰퍼드 착시 268
소셜 네트워킹 서비스 263
소셜 디스턴싱 238
소음 제거 필터 126
손실 회피성 168
수단-목표 분석 147
수정체 046
순향 억제 108
슈브룀 착시 272

스케이프고팅 265

스크립트 133

스키마 133

스트루프 과제 119

스트루프 효과 119

스펙트럼 엔빌로프 061

스펙트럼 차감법 126

슬리퍼 효과 257

시각 039

시각의 우위성 057

시각 탐색 120

시간 마스킹 050

시간 유지 메커니즘 모델 087

시간적 가중 302

시간적 맥락 065

시간 지각 086

시간 지각 모델 087

시간 평가 086

시공간 스케치 패드 098

시그모이드 함수 309

시냅스 간격 301

시냅스 후전위 302

시상하부 288

신경계 286

신경세포체 042

신경전달물질 043, 301

신근 효과 100

실무율 044

실용적 추론 스키마 158

심부 감각 052

심신 이원론 023

심신 일원론 023

심적 사전 195

심적 어휘 195

심적(정신적) 표상 020

심적 표상 132

심적 활동 020, 022

심적 회전 084

심층격 205

심층 구조 204

아리스토텔레스의 착각 282

아이오와 도박 과제 297

안면 근전도 225

알고리즘 146

야코브레프 회로 299

양면 제시 257

양식 양립성 056

양안 시차 078

언어 모델 089

언어적 맥락 효과 065

언어 정보 254

얼굴 공간 모델 240

얼굴 인식 모델 241

에빙 하우스의 망각 곡선 106

에피소드 기억 103

에피소드 버퍼 098

역추론 142

역향 억제 108

연속청 효과 279

연속체 모델 237

연역 추론 152

연합 모델 236

연합 영역 295

오토마톤 211

온각 052

온냉감 039

외측슬상체 047

용적-무게 착각 284

우성 반응설 249

운동 감각 039

운동 잔효 275

운율 074

워킹 메모리 034, 098

원추세포 046

웨이슨의 선택 과제 156

위스콘신 카드 분류 과제 297

위치 감각 039

유사 요인 068

유지 리허설 095

유추 185

유한 오토마톤 211, 213

유효 시야 223

윤곽선 검출 059

은닉 마르코프 모델 090

음맥 분응 281

음성 언어 192

음운 074

음운 루프 098

음운 보완 효과 279

음운 저장소 099

음운적 유사성 효과 099

음운적 프라이밍 102

음원 방향 추정 126

음원 분리 126

음향 모델 089

의미 기억 103

의미 네트워크 136

의미적 관련성 137

의미적 프라이밍 102

의미 해석 218

의사 결정 164

의존적 구조 해석법 217

이론 기반 개념 이론 140

이방성 082

이중 저장 모델 094

인상 형성 236

인지 020

인지 불협화 250

인지적 경제성 136

인지 지도 082

일대비교법 137

ㅈ

자극 024
자극역 039
자기 뇌파 검사법 304
자기 코어 109
자동 처리 119
자연 언어 193
자원 배분 모델 115
자유 재생 101
작업 기억 034, 098
잠재 기억 103
장기 감각 039
재생 101
재생의 2단계 과정설 101
재생적 사고 178
재인 101
전망 이론 169
전정계 050
전체 처리 전략 240
전향적 추론 142
절차적 기억 103, 293
점차법 121
정교화 가능성 모델 246
정교화 리허설 095
정규 언어 213
정동 220
정동 사회 구성론 221
정동 진화론 221
정렬 효과 084

정리의 자동증명 024
정서 주입 모델 228
정언 삼단 논법 153
정언적 153
정의적 특징 이론 139
제약 완화 이론 183
제어 처리 119
제임스-랑게 이론 221
조음 제어 과정 099
조작자 146
조정법 039
좋은 연속의 요인 069
좋은 형태의 요인 069
죄수의 딜레마 174
주관적 윤곽 064
주변 루트 246
주변시 046
주의 034
주의 자원 034
주제화 효과 158
주형 대조 모델 072
중심 루트 246
중심시 046
중심와 046
중앙계 050
중앙 실행 체계 098
중추 기원설 221
중추 신경계 286
지연 청각 피드백 125

진행파 이론 050
집단의 통일성 250
집중적 주의 117

ㅊ

착오상관 244
착청 279
참고점 168
처리 수준 모델 096
처리 자원 유한설 114
척수 286
첫 인상설 122
청각 039
청각의 우위성 058
청각 피질 050
청크 097
체르너 착시 269
체성 감각 038
초두 효과 100
초복합 세포 047
촉감 039
촉(압)각 052
최장 일치법 216
추론 152
축삭돌기 042
충실 시간 086
측면 억제 047, 272

ㅋ

카테고리화 138
카테고리화 효과 244
칵테일 파티 효과 123
캐논-바드 이론 221
커패시터 109
코르티 기관 050
코셀레프 착각 284
코어 매트릭스 109
코호트 모델 199
크기-무게 착각 283
크기 항상성 072, 269

ㅌ

탈분극 043
태도 246
통각 052
통감 039
튜링 머신 209
트랜지스터 109
트리 탐색 모델 159
특수 감각 038
특징 분석 모델 072
특징 통합 모델 120

ㅍ

파치니 소체 052
파페츠 회로 292, 299
판데모니움 073
팝 아웃 120
퍼셉트론 308
페히너의 법칙 040
평형 감각 039
폐쇄 요인 068
포겐도르프 착시 269
포먼트 075
폭주 078
표상 변화 이론 182
표정 인지 차원설 230
표정 인지 카테고리설 230
표층격 205
표층 구조 204
푸리에 변환 060
프라이밍 효과 102
프레이밍 효과 166
프레이저 착시 269
프레임 133
프레임 다중화 264
프로덕션 룰 141
프로토콜 해석 026
프로토타입 이론 139
플리커법 121
플립플롭 회로 111
피부 밑 압각 039
피부 밑 통각 039

피시본 촉감 착각 283
핀나 착시 276
필터 모델 115

ㅎ

하향 처리 064
한정사 153
항상법 039
행동주의 024
행위의 7단계 모델 034
헤르만 격자 277
혐오계 298
형식 문법 212
형식 언어 212
형태소 215
형태소 해석 215
형태 항상성 072, 268
호의의 획득-상실 효과 258
확장 로고젠 모델 198
확증 편향 243
활동전위 042
활성화 확산 모델 102
회랑 착시 269
효용 164
후각 039
후기 선택 모델 116
휴리스틱 146
휴지전위 043

번호

0유형 언어 212
1유형 언어 212
1차 시각 피질 047
2유형 언어 213
2차 시각 피질 047
3가지 그룹 135
3유형 언어 213

영문

ACT-R 모델 032
ACT* 모델 032
BOLD 효과 306
L원추세포 046
M원추세포 046
PET 307
ReLU 함수 310
S원추세포 046
TRIZ 187